Erich B. Ries

Terrorismus, Guerilla, Volkskrieg

Theorie und Praxis

Eine Sozial- und Theoriegeschichte von den Anfängen bis 1985

2. Korrigierte Auflage 2024

Verlag: BoD · Books on Demand GmbH,
In de Tarpen 42, 22848 Norderstedt
Druck: Libri Plureos GmbH, Friedensallee 273,
22763 Hamburg
ISBN: 978-3-7693-0338-4
© Copyright 2024 Erich B. Ries

Inhaltsverzeichnis

Ein kurzes Vorwort — S. 10

Terror — S. 12

Volkskrieg — S. 16

Kleinkriegs-Taktik — S. 21

Methodischer Aufbau — S. 24

Kapitel 1

Terminologie und Geschichte — S. 26

Guerilla im 18. Jahrhundert — S. 28

Kapitel 2

Theorie der Guerilla / des Partisanenkrieges   S. 34

im 19. Jahrhundert

Neidhardt von Gneisenau   S. 37

Carl von Clausewitz   S. 42

Kapitel 3

Der Marxismus und die revolutionäre

Gewalt   S. 44

Friedrich Engels und die Guerilla   S. 57

Bürgerlich-demokratische und sozialistische

Revolution   S. 60

Kleinkriegstaktik bei Engels   S. 68

Kapitel 4

Guerilla im 19. Jahrhundert   S. 76

Kapitel 5

EXKURS: TERRORISMUS   S. 80

Definition und Erscheinungsformen

Kapitel 6

Kleinkriegstaktiken in der russischen
revolutionären Bewegung des
19. Jahrhunderts: Narodnaja Wolja   S. 90

Kapitel 7

GUERILLA im 20. Jahrhundert
Lenin und die revolutionäre Gewalt   S. 105

Die russische Revolution von 1905 und

Lenins Militärtheorie   S. 107

Kapitel 8

Der Kleinkrieg im 1. Weltkrieg bis zum

Beginn des 2. Weltkrieges   S. 124

Kapitel 9

Der 2. Weltkrieg   S. 136

Der sowjetrussische Partisanenkrieg

gegen die deutsche Wehrmacht

Blitzkriegsstrategie   S. 139

Der Partisanenkrieg in der stalinistischen

Militärdoktrin   S. 140

Die Taktik   S. 154

Deutsche „Bandenbekämpfung" gegen

Russische Partisanen   S. 159

Kapitel 10

Antifaschistische Befreiungsbewegungen

In Europa   S. 167

Kapitel 11

Die chinesischen Befreiungskriege   S. 177

MAO und CLAUSEWITZ   S. 178

Gesellschaftsanalyse und Strategie   S. 183

Partisanenkriegführung   S. 206

Die „Einkreisungs- und

Ausrottungsfeldzüge" der Kuomintang

gegen die Kommunisten   S. 212

Der fünfte „Einkreisungs- und

Ausrottungsfeldzug" und der

„Lange Marsch"   S. 218

Der chinesisch-japanische Krieg   S. 226

Der Partisanenkrieg gegen Japan

1. Phase   S. 228

Partisanenkrieg und Bewegungskrieg

2. Phase   S. 240

Zusammenfassung   S. 243

Kapitel 12

Guerilla in Lateinamerika

Politisch-ökonomische Bedingungen der Guerilla   S. 252

Kapitel 13

Lateinamerika und die Linke   S. 261

Kapitel 14

Kuba   S. 267

Die demokratische Bewegung   S. 271

Der kubanische Widerstand   S. 282

Strategie und Taktik der Kubanischen Guerilla   S. 289

Die Taktik S. 301

Kapitel 15

Kuba und die lateinamerikanische
Revolution S. 304

Kapitel 16

Das Scheitern der Landguerilla in
Lateinamerika S. 316

Kapitel 17

Das Konzept Stadtguerilla
In Lateinamerika S. 323

a. Brasilien

Organisatorische Probleme
der Stadtguerilla S. 337

Die Taktik der Stadtguerilla S. 343

b. Die Tupamaros in Uruguay

S. 348

Kapitel 18

Guerilla in Lateinamerika – Bilanz　　　　　　S. 353

Kapitel 19

Stadtguerilla in der Bundesrepublik
Deutschland　　　　　　S. 364

Terrorismus versus Volkskrieg　　　　　　S. 381

Nachwort des Verfassers　　　　　　S. 383

Literaturangaben　　　　　　S.389

Zusammenfassung des Inhalts

Gutachten Prof. Dr. Fernando Mires　　　　　　S. 416

Gutachten Prof. Dr. Shapour Ravasani　　　　　　S.419

Danksagung　　　　　　S. 424

Ein kurzes Vorwort

Das vorliegende Werk ist sowohl eine geschichtliche Darstellung der Phänomene Kleinkrieg, Terrorismus, Guerilla und Volkskrieg, als auch eine theoriegeschichtliche Auseinandersetzung mit den damit verbundenen Militärpolitischen Fragestellungen.

Der Umfang des Stoffes erfordert sowohl eine Beschränkung auf ausgewählte Beispiele, als auch eine Beschränkung auf den Zeitrahmen: Die Darstellung endet in den 80er Jahren des zwanzigsten Jahrhunderts.

Ich habe diese Arbeit 1986 im Rahmen meines Studiums der Sozialwissenschaften verfasst, die Arbeit war damit abgeschlossen und **hat inhaltlich nichts an ihrer Aussagekraft verloren, so hoffe ich wenigstens!**

Eine Aktualisierung insbesondere um die Themenfelder islamistischer Extremismus und islamistischer Terrorismus war für mich zwar verlockend, ich habe aber darauf verzichtet, weil dies eine **umfangreiche Religionsgeschichtliche Auseinandersetzung und aufgrund der erfolgten überaus zahlreichen terroristischen Aktivitäten umfangreiche phänomenologische Darstellung erfordert hätte:** Mudschahedin und Taliban in Afghanistan, 11. September USA, IS in Syrien und so weiter – dies hätte mit Sicherheit den Rahmen gesprengt, daher habe ich es für sinnvoll erachtet, ganz darauf zu verzichten!

Mehr dazu in meinem Nachwort!

Wer an einer kurzen inhaltlichen Zusammenfassung und Bewertung interessiert ist, dem empfehle ich vorab, die zu dieser Arbeit erstellten Gutachten von Privatdozent Dr. Fernando Mires auf Seite 416 und von Prof. Dr. Shapour Ravasani auf Seite 419 zu lesen!

Ich hoffe, daß die geneigten LeserInnen Erkenntnis-Gewinn aus meiner Darstellung haben!

Erich B. Ries, im September 2024

TERROR

„Unsere Aufgabe besteht darin, einen blitzschnellen Angriff auszuführen und alles unschädlich zu machen, alles zu killen!" – „Hauptmann Medina, meinen Sie damit auch Frauen und Kinder?" – „Ich meine alles! Männer, Frauen, Kinder, Katzen, Hunde – alles!"
(aus: „Ich war gern in Vietnam" – Leutnant Calley berichtet. CALLEY, 1972:70)

Der Terrorismus (aus dem lateinischen „Terror = Schrecken) ist fast so alt wie die Menschheit selbst, und auch die Entstehungsgeschichte der westlichen Demokratien ist mit Blut geschrieben: Brand und Mord waren selbstverständliche Mittel der „Glorious Revolution" in Britannien, auch im amerikanischen Unabhängigkeitskrieg spielten Guerilla und Terror eine bedeutsame Rolle, und das in der großen französischen Revolution, die „Freiheit, Gleichheit, Brüderlichkeit" auf ihre Fahnen geschrieben hatte der

„revolutionäre Terrorismus" an der Tagesordnung war, ist allgemein bekannt.

Trotzdem fällt es kaum jemandem ein, aus diesen Gründen die demokratische Legitimation der vielfach auf gewaltsamen Revolutionen und revolutionärem Terrorismus fußende bürgerliche Rechtsstaaten in Frage zu stellen.

Oftmals stand die „revolutionäre Staatsschöpfung" am Anfang der modernen Staaten, sei es innergesellschaftlich oder mit dem Beginn des Befreiungskampfes gegen eine Kolonialmacht oder eine imperialistische Annektion durch fremde Mächte.

Deutschland bildet hier allerdings eine Ausnahme: Die Weimarer ebenso wie die bundesrepublikanische Demokratie waren das Resultat verlorener Weltkriege, und angesichts der Millionen und Abermillionen von Gefallenen und Ermordeten der beiden Weltkriege erscheint die Anzahl der Todesopfer von Revolutionen, seien es nun „bürgerliche" oder „sozialistische", vergleichsweise gering: In der französischen Revolution fielen schätzungsweise 30000 Menschen dem Terror der Jakobiner zum Opfer – das sind weniger, als in einer einzigen gewöhnlichen napoleonischen Schlacht fielen!

Und in der großen russischen Oktoberrevolution von 1917 sollen es gar nur 7 oder 8 Tote gewesen sein. (HOBSBAWM, 1982:24 ff). Dabei handelte es sich allerdings eher um einen

Putsch gegen eine geschwächte und gespaltene bürgerliche Regierung, die anschließenden Bürgerkriegskämpfe forderten im Laufe der Zeit dann doch Millionen Opfer...

Auch gegenwärtig (1986) spielt der Terrorismus in der Politik des westlichen Bündnisses durchaus eine nicht unbedeutende Rolle, wie übrigens auch in der Politik der Warschauer Pakt Staaten: In Lateinamerika unterstützten die USA und einige Verbündetete antikommunistische terroristischen Guerillastreitkräfte und Terrorgruppen/Todesschwadronen: Seien es die von US-Finanz- und Waffenhilfe abhängigen sogenannten „Contras" an Nicaraguas Grenzen nach der sandinistischen Revolution, ehemaligen Mitgliedern des gestürzten US-Protegees und Diktators Anastasio Somoza, die durch die sandinistische Revolution ihre Privilegien verloren haben und teilweise ähnlich brutal vorgingen wie seinerzeit die Green Berets in Vietnam (Vgl. das oben angeführte Zitat aus „ich war gern in Vietnam").

Auch die Unterstützung der US-Militärs für die völlig diskreditierte Regierung in El Salvador, die durch ihre Todesschwadronen sogar Priester während eines Gottesdienstes ermorden ließ, weil diese zu weit „links" standen, fällt in diese Kategorie...

Die Sowjetunion hat im Gegenzug ebenfalls diverse terroristische Gruppierungen weltweit unterstützt, wenn sie nur gegen den „US-Imperialismus" gerichtet waren.

Berühmtestes Beispiel ist Kuba...

Es ist m. E. völlig sinnlos, Moral oder Unmoral, Sinn oder Unsinn regulärer Kriege ebenso wie von Volkskriegen, Guerilla und Terrorismus **ausschließlich** aus deren gewaltsamen Charakter abzuleiten.

Als „Fortsetzung der Politik mit anderen Mitteln" lassen sich derartige politische Optionen, die ja allesamt aus antagonistischen politischen Interessen resultieren, nur im Zusammenhang mit eben jenen politischen Zwecken diskutieren, denen sie ihre Entstehung verdanken!

Diesen Zusammenhang aufzuzeigen ist unter anderem Ziel dieser Darstellungen!

Carl von Clausewitz sagt dazu: „Der Krieg einer Gemeinheit – ganzer Völker – (...) geht immer von einem politischen Zustande aus und wird nur durch ein politisches Motiv hervorgerufen. Er ist also ein politischer Akt... (:21) (...) Der Krieg ist eine bloße Fortsetzung der Politik mit anderen Mitteln. (...), denn die politische Absicht ist der Zweck, der Krieg ist das Mittel, und niemals kann das Mittel ohne Zweck gedacht werden." (Clausewitz, 1963:22)

Eine Intention dieser Arbeit besteht demnach auch darin, Volkskrieg, Kleinkrieg, Guerilla und Terrorismus als das herauszuarbeiten, was sie sind: **Politische Optionen, deren**

Moral oder Unmoral, Sinn oder Unsinn nur in ihrem gesellschaftlichen Kontext deutlich werden können!

VOLKSKRIEG

„Die Souveränität eines Volkes

wird nicht diskutiert, sie wird mit

der Waffe in der Hand verteidigt".

FSLN

In einem sehr verbreiteten Fremdwörter-Lexikon (Textor, Das Fremdwörterlexikon) ist unter dem Stichwort „Demokratie" die lapidare Definition zu finden: „Volksherrschaft als Staatsform".

„Demokratie" bezeichnet also Verhältnisse, wo ein Volk seine Politik selbst bestimmt, das Volk also der „Souverän" ist. (Politik = Beschäftigung mit der Leitung der öffentlichen Angelegenheiten": Textor)

Dies läßt den Umkehrschluss zu, daß von „Demokratie" nur dort gesprochen werden kann, wo **Volkssouveränität** herrscht: **Militärische Besetzung oder Kontrolle durch ein anderes Volk schließen Volkssouveränität und demzufolge auch Demokratie demnach aus,** selbst wenn formaldemokratische Institutionen bestehen mögen. Gemäß dem Motto: „Jedes Volk hat eine Armee in seinem Land – entweder eine fremde oder seine eigene!"

Um von Demokratie sprechen zu können, muß es also die eigene Armee sein!

Volkskriege *können* also, insoweit sie auf das Ziel der Herstellung oder Wiederherstellung der Volkssouveränität gerichtet sind, **Bestandteil demokratischer Bewegungen** und mitunter notwendiges, jedoch niemals ausreichendes Mittel sein, Volkssouveränität und Demokratie herzustellen oder wieder herzustellen.

Der Komplexität des Themas Volkskrieg – Kleinkrieg entsprechend erfolgte in dieser Arbeit eine inhaltliche Beschränkung: Wenngleich der Kleinkrieg oder einzelne terroristische Taktiken vielfach auch mit unterschiedlichem Erfolg als konterrevolutionäre Methode zur Anwendung kamen – das Beispiel der gescheiterten CIA-gesteuerten Söldner-Invasion in der kubanischen Schweinebucht mag für viele derartige Guerilla-Aktionen stehen – so ist ein Volkskrieg, der **gegen** die Volkssouveränität gerichtet ist, geradezu ein contradictio in adjecto, ein Widerspruch in sich!

Die Tatsache, dass ich hier den Volkskrieg im Allgemeinen als Moment demokratischer Bewegungen einstufe, heißt natürlich keineswegs, der Guerilla, die immer auch terroristische Methoden beinhaltet, sich gleichwohl nicht darauf reduzieren läßt, als politische Option von vorneherein demokratische Legitimität zuzubilligen, im Gegenteil:

Fast immer ist es ja **die herrschende Gewalt**, die mit terroristischen Methoden, mit der Verbreitung von Angst und Schrecken die Völker zur Räson zu bringen versucht.

Gewalt hat in der Mehrzahl der geschichtlichen Ereignisse eine ausgesprochen reaktionäre Rolle gespielt, wenn glich sie auf Dauer die gesellschaftliche Entwicklung nicht aufhalten konnte.

Immer, wenn die gesellschaftlichen Verhältnisse unerträglich wurden, wenn Armut und Unterdrückung ein derartiges Ausmaß annahmen, dass jeder Wechsel der Verhältnisse besser erschien als der Status Quo, wenn nicht einmal ein meist künstlich geschaffenes Feindbild gegen einen imaginären äußeren Feind oder innergesellschaftliche Randgruppen mehr den Kitt bilden konnten, der eine zentrifugale und gespaltene Gesellschaft zusammenhält, dann war es immer die **nackte Gewalt**, die verhindern sollte, was letztlich doch unvermeidlich ist: **gesellschaftliche Veränderung.**

Ein grundsätzliches Misstrauen gegenüber gewaltorientierten politischen Optionen ist also aufgrund geschichtlicher Erfahrungen weder verwunderlich noch falsch, im Gegenteil…

Wo die gesellschaftliche Situation durch eine halbwegs intakte Balance zwischen „Gemeinwohl" und den Interessen der herrschen Machteliten gekennzeichnet ist, dort spielt die Gewalt als Form politischer Auseinandersetzung gewöhnlich keine Rolle: **Die Einmischung der Gewalt in politische Prozesse kennzeichnet gerade eine Situation, wo herkömmliche, das heißt friedliche Formen politischer Auseinandersetzungen nicht oder kaum mehr möglich sind.**

Nicht rein zufällig sind alle hier analysierten Volkskriege und Guerilla-Bewegungen – vertretend für viele weitere – Resultat eben solch extrem antagonistischer Verhältnisse – wie zu zeigen sein wird.

Dort, wo dies nicht der Fall ist, das heißt **wo mit Hilfe der revolutionären Gewalt politische Ziele einer Minderheit durchgesetzt werden sollen, hat die „revolutionäre Gewalt" einen immanent dysfunktionalen Charakter, wie gleichfalls zu zeigen sein wird.**

Die terroristische Gewalt der „Avantgarde" lässt die staatliche Gegengewalt als legitimes Mittel zur Wahrung von Recht und Ordnung erscheinen, und auch jene Staaten, die es mit der Demokratie nicht so genau nehmen, als Hüter der Demokratie dastehen. Der Staat findet in diesem Falle zumindest Billigung, wenn nicht aktive Unterstützung der Bevölkerungsmehrheit: Das Konzept Stadtguerilla trägt als „revolutionärer Interventionsmethode insgesamt schwacher revolutionärer Kräfte" (RAF) eher **zur Legitimierung** ungehemmter Staatsgewalt als zu dessen „Entlarvung" bei, wie von der Guerilla meist intendiert. (vergleichen Sie hierzu Kapitel 19 ff).

Das in dieser Sozial- und Theoriegeschichte behandelte Thema „Volkskrieg-Kleinkrieg-Guerilla-Terrorismus" umfasst also ein breites Spektrum gesellschaftlicher Bewegungen: Volkskriege mit Massencharakter (Beispiel China, Kapitel 11), Guerilla-Bewegungen mit klassenpluralistischer Zusammensetzung und repräsentativem Charakter (Beispiel Kuba, Kapitel 14), Widerstandsbewegungen gegen eine fremde Besatzungsmacht, teils mit Massencharakter (Beispiel Sowjetunion, Kapitel 9), teils mit repräsentativem Charakter (Beispiel andere antifaschistische Widerstandsbewegungen, Kapitel 10), terroristische Bewegungen, die als Sprachrohr bestimmter gesellschaftlicher Schichten fungieren (Beispiel Narodniki im vorrevolutionären Russland, Kapitel 6) und schließlich sozialrevolutionäre Bewegungen ohne oder mit nur sehr geringer Massenbasis, die dieses Manko, bisher allerdings erfolglos, durch besonders radikale und spektakuläre Aktionen auszugleichen suchen.

Kleinkriegs-Taktik

„Rückt der Feind vor, ziehen wir

Uns zurück; macht er Halt, beunruhigen

Wir ihn; ist er ermattet, schlagen wir

Zu; weicht er, verfolgen wir ihn."

MAO-TSE-TUNG

So unterschiedlich die politischen Zielsetzungen waren und sind, so gibt es doch strukturelle taktische Gemeinsamkeiten, die den Kleinkrieg (Guerilla) kennzeichnen; diese charakteristischen Methoden des 19. Jahrhunderts bis zu den antiimperialistischen Volkskriegen des 20. Jahrhunderts haben relativ wenig prinzipielle Veränderungen erfahren.

Zu diesen allgemeinen, den Kleinkrieg charakterisierenden Strategien und Taktiken bzw. Merkmalen gehören:

Die zahlenmäßige Unterlegenheit

Besonders am Beispiel des chinesischen Volkskrieges wird deutlich, dass dieses für die Guerilla strategisch sehr ungünstige Verhältnis durch eine richtige Taktik sehr weitgehend ausgeglichen werden kann – Strategisch eins zu zehn, taktisch 10 zu eins.

Aus der zahlenmäßigen Unterlegenheit ergibt sich nicht nur quasi zwangsläufig die Notwendigkeit, durch richtiges, Situationsadäquates Manövrieren den Feind zu zersplittern, um auf der **taktischen Ebene** mindestens ein Gleichgewicht der Kräfte oder besser eine Überlegenheit herzustellen, sondern auch die Notwendigkeit einer umfassenden **Aufklärung** als Grundlage erfolgreichen und überlegenen Manövrierens und Ausmanövrieren des Gegners.

Überraschung als Bestandteil der Kleinkriegsmethode eröffnet die Möglichkeit, den Feind genau in jenem Augenblick anzugreifen, wo er am wehrlosesten ist. Dies ist elementare Voraussetzung jeder siegreichen Guerilla angesichts eines Feindes, der in konventioneller Hinsicht weit überlegen ist.

Die **Überraschung** ist ein Element der **offensiven Kriegführung,** und nirgendwo ist die klassische Regel, dass der Angriff die beste Verteidigung ist so zutreffend wie hinsichtlich des Kleinkrieges: Offensive Kriegführung heißt, ständig die Initiative zu behalten, dadurch Ziel und Ort des „Kriegstheaters" bestimmen zu können.

Irregularität, ein weiteres Charakteristikum des Kleinkrieges, schließt zwei Aspekte ein: Die Irregularität der Kriegführung und die Irregularität der Kombattanten.

Während die Irregularität hinsichtlich Planung und Durchführung von Aktionen conditio sine qua non der

Guerilla ist – eine berechenbare Guerilla verliert ihre Gefährlichkeit, weil das unerlässliche Überraschungsmoment wegfällt – ist die Irregularität der Kombattanten nur dort von elementarer Bedeutung, wo das Territorium des Kriegstheaters völlig von der feindlichen Armee kontrolliert werden kann.

Dies gilt beispielsweise für die westeuropäischen Widerstandsbewegungen während des zweiten Weltkrieges (vgl. Kapitel 10), aber auch für die moderne Stadtguerilla und den urbanen Terrorismus (vgl. Kapitel 15 ff).

Hingegen waren Fidel Castros „Barbudos" in der kaum zu kontrollierenden Sierra Maestra ebenso wie Teile der Roten Armee in China als Kombattanten erkennbar – „Reguläre" wurden sie allerdings erst nach der Machtergreifung.

Wenngleich gerade die Revolutionierung der Kriegführung im zwanzigsten Jahrhundert , die Entwicklung immer größerer Overkill-Potentiale paradoxerweise anscheinend auch zur Aktivierung der Guerilla-Bewegung beigetragen hat, so kann doch festgestellt werden, daß taktische Methoden und Merkmale des Kleinen Krieges über die Jahrhunderte hinweg sich nur relativ geringfügig geändert haben.

Auch in taktischer Hinsicht ergeben die jeweiligen Besonderheiten sich weniger aus den jeweils angewendeten Taktiken an sich, sondern aus den ökonomischen, sozialen, politischen und kulturellen Bezügen, denen die Guerilla ihre Entstehung verdankt.

Methodischer Aufbau

Der Kleinkrieg war schon immer Bestandteil gewaltsamer Auseinandersetzungen, die Guerilla im Rahmen eines Volkskrieges datiert jedoch Ende des 18., Anfang des 19. Jahrhunderts, die Volkskriegs-Guerilla hat ihren Ursprung im Zeitalter der bürgerlichen Revolutionen und der Konstituierung der Nationalstaaten.

Volkskriege sind einerseits „individuelle" Erscheinungen, andererseits stellt jeder Volkskrieg Kontinuität zwischen den verschiedenen emanzipatorischen Bewegungen her; Volkskriege sind somit geschichtliche Phänomene. Aus diesem Grunde ist auch der Aufbau dieser Arbeit chronologisch.

Ziel dieser Untersuchung und Darstellung ist es nicht zuletzt, das „innere Band" aufzuzeigen, dass die Volkskriege Ende des 18. Jahrhunderts, im 19. Und im 20. Jahrhundert miteinander verbindet, aber auch die immanenten Brüche und Fehlentwicklungen der Phänomene Volkskrieg, Kleinkrieg, Guerilla und Terrorismus, wie sie sich vor allem im urbanen Terrorismus darstellen, deutlich zu machen.

Aus der Natur der Sache ergibt sich, dass eine rein phänomenologische Darstellung dem Thema nicht gerecht werden würde, denn seit die Menschen Theorien über den Volkskrieg und die Guerilla entwickelt haben, **haben diese Theorien ihrerseits die weiteren Entwicklungen mehr oder weniger entscheidend beeinflusst.**

Besonders deutlich wird dies gegenwärtig (1986): Der mittlerweile reiche Fundus an Erfahrungen und „Guerilla-Theorien" spielt meines Erachtens für die Land- und vor allem die Stadtguerilla eine weit größere Rolle, als die militärischen Theorien es für die Volkskriege vergangener Epochen getan haben.

Konkreter: Der urbane Terrorismus, der gegenwärtig (1986) wieder einmal die Gemüter erregt hat, ist – ganz im Gegensatz zum spanischen Volkskrieg oder dem amerikanischen Unabhängigkeitskrieg – ohne die wechselvolle Geschichte der Guerilla und der Theorien darüber – von Engels über Lenin zu Mao, von Mao über Debray und Guevara zu Marighela – gar nicht denkbar!

Allein dies lässt die Erörterung der Theorien der „sozialistischen Klassiker" zum Themenkomplex „Revolutionäre Gewalt – Guerilla – Volkskrieg – Terrorismus" sinnvoll erscheinen. (vgl. u. a. Kapitel 3 und Kapitel 7).

Kapitel 1

Terminologie und Geschichte

Die Begriffe, welche für den „Kleinen Krieg" im Laufe der Geschichte von den Völkern geprägt wurden, sind vielfältiger als die Zwecke, um derentwillen dieser geführt wurde und wird.

Neben dem im 18., Anfang 19. Jahrhundert gebräuchlichen Bezeichnungen Detachement-Krieg, Vorposten-Krieg, leichter Krieg (Clausewitz) waren Begriffe wie Parteigänger-Krieg, Partisanen-Krieg, Untergrund-Krieg, Untergrund-Kampf, Freischärler-Krieg, Insurrektionskrieg, später auch revolutionärer Krieg, Volkskrieg, subversiver Krieg, verdeckter Krieg, verdeckter Kampf gebräuchlich.

Gelegentlich wird auch – abwertend – von Bandenkrieg oder fälschlicherweise und simplifizierend von Terrorismus gesprochen.

Während des Volkskrieges der Spanier gegen die napoleonischen Invasionsarmeen (1807 – 1814) bildete sich der Begriff „Guerilla" (kleiner Krieg) heraus, der heute, vor allem im Westen, am häufigsten gebraucht wird.

Entgegen verbreiteter Auffassungen (Haffner, S. 1966:5) ist die Guerilla keine Erfindung der Kommunisten, wenngleich der kleine Krieg mit Beginn der Dekolonisation nach Ende des 2. Weltkrieges unter Führung kommunistischer Parteien (China, Malaya, Vietnam, Philippinen usw.) in das Blickfeld der breiteren Weltöffentlichkeit gerückt ist.

Die alten Griechen kannten und praktizierten den kleinen Krieg ebenso wie die Römer und Germanen.

Besonders sei hier an die Kleinkriegstaktik von Arminius / Hermann der Cherusker gegen die Römer, insbesondere an die Vernichtungsschlacht im Teuteburger Wald im Jahre 9 nach Christus erinnert, wo in der berühmten Varusschlacht drei Legionen den Römern eine ihrer vernichtendsten Niederlagen beigebracht wurden...

„Auch im Mittelalter und in der beginnenden Neuzeit, im 16. Und 17. Jahrhundert fanden Kleinkriege statt." (Hahlweg, W.: 1968:25) Es handelt sich bei Hahlwegs Schrift meines Erachtens um die beste wissenschaftliche Arbeit zur Geschichte der Guerilla.

Tatsächlich ist die Guerilla fast so alt wie die Menschheit selbst.

(Vgl. Wilkins, 1963:30; Guevara, a, 1972:124; Kutger, 1963:79)

Guerilla im 18. Jahrhundert

Für das 18. Jahrhundert ist das durchaus zweckgerichtete Zusammenspiel von regulären Linientruppen und Kleinkriegsverbänden kennzeichnend.

Die Kleinkriegs-Detachements bestanden aus besonders hierfür qualifizierte und ausgerüstete Soldaten, die gleichwohl Bestandteil des regulären Heeres blieben.

Der Kleinkrieg hatte unterstützende Funktionen im Rahmen der Gesamtkriegsführung und erwies sich gelegentlich über seine rein taktisch-operative Funktion hinaus von strategischer Bedeutung.

Als Beispiel sei der Rückzug des preußischen Heeres aus Böhmen im November 1744 genannt, wo österreichische Kleinkriegs-Detachements dem preußischen Heer große Verluste zufügten und Friedrich den Großen zwangen, Prag am 20. November 1744 zu räumen. (Hahlweg, W., 1968:27,28)

Durch die Erfahrungen des spanischen Erbfolgekrieges, des ersten und zweiten schlesischen sowie des Siebenjährigen Krieges wurde die technisch-praktische Seite der Guerilla weiter ausgebildet, der Kleinkrieg und die mit ihm befassten Militärs wurden durchaus akzeptiert.

Dies änderte sich allerdings Ende des 19. Jahrhunderts und im 20. Jahrhundert, als die Guerilla als Agens sozialrevolutionärer Bewegungen und revolutionärer Staatsschöpfung, die sich gegen den Staat und das Militär richteten, aufgrund auch ihrer Totalität in Methode und Zielsetzung in traditionell konservativen Militärkreisen zunehmend anrüchig wurde.

Die Kriege des Absolutismus waren keine totalen Kriege, bei denen es um Leben und Tod der Zivilbevölkerung, um den Versuch der Versklavung und Ausrottung ganzer Völker ging, wie dies exemplarisch für den 2. Weltkrieg galt, sondern waren begrenzt hinsichtlich Zweck und Mittel.

Auch wurden die politischen Ziele vom absolutistischen Staat definiert, ohne dass dem Volk ein nennenswerter Einfluss darauf eingeräumt worden wäre. (Haffner, S.:14,15; Hahlweg, W.: 26).

Eine allgemeine Wehrpflicht gab es in der Regel nicht, die Armeen bestanden aus Berufssoldaten und daneben aus bei Bedarf angeheuerten oder gepressten Rekruten, die Kombattanten waren ausschließlich Militärs und hatten in der Regel keinerlei primäres Interesse an den mit Ihrer Hilfe verfolgten politische Zielen. Darin dürfte übrigens einer der Gründe für den Erfolg so vieler Befreiungskriege, vom amerikanischen Unabhängigkeitskrieg bis zum Vietnamkrieg liegen: Den für ihre **eigenen Interessen** kämpfenden „Irregulären" standen und stehen (1986) persönlich nicht oder nur **sekundär motivierte** Söldner oder Wehrpflichtige gegenüber.

Anders ist dies allerdings in den Kolonien, wo es tatsächlich oft um die Ausrottung bzw. Versklavung ganzer Völker ging und daher auch die kriegerischen Auseinandersetzungen andere, meist totalere und brutalere Formen annahmen.

Neben den begrenzten politischen Zielen, die das Erscheinungsbild des Krieges im 18. Jahrhundert und im beginnenden 19. Jahrhundert bestimmen und demzufolge kriegerische Auseinandersetzungen auf das Militär begrenzten, gab es einen zweiten Grund, der eine Einbeziehung des ganzen Volkes, also auch außerhalb des streng reglementierten Militärapparates etwa für die nationale Verteidigung als **gefährlich** erscheinen ließ. Im Kapitel über Volksbewaffnung seiner epochalen Schrift „Vom Kriege" schreibt Clausewitz: „Der Volkskrieg ist im kultivierten Europa eine Erscheinung des 19. Jahrhunderts. Er hat seine Anhänger und seine Widersacher, die letzteren aus politischen Gründen, weil sie ihn für ein revolutionäres Mittel, einen für gesetzlich erklärten Zustand der Anarchie halten, der der gesellschaftlichen Ordnung im Innern ebenso gefährlich sei wie dem Feinde..." (Clausewitz, C. von, 1963:173)

Mit dem amerikanischen Unabhängigkeitskrieg (1775 – 1783), der französischen Revolution und den damit in Zusammenhang stehenden Befreiungskriegen gegen die französischen Invasionsarmeen in der Vendée, (1793-1796), in Spanien (1808-1814), in Tirol (1809), in Deutschland (1809) und schließlich in Russland (1812) erfuhr die Guerilla eine entscheidende Wandlung und Ausweitung ihrer Zielsetzung sowie damit einhergehend eine qualitative Veränderung in den Verlaufsformen: War der kleine Krieg im Laufe des 18. Jahrhunderts als Bestandteil des regulären „gehegten" Krieges laufend perfektioniert und zur militärischen Kunst verfeinert worden, so kam nunmehr ein neuer Akteur ins Spiel: Das Volk.

In der Auffassung, daß die Beteiligung der Volksmassen im Kriegsgeschehen gegen Ende des 18.-, Anfang des 19. Jahrhunderts eine Zäsur in der Geschichte des neuzeitlichen Krieges darstellen, den kleinen Krieg auf eine völlig neue Stufe heben, stimmen der Militär-Historiker Werner Hahlweg und Lenin völlig überein.

Hahlweg schreibt: „Wurde also der Kleinkrieg im militärisch-technischen Bereich aus der vorherigen Epoche mehr oder weniger unverändert übernommen, so änderte sich doch seine Erscheinungsform im Hinblick auf die Impulse, die ihm aus dem Bereich der Politik, Gesellschaft und Wirtschaft erwuchsen, und die ihn, was seine Zielsetzung betraf, ebenso langandauernd wie intensiv werden ließen. Der Kleinkrieg war zum wesentlichen Bestandteil des Existenzkampfes von Völkern geworden.

Für die Entwicklung des Kleinkrieges bedeutet die so modern anmutende Epoche 1775-1789-1815 eine Zäsur: Hier beginnt der Weg zu unserer Gegenwart. Die Kleinkriege dieser Epoche weisen nahezu alle Kennzeichen, Kombinations- und Verbindungsmöglichkeiten auf, wie sie sich heute freilich in fortgeschrittenen, weiterhin differenzierten Formen bei der modernen Guerilla wiederfinden.

Die wiederholte und enge Verbindung von Kleinkrieg und Volkskrieg stellt also das eigentlich Neue in der Entwicklung dieser Form des Krieges während der Epoche 1775-1788-1815 dar." (Hervorhebung von mir). (Hahlweg 1968:60)

In seinem im Januar 1905 erschienen Artikel „Der Fall Port Arthurs" schreibt LENIN: „Unwiderbringlich sind jene Zeiten dahin, wo die Kriege von den Söldnern oder Vertretern einer dem Volk halb entfremdeten Kaste geführt werden...Die Kriege werden jetzt von den Völkern geführt..." (Lenin, a, 1952:43)

Indem die Völker also selbst auf die politische Bühne treten und damit auch das Kriegshandwerk nicht mehr ausschließlich den Militärs überließen, wurde nicht nur die politische Zielsetzung totaler, sondern auch die „Kriegsführung als Mittel der Politik" (Clausewitz 1963:22) wurde irregulär in mehrfacher Hinsicht:

Insofern das Wesen des kleinen Krieges in der Überraschung, in der Vermeidung regulärer Schlachten, vielmehr umgekehrt im verdeckten Einzelkampf bestand, war er von jeher „irregulär". Indem aber das Volk, von Jahrhunderten alten Traditionen und Denkmustern weitgehend unbelastet in die militärische Arena trat, verwischte sich auch der Unterschied zwischen Kombattant und Zivilist: Dies zeigte sich bereits im gegenrevolutionären Aufstand der Vendeér Bauern, die die Revolutionsarmeen aus dem Hinterhalt überfielen, um sodann auf Schleichwegen zu ihren Höfen zurückzukehren und bis zum nächsten Überfall als harmlose Zivilisten friedlich ihrer Arbeit nachzugehen.

Während also die Kleinkriegs-Detachement des 18. Jahrhunderts aus Soldaten bestanden und als solche identifizierbar blieben (wenn glich verdeckt gekämpft wurde), so war es nun mit der Identifizierbarkeit des Kämpfers vorbei: Jeder Mann, jede Frau, ja jedes Kind war ein potentieller gefährlicher Gegner.

Nunmehr verlief der Krieg nicht mehr an eindeutigen Fronten, die Front war jetzt überall, der Krieg wurde in der Tiefe des Raumes, nicht nur im geographischen, sondern auch im sozialen Sinne geführt. Nicht nur die verdeckte Kampfesweise, sondern mehr noch die Beteiligung der Zivilbevölkerung transzendierte den Krieg als vorwiegend militärische Aktionsform in eine Form der totalen Konfrontation zwischen Gruppen oder Nationen.

So berichtet das Journal eines im amerikanischen Unabhängigkeitskrieg auf englischer Seite kämpfenden deutschen Jägerkorps:

Es ist „fast unmöglich, den Feind bei irgendeiner Gelegenheit zu überraschen, weil jedes Haus, in dessen Nähe man kommt, sozusagen ein vorgeschobenes Pikett ist; denn der Farmer oder sein Sohn oder Knecht, und selbst seine Frau und Tochter schießen mit einer Flinte oder benutzen Schleichwege, um das Herannahen des Feindes zu melden." (Hahlweg, 1968:33; Schulz, 1985:10,11)

Kapitel 2
Theorie der Guerilla im 19. Jahrhundert

Der spanische Volkskrieg gegen die Franzosen, der nach 7 Jahren (1814) erbitterter Kämpfe mit Unterstützung regulärer britischer Truppen zum Sieg der Spanier führte, wurde im 19. Jahrhundert zum Modellfall zur Führung eines Volkskrieges als Guerilla.

In der spanischen Guerilla waren erstmals all jene Elemente vereint, die bis heute zu den Wesensmerkmalen von Kleinkriegen gehören:

Mobilisierung breiter Volksmassen. Organisierung dieser in überall bewegliche Abteilungen; Kämpfer, die im zivilen

Raum beheimatet sind und als solche vom Feind nicht mehr identifiziert werden können, „im Volk schwimmen wie die Fische im Wasser" (MAO)

Anlehnungsmacht, die die Guerilla unterstützt; Umstrukturierung der Guerillaverbände in quasi reguläre Armeeeinheiten nach einer entsprechenden Entwicklungs- und Wachstumsperiode; Langdauernder Zermürbungskrieg, bis der Feind „reif" für Großoffensiven der aus den Guerillaverbänden gewachsenen regulären Einheiten ist und die eigenen Verbände entsprechende militärische Erfahrungen sammeln konnten.

Die (Wieder-) Erlangung der nationalen Souveränität als Motiv des Volkskrieges kann kaum überschätzt werden, sind doch in nahezu allen Volkskriegen neben sozialrevolutionären Zielen immer auch die Erlangung der nationalen Souveränität Forderungen der Bewegung. Dabei wird neben der ökonomischen und politischen Unabhängigkeit oft auch eine Wiederaneignung der eigenen unterdrückten Kultur intendiert, wie sie zum Teil insbesondere in Teilen der „Dritten Welt" durch die marktbedingte Durchsetzung des „American Way of Life" oft verschüttet zu werden drohte.

Damit hängt die Tatsache zusammen, dass sehr oft nach dem Sieg antiimperialistischer Bewegungen die befreiten Nationen besondere Gewichtung und Aktivitäten bei der Entwicklung ihrer nationalen Kultur an den Tag legten.

Im chinesischen Volkskrieg gegen die Japaner und die Kuomintang, in Vietnam, Algerien, Iran, Nicaragua – um nur einige Beispiele zu nennen – stets hat neben sozialrevolutionären Intentionen der Wunsch nach eigener nationaler Identität im weitesten Sinne eine wichtige Rolle im Volksaufstand gespielt.

Die Bedeutung von Guerilla, des Volkskrieges als Mittel nationaler Verteidigung, die durch den spanischen Volkskrieg erstmals deutlich wurde, hat auch bekannte preußische Reformer und Patrioten wie Freiherr von Stein, Scharnhorst, Clausewitz und Gneisenau zu eigenen Überlegungen angeregt.

Nicht nur von Stein, sondern auch Scharnhorst befürworteten einen allgemeinen Volksaufstand gegen die Franzosen im Falle der Invasion.

Als Militärs interessierten sich Gneisenau und Clausewitz vor allem für die praktischen Aspekte der Guerilla und der allgemeinen Volksbewaffnung als Mittel der nationalen Verteidigung.

Gneisenau und Clausewitz ließen sich jedoch bei ihren Überlegungen keineswegs nur von rein militärischen Gesichtspunkten leiten, sondern bezogen politische und ideologische Fragen durchaus in ihre Überlegungen mit ein. Gerade dies hebt diese preußischen Offiziere von den meisten ihrer Kameraden bis zum heutigen Tag heraus.

Neidhardt von Gneisenau

Bemerkenswert und insbesondere bei Gneisenau´s „Plan zur Vorbereitung eines Volksaufstandes", den er dem Preußenkönig Friedrich Wilhelm III unterbreitete. Auffallend ist der Widerspruch, in dem sich Gneisenau und einige seiner Standeskollegen befinden: Nach Gneisenau´s Vorstellung sollte mit Hilfe des Volksaufstandes, eigentlich ultima ratio von nach Emanzipation strebender Völker, die preußische **Monarchie,** die ja auf dem Fehlen der Volkssouveränität basierte, geschützt oder gar gerettet werden!

In Spanien hatte das Volk selbst sich erhoben, in Preußen sollte der Volksaufstand staatlich organisiert und kontrolliert werden, die Behörden sollten also auf dem Verordnungswege gewährleisten, dass das Volk im Falle eines Falles zur Erhebung antrete – dies hätte eine Identität von König, Heer und Volk vorausgesetzt, wie sie zwar postuliert wurde, wie sie aber nie so bestanden hat und auch nicht bestehen konnte.

Am Beispiel des sowjetrussischen Partisanenkrieges gegen die deutsche Wehrmacht wird aber später hier gezeigt werden, dass unter **bestimmten Bedingungen** dennoch ein staatlich initiierter organisierter und kontrollierter Volkskrieg möglich ist.

Es ist daher nicht verwunderlich, dass der Preußenkönig Gneisenaus „Plan zur Vorbereitung eines Volksaufstandes" von Anfang an skeptisch gegenüber stand - der Schock, den die französischen Revolution allen Monarchien versetzt hatte, war noch zu frisch im Gedächtnis...

Das in dieser Hinsicht sicher nicht ganz unberechtigte Misstrauen König Friedrich Wilhelm III gegenüber seinem Volk kommt denn auch in der von ihm erlassenen „Verordnung über den Landsturm" (21. April 1813) und der 2. Verordnung vom 17. Juli des gleichen Jahres zum Ausdruck, in denen der Versuch gemacht wird, der Volkserhebung einen institutionellen Rahmen zu geben und sie von revolutionären Elementen weitgehendst zu reinigen.

In der Verordnung wird der Landsturm völlig dem Kommando der monarchistischen Obrigkeit unterstellt; jede eigenmächtige, das heißt staatlich nicht ausdrücklich empfohlene Aktion als „Meuterei" verstanden und mit der Todesstrafe bedroht. (Friedrich Wilhelm III, 1970:72)

Gleich in der Einleitung seines „Plan zur Vorbereitung eines Volksaufstandes" macht Gneisenau deutlich, dass er **Reformist im Rahmen des monarchistischen Systems ist** und dass mit dem Volksaufstand keineswegs revolutionäre Zwecke intendiert sind:

„Wenn Preußen mit einer Invasion, das heißt mit Vernichtung bedroht wird, so sucht das königliche Regentenhaus Hilfe und Beistand in einem Volksaufstand" (Gneisenau, N. von: Plan zur Vorbereitung eines Volksaufstandes 1970:42)

Gleichwohl können seine organisatorischen Vorstellungen in Bezug auf die Durchführung des Volksaufstandes *fast* als revolutionär gelten, zumal für einen preußischen Militär höheren Dienstgrades:

Unter „Milizen – Organisation im Allgemeinen" fordert er sogar die Wahl der Offiziere und Unteroffiziere:

„….sie wählen sich ihre Offiziere und Unteroffiziere, und anfangs werden Offiziere zu halbem Sold zu ihrer Organisation angestellt." (Gneisenau, N. v. a. a. O.: 47)

Gneisenau entwirft 6 taktische Grundsätze, nach denen die Miliz zu verfahren habe und die seine praktischen Erfahrungen als Offizier während des amerikanischen Unabhängigkeitskrieges auf britischer Seite ebenso wie sein gründliches Studium des spanischen Volkskrieges erkennen lassen.

Gneisenau schreibt: Sind die feindlichen Truppenkontingente zahlenmäßig überlegen, „ so begeben sie (die Milizen) sich in die nächsten Wälder, um von hier aus über die einzelnen Quartiere oder Detachements herzufallen.. Ist eine Legion in Gefahr aufgehoben zu werden, so zerstreut sie sich, versteckt ihre Waffen, Mützen und Schärpen und erscheint so als Bewohner des Landes." (Gneisenau, N. v. a.a.O.:50)

Den Einwand des Preußenkönigs, „Mangel an Lebensmitteln, keine Gewohnheit an Entbehrung und Ausdauer, noch weniger Erfahrung im Kriege, und einige Flinten- und Kanonenschüsse zerstreuen diese Legion", kontert Gneisenau: „...alle diese Bedenklichkeiten hielten die Spanier von der Waffenerhebung nicht ab, als sie sich überlistet sahen; und ohnerachtet sie, an hundertjährigen Frieden gewöhnt und des Krieges unkundig, große Fehler begingen, so bestehen sie doch noch heute als Nation und dies allein nur durch Insurrektionskrieg." (Gneisenau, N. v., a.a.O.: 51)

Bemerkenswert auch Gneisenau's Vorschlag zur Waffenbeschaffung: „Wer eines feindlichen Gewehrs habhaft werden kann, erhält dafür 10 Taler und ficht von nun an mit diesem Gewehr, sofern er solches der Pike vorzieht." (Gneisenau, N. v. a.a.O.:52)

Der Bemerkung des Königs, dass dieser Preis viel zu hoch sei, entgegnet er: „Ein Gewehr kostet jetzt 12 Taler. Gibt man 10 Taler für ein erobertes, so gewinnt der Staat 2 Taler, der Soldat 10 Taler, seine Kameraden Lust, sich ebenso viel zu erwerben, und der Feind ist um ein Gewehr ärmer. Der moralische Gewinn war hier der Hauptzweck, der des Geldes war dabei nicht beachtet." (Gneisenau, N. v. a. a. O.: 53)

Friedrich Engels, der „General der Arbeiterbewegung" schreibt in Zusammenhang mit Gneisenaus „Plan zur Vorbereitung eines Volksaufstandes" und die Verordnung von Friedrich Wilhelm III: „Dieses Gesetz kann tatsächlich ein mustergültiges Handbuch für Franktireurs genannt werden – und, von keinem mittelmäßigen Strategen entworfen – ist es ebenso jetzt in Frankreich wie seiner Zeit in Deutschland anwendbar. Zum Glück für Napoleon wurde es aber sehr unvollkommen ausgeführt. Der König war über sein eigenes Volk erschrocken. Dem Volk zu erlauben, für sich selbst zu kämpfen – ohne des Königs Befehl – das war zu anti-preußisch. So wurde der Landsturm suspendiert, bis der König ihn aufrufen würde, was er niemals tat. Gneisenau tobte, aber schließlich musste er ohne den Landsturm auskommen." (Engels, a, 1952:29)

Carl von Clausewitz

Für Clausewitz, wie Gneisenau Offizier der preußischen Armee und unter anderem Lehrer an der Kriegsschule in Berlin, wo er 1810/11 Vorlesungen über den kleinen Krieg hält und zwischen 1816 und 1830 sein epochales Werk „Vom Kriege", bis heute Pflichtlektüre reaktionärer Militärs ebenso wie revolutionärer Sozialisten verfasste, gilt ähnliches wie für seinen Kollegen und Freund Neithardt von Gneisenau: Er war überzeugter Anhänger der preußischen Monarchie ebenso wie des totalen Volkskrieges.

Sein ambivalentes Politikverständnis kommt kaum irgendwo prägnanter zum Ausdruck als in der 1812 von ihm verfassten „Bekenntnisdenkschrift", wo es im Anhang heißt: „Nicht der König bekriegt den König, nicht eine Armee die andere, sondern ein Volk das andere und im Volke sind König und Heer enthalten."(Clausewitz, C. V. , b, :88)

Clausewitz, hervorragender Kenner von Theorie und Praxis des Volkskrieges zu seiner Zeit, stellte in seinem Werk „Vom Kriege" einen Katalog von Bedingungen auf, die er als Voraussetzung für die Wirksamkeit des Volkskrieges erachtete.

„Die Bedingungen, unter welchen allein der Volkskrieg wirksam werden kann, sind folgende:

1., Dass der Krieg im Innern des Landes geführt,

2., dass er nicht durch eine einzige Katastrophe entschieden werde,

3., dass das Kriegstheater eine beträchtliche Länderstrecke einnehme

4., dass der Volkscharakter die Maßregel unterstütze

5. dass das Land sehr durchschnitten und unzugänglich sei, entweder durch Gebirge oder durch Wälder und Sümpfe oder durch die Natur der Bodenkultur...
Die Anwendung des Landsturmes und bewaffneter Volkshaufen kann und soll nicht gegen die feindliche Hauptmacht, auch nicht gegen beträchtliche Korps gerichtet sein; Sie soll nicht den Kern zermalmen, sondern nur an der Oberfläche, an den Umgrenzungen nagen." (Clausewitz, C. v., C, a.a.O. :173)

Nicht nur Clausewitz Vorlesungen an der Kriegsschule in Berlin, sondern auch die Tatsache, dass er im Kapitel „Volksbewaffnung" Prinzipien des kleinen Krieges in sein Werk übe den „großen" Krieg und den Krieg im Allgemeinen behandelt, zeigt, dass er die Möglichkeiten des Volkskrieges als einer der ganz wenigen Militärs lange vor dessen heutiger universaler Bedeutung antizipiert hat.

Kapitel 3

Der Marxismus und die revolutionäre Gewalt

Vorbemerkung:

Während in den Volkskriegen des beginnenden 19. Jahrhunderts und entsprechend bei ihren Theoretikern die nationale Frage den Ausgangspunkt darstellt, so weist die Theorie revolutionärer Gewalt und der Guerilla bei Marx/Engels darüber hinaus und antizipiert Aspekte des Volkskrieges, wie sie vor allem in der zweiten Hälfte des 20. Jahrhunderts zunehmende Bedeutung erlangt haben: Nicht mehr nur der Kampf zwischen Nationen und Völkern, auch der Kampf zwischen den Klassen wird nun in die Überlegungen einbezogen.

Allein die Tatsache, dass die wichtigsten und spektakulärsten Siege von Guerillabewegungen im 20. Jahrhundert (China, Vietnam, Jugoslavien, Kuba usw.) durch sich auf den „Marxismus-Leninismus" berufende Bewegungen errungen wurden lässt es geboten erscheinen, sehr ausführlich auf die Theorie der revolutionären Gewalt und der Guerilla, wie bzw. soweit sie von den „sozialistischen Klassikern" entwickelt worden ist, einzugehen.

Der Marxismus hat nicht nur die bedeutsamsten Befreiungsbewegungen des 20. Jahrhunderts inspiriert, sondern diente und dient als ideologische Legitimationsgrundlage für die unterschiedlichsten Bewegungen, Parteien, Gruppen und Grüppchen.

Sinn Fein/IRA in Irland, Herri Battasuna/ETA im Baskenland, Teile der PLO im Nahen Osten (z. B. die PFLP), die FMLN in El Salvador, die Volksfedayin und ihre diversen Abspaltungen im Iran, die PKK in Kurdistan, die RAF in der Bundesrepublik Deutschland, die Roten Brigaden in Italien, die AD in Frankreich, die CCC in Belgien usw. usf. – all diese heute (1986) kämpfenden Guerilla-Bewegungen oder Gruppen berufen sich auf den Marxismus-Leninismus – auch dies Grund genug, diesbezügliche Äußerungen der sozialistischen Klassiker genauer unter die Lupe zu nehmen.

Die revolutionäre Gewalt bei Karl Marx und Friedrich Engels

Marx und Engels Position zur revolutionären Gewalt ist gekennzeichnet durch eine doppelte Frontstellung: Einerseits lehnt die marxistische Gesellschaftstheorie „Verschwörertum" und „Putschismus" ab, andererseits stellen sich Marx ebenso wie Engels entschieden gegen jene „Klassenkollaborateure", die vor der revolutionären Gewalt zurückschrecken und, indem sie Friedfertigkeit predigen,

Illusionen wecken und stärken, wo nur entschlossenes Handeln zum Sieg verhelfen könne...

Bereits in Engels Entwurf „Grundsätze des Kommunismus" (1847) heißt es: „Die Kommunisten sehen aber auch, dass die Entwicklung des Proletariats in fast allen zivilisierten Ländern gewaltsam unterdrückt und das hierdurch von den Gegnern der Kommunisten auf eine Revolution mit aller Macht hingearbeitet wird. Wird hierdurch das unterdrückte Proletariat zuletzt in eine Revolution hineingejagt, so werden wir Kommunisten dann ebenso gut mit der Tat wie jetzt mit dem Wort die Sache des Proletariats verteidigen." (Engels, F. , b, 1980:372)

Im „MANIFEST DER KOMMUNISTISCHEN PARTEI" bekräftigen Marx und Engels ihre Auffassungen über die Notwendigkeit revolutionärer Gewalt: „Die Kommunisten erklären es offen, dass ihre Zwecke nur erreicht werden können durch den gewaltsamen Umsturz aller bisherigen Gesellschaftsordnungen." (Marx, K. / Engels, F. 1980/1848:493)

In seinem „Anti-Dühring" wendet sich Engels ganz entschieden gegen jene Sozialisten, die die gewaltsame Klassenkonfrontation fürchten und mehr oder weniger offen vom „friedlichen Hineinwachsen in den Sozialismus" träumen: „Dass die Gewalt das Werkzeug ist, womit sich die gesellschaftliche Bewegung durchsetzt und erstarrte, abgestorbene politische Formen zerbricht – davon kein Wort bei Herrn Dühring. Nur unter Seufzen und Stöhnen gibt er die Möglichkeit zu, dass zum Sturz der Ausbeutungswirtschaft vielleicht Gewalt nötig sein werde – leider!

Und diese matte, saft- und kraftlose Predigerdenkweise macht den Anspruch, sich der revolutionärsten Partei aufzudrängen, die die Geschichte kennt." (Engels, F., C, MEW 20:171)

In der Frage der revolutionären Gewalt besteht völlige Übereinstimmung zwischen Karl Marx und Friedrich Engels: Für Marx ist die Gewalt „der Geburtshelfer jeder alten Gesellschaft, die mit einer neuen schwanger geht." (Marx, K., a, MEW 23:779)

Wenngleich für Marx ebenso wie für Engels die Gewalt also notwendiges Mittel der Revolution ist, so ist und bleibt sie ein **Mittel zum Zweck**, immer der konkreten revolutionären Situation untergeordnet.

Hannah Arendt schreibt insofern zu Recht: „Ob Clausewitz den Krieg die „Fortsetzung des politischen Verkehrs mit Einmischung anderer Mittel" nennt, oder ob Engels die Gewalt als eine „die gesetzmäßige ökonomischen Entwicklung beschleunigende Kraft" definiert – der Akzent liegt bei beiden auf der politischen oder wirtschaftlichen Kontinuität, auf der Kontinuität eines Prozesses, der determiniert bleibt durch Faktoren, die schon vor der gewaltsamen Aktion existierten. (Ahrendt, H. Merkur 1, 1970:5)

Die von Hannah Arendt angesprochene Determiniertheit des revolutionären Prozesses durch sozialökonomische Entwicklungsdynamik hat Marx sehr prägnant in seinem berühmten Vorwort „Zur Kritik der politischen Ökonomie" zusammengefasst: Nachdem Marx konstatiert hat, dass es nicht „Das Bewusstsein der Menschen, dass ihr Sein, sondern umgekehrt ihr gesellschaftliches Sein, dass ihr Bewusstsein bestimmt" ist, (Marx, K., b, MEW 13:9), benennt er die Triebkräfte für die soziale Revolution:

„Auf einer gewissen Stufe ihrer Entwicklung geraten die materiellen Produktivkräfte der Gesellschaft in Widerspruch mit den vorhandenen Produktionsverhältnissen oder, was nur ein juristischer Ausdruck dafür ist, mit den Eigentumsverhältnissen, innerhalb deren sie sich bisher bewegt hatten. Aus Entwicklungsformen der Produktionskräfte schlagen diese Verhältnisse in Fesseln derselben um. Es tritt dann eine Epoche sozialer Revolutionen ein" und, weiter unten, zusammenfassend: „Die bürgerlichen Produktionsverhältnisse sind die letzte antagonistische Form des gesellschaftlichen Produktionsprozesses, antagonistisch nicht im Sinne von individuellem Antagonismus, sondern eines aus den gesellschaftlichen Lebensbedingungen der Individuen hervorgewachsenen Antagonismus, aber die im Schoss der bürgerlichen Gesellschaft sich entwickelnden Produktivkräfte schaffen zugleich die materiellen Bedingungen zur Lösung dieses Antagonismus." (Marx, K., b, :9)

Die revolutionäre Gewalt und damit auch die Guerilla wird von Marx und Engels als wichtiges, wenn auch nicht wichtigstes Moment, als Mittel zum revolutionären Zweck durchaus in ihre Überlegungen einbezogen; weder Marx noch Engels haben jedoch, etwa im Gegensatz zum Castroismus-Guevarismus, ein geschlossenes Konzept der revolutionären Gewalt entwickelt, denn sie „analysierten die Wirkungsmöglichkeit der revolutionären Gewalt unter übergeordneten Gesichtspunkten, ohne dabei die grundsätzliche Position gegenüber der Anwendung von Gewalt aus den Augen zu verlieren.

Diese Position richtet sich

- gegen eine „terroristische" und „adventuristische" Haltung ebenso wie

- gegen die Attitüden von „Klassenkollaborateuren" (Kießler, 1975:15)

Gerade das marxistische Verständnis der Gewalt im revolutionären Prozess ist vielfach, auch von sich auf den Marxismus berufenden Parteien und Bewegungen einseitig, d. h. falsch interpretiert worden, wobei wohl die jeweiligen Interessenlagen ursächlich dafür sein dürften:

Abgesehen vom antikommunistischen Interesse, Marxismus, Verschwörertum und Terrorismus in einen Topf zu werfen, lassen sich zwei grundsätzliche Positionen ausmachen, zwischen denen es alle möglichen Übergänge und Mischformen gibt:

Während viele aktionistisch/terroristisch orientierte Gruppierungen Marx und Engels Bejahung des revolutionären Terrorismus **unter bestimmten Umständen** – hierbei können sie insbesondere zahlreiche Äußerungen von Engels ins Feld führen – verabsolutieren und dabei bewusst oder unbewusst ausser acht lassen, dass insbesondere Marx, aber auch Friedrich Engels die gesellschaftliche und damit auch revolutionäre Dynamik aus der Produktivkraftentwicklung und den Produktionsverhältnissen ableiten, also keineswegs generell spektakulären Akten der revolutionären Gewalt , sondern eher der Massenhaftigkeit und Breite der Aktionen weit aus höhere Bedeutung im revolutionären Prozess beimessen, haben die sozialdemokratischen Parteien mit dem Wachsen ihrer reformistischen Flügel vor allem seit der Jahrhundertwende den Marxismus, soweit sie noch nicht ganz auf ihn verzichten konnten oder wollten, jener revolutionären Elemente entkleidet, die ihre zunehmend auf Reformen im Rahmen des bestehenden kapitalistischen Systems basierende Praxisorientierung als „Klassenkollaboration" denunzieren konnte oder die umgekehrt die Sozialdemokratie in direkte

Konfrontation und Konflikt mit der Staatsgewalt bringen konnten.

So wurden etwa, um nur ein Beispiel der Reinigung marxistischer Theorie von unerwünschten Aspekten zu nennen, aus der von Engels verfassten Einleitung zu Marx´s „Die Klassenkämpfe in Frankreich", datiert vom 6. März 1895, vom Parteivorstand der SPD der letzte Absatz vollständig gestrichen; (laut Erich Wollenber, vgl. Fussnote in Wollenberg, 1952:69,70).

Dort heisst es nämlich unter anderem: „Heisst das, dass in Zukunft der Strassenkampf keine Rolle spielen wird? Durchaus nicht..." (Engels, d, :23)

In der Einleitung zu Marx´ „Die Klassenkämpfe in Frankreich" wird aber auch deutlich, dass es Engels sehr darum ging, gerade angesichts des raschen Wachsens der Arbeiterbewegung dieses nicht dadurch zu gefährden, dass mit „sektiererischen" Parolen die Arbeiter abgestossen werden und durch allzu „blanquistische" Orientierung dem Staat die Möglichkeit gegeben würde, die rasch an Einfluss gewinnende Sozialdemokratie erneut in die Illegalität zu treiben und dadurch zu schwächen.

Es galt (1894), ohne sich Illusionen über den Charakter des Kapitalismus und des Staatsapparates hinzugeben, den Parlamentarismus für die Arbeiterbewegung so weit wie möglich auszunützen – dies setzte jedoch Legalität voraus. (Marek, 1966:128)

In seiner „Einleitung..." betont Engels seine Ablehnung unzeitigen Säbelrasselns: „Ein künftiger Strassenkampf kann also nur siegen, wenn diese Ungunst der Lage durch andere Momente aufgewogen wird. Versteht der leser nun, weshalb die herrschenden Gewalten uns platterdings dahin bringen wollen, wo die Flinte schiesst und der Säbel haut? Warum man uns heute der Feigheit zeiht, weil wir uns nicht ohne weiteres auf die Strasse begeben, wo wir der Niederlage im Voraus gewiss sind? Warum man uns so inständig anfleht, wir möchten doch endlich einmal Kanonenfutter spielen?"

Und, weiter unten:

„Die Zeit der Überrumpelungen, der von kleinen Minoritäten an der Spitze bewusstloser Massen durchgeführter Revolutionen ist vorbei. Damit aber die Massen verstehen, was zu tun ist, dazu bedarf es langer, andauernder Arbeit, und diese Arbeit ist es gerade, die wir jetzt betreiben, und das mit einem Erfolg, der die Gegner zur Verzweiflung bringt." (Engels, b, a. a. O. :262)

Auch Karl Marx hat nicht nur wiederholt die sozialökonomisch-politischen Bedingungen für die möglicherweise sinnvolle und notwendige revolutionäre Gewalt benannt, sondern auch davor gewarnt, „dem revolutionären Prozess vorzugreifen, ihn künstlich in eine

Krise zu treiben, eine Revolution aus dem Stegreif, ohne die Bedingungen einer Revolution zu machen." (Rezensionen aud der Neuen Rheinischen Zeitung, hier zitiert aus Kießler, a. a. O. :30)

Dass Marx ebenso wie Engels weder Anbeter der revolutionären Gewalt noch parlamentarischer Legalität waren, kommt auch in einer von Marx am 15. September 1872 in Amsterdam gehaltenen Rede zum Ausdruck, wo es heisst:

„Der Arbeiter muss eines Tages die politische Gewalt ergreifen, um die neue Organisation der Arbeit aufzubauen.; er muss die alte Politik, die die alten Institutionen aufrecht erhält, umstürzen. Aber wir haben nicht behauptet, dass die Wege, um zu diesem Ziel zu kommen, überall die selben seien.

Wir wissen, dass man die Institutionen, die Sitten und die Traditionender verschiedenen Länder berücksichtigen muss, und wir leugnen nicht, dass es Länder gibt, wie Amerika, England, wo die Arbeiter auf friedlichem Wege zu ihrem Ziel gelangen können.

Wenn das wahr ist, müssen wir auch anerkennen, dass in den meisten Ländern des Kontinents der Hebel unserer Revolution die Gewalt sein muss; die Gewalt ist es , an die man eines Tages appellieren muss, um die Herrschaft der

Arbeit zu errichten." (Marx, MEW 28:160, hier zitiert aus Marek:127,128)

Zusammenfassung

Für Marx und Engels ist die Gewalt „Der Geburtshelfer jeder alten Gesellschaft, die mit einer neuen schwanger geht."

Als „Geburtshelfer" erzeugt die Gewalt aber weder die Revolution, noch bringt sie die neue Gesellschaft selbst hervor, sie leistet lediglich „Geburtshife", d. h. sie ist lediglich ein Mittel, wenn auch mitunter ein sehr wichtiges, neben anderen Mitteln wie Agitation und Propaganda, Demonstrationen, Generalstreik, Arbeiterkontrolle und so weiter, um den erfolgreichen Verlauf der Revolution zu gewährleisten und diese ggf. abzukürzen.

Wie die Hebamme nicht das Wesen der Geburt, so ist die Gewalt nicht das Wesen der Revolution. Gleichwohl ist sie für Marx ebenso wie für Engels legitimes und mitunter unerlässliches Hilfsmittel der revolutionären Massen, wenngleich für Marx und Engels die Massen niemals durch die Gewalt ersetzt werden können.

Meine Auffassung, dass Marx und Engels hier eine Zwischenposition in der Frage der revolutionären Gewalt vertraten, also weder unbedingte Befürworter noch Gegner der Gewalt in der Revolution waren, sondern diese Frage im Grunde offen liessen, sie nur von Fall zu Fall konkret erörterten, sie aber nicht zur moralischen und politischen Grundsatzfrage machten, sie vielmehr den jeweiligen konkreten historischen, sozialökonomisch-politischen Konstellationen untergeordnet wissen wollten, wird von renommierten Wissenschaftlern wie Iring Fetscher und Günter Rohrmoser allerdings offenbar nicht geteilt: In dem Kapitel „Die marxistische Staatstheorie und der friedliche Übergang zum Sozialismus" ihrer Schrift „Ideologien und Strategien" wird die Differenzierung, nicht Ablehnung revolutionärer Gewalt von Marx und Engels in ihren späteren Schriften implizit dahingehend (um-)interpretiert, sie hätten in späteren Jahren revolutionäre Gewalt für unnötig oder gar schädlich gehalten. (Fetscher/Rohrmoser, 181:140 ff). Verstärkt wird dieser Eindruck, indem zwischen Marx/Engels und Karl Kautsky eine ideologische Brücke gerade in der Gewaltfrage geschlagen wird, die in dieser Form meines Erachtens keinesfalls zu rechtfertigen ist.

Ich halte es für wissenschaftlich problematisch, gerade in der Frage der revolutionären Gewalt bestehende grundsätzliche Differenzen zwischen Marx und Engels einerseits und Karl Kautsky andererseits zu relativieren, wie Fetscher und Rohrmoser dies tun...

Zwei „Klassiker" des Marxismus, nämlich Lenin und Trotzki, haben sich explizit und sehr kritisch mit Kautskys Position zur Frage der revolutionären Gewalt auseinandergesetzt: Lenin vor allem in seiner Schrift „Staat und Revolution"

(Lenin, W., b, 1970:319 ff) und Trotzki vor allem in „Terrorismus und Kommunismus – Anti-Kautsky! (Trotzky, L., b, 1978).

Beide werfen Kautsky nicht nur gerade in der Gewaltfrage Revision des Marxismus, sondern sogar Verrat an den Interessen der Arbeiterklasse vor.

Auch Rosa Luxemburg schreibt in einem Brief an Luise Kautsky (Zuchthaus Breslau, November 1917): „Freust Du dich über die Russen? Natürlich können sie sich in diesem Hexensabbat nicht halten – nicht wegen der Statistik, die die zurückgebliebene Wirtschaftsentwicklung Russlands nachweist, wie es dein scharfsinniger Ehemann nachgezählt hat – sondern weil die Sozialdemokratie dieses höher entwickelten Westens aus niederträchtigen Hasenfüssen besteht, die als friedliche Zuschauer die Russen sich verbluten lassen..." (Zitiert in Trotzky, b, 1978:XII)

Ohne der Kritik Lenins, Trotzkis oder Luxemburgs an Kautsky in allen Punkten beipflichten zu müssen, kann man doch sagen, dass zwischen der orthodoxen marxistischen Position zur Gewalt in der Revolution und der Karl Kautskys sich starke Widersprüche aufzeigen lassen.

Man kann sich daher des Eindrucks nicht erwehren, dass die Argumentation von Fetscher und Rohrmoser sich über die Fakten hinwegsetzt, mit dem Marxismus selektiv umgeht. Dieser Eindruck verstärkt sich, wenn die Autoren ein Zitat

Wilhelm Liebknechts anführen, um implizit dessen Ablehnung der revolutionären Gewalt zu dokumentieren. (Fetscher/Rohrmoser, a.a.O.:142)

Über die Tatsache, dass Liebknecht ebenso wie Marx und Engels (allerdings im Gegensatz zu Kautsky nach Ende des 1. WK) die revolutionäre Gewalt keineswegs pauschal ablehnte, sondern umgekehrt neben Rosa Luxemburg der Führer der deutschen Revolution 1918/19 war (Spartacusaufstand) und seine führende Rolle in dieser keineswegs gewaltlosen Revolution mit seinem Leben bezahlte – kein Wort davon bei Fetscher und Rohrmoser.

Friedrich Engels und die Guerilla

Während sich Karl Marx vergleichsweise wenig mit der Guerilla beschäftigt hat und man zu diesem Thema bei ihm fast nur Randbemerkungen findet, hat sich sein Freund Friedrich Engels sehr eingehend mit der Guerilla befasst und diese aus verschiedenen Blickwinkeln analysiert.

Zu Recht gilt Friedrich Engels als der erste marxistische (Klein-) Kriegs-Theoretiker, mit dessem fundiertem Urteil Marx in dieser Hinsicht stets konform ging.

Erich Wollenberg schreibt in seiner Einleitung zu Engels Militärpolitishen Schriften: „Solange Marx lebte, haben die beiden Freunde kaum etwas veröffentlicht, was sie nicht vorher abgesprochen hätten. Wenn in der Frage der politischen Ökonomie und der Philosophie zweifellos Marx als der Gebende und Engels mehr „federführend" als schöpferisch in Erscheinung trat, so war das Verhältnis auf allen Gebieten der Militärpolitik ein umgekehrtes. Hier war Engels der Fachmann, dessen Urteilskraft sich Marx gerne beugte. Aus der Feder des „Generals" stammen die meisten militärischen und militärpolitischen Artikel und Aufsätze, die unter dem Namen von Marx erschienen sind. (z. B. „Revolution und Konterrevolution in Deutschland"), und auch in den Schriften von Marx sind Abschnitte, die militärische Fragen behandeln fast ausschließlich von Engels redigiert. (Wollenberg, 1952, a. a. O.:7; Wallach, 1972:253; Schickel, J. 1970:116, 117; Lussu, E., o. J.: 19)

Als im Jahre 1849 nach der Verabschiedung der Reichsverfassung überall in Deutschland Aufstände ausbrachen, um dem lokalen Adel die Verfassung aufzuzwingen, schloss sich Engels als „Einjährig-Freiwilliger" den Aufständischen unter dem Kommandeur Willich, dessen Adjutant Engels wurde an und sammelte so in vier Gefechten seine ersten (und einzigen praktischen) Erfahrungen im revolutionären Krieg und der Guerilla.

Der „unbegreiflich schmutzige Esprit des Corps des Soldatenpacks – gemeint sind die Berufsoffiziere, die sich als militärische Führer den Aufständischen angeschlossen hatten – bestärkten Engels wohl in seiner Auffassung, dass

„wenigstens einer vom Zivil" ihnen hinsichtlich militärischer Kenntnisse ebenbürtig sein müsste. (Wallach, a. a. O.: 252)

Willich operierte mit seinem 700 Mann starken Freikorps in der Pfalz zwischen den Garnisonen Landau und Germersheim, wobei er sich vor allem der Guerillataktik bediente: Er organisierte die Bürgerwehren in den Dörfern zur Bewachung der Strassen und anderer militärischer Hilfsdienste, schnitt mit seinen Truppen nahezu alle Zufahrtswege der Festung Landau ab und beunruhigte und provozierte diese Garnison durch nächtliche Patrouillen und Scharmützel derart, dass die Garnison veranlasst wurde, „auf einen Gefreiten und zwei Mann ein ebenso gewaltiges wie harmloses Feuer aus vierundzwanzigpfündern zu eröffnen." Engels, F., e, a. a. O. : 79).

Engels 1859 verfasste Schrift „Po und Rhein" erregte grosses Aufsehen vor allem in Militärkreisen und erweckte in diesen Kreisen die Vermutung, bei dem Verfasser handele es sich um einen sich im Hintergrund haltenden General – dies macht deutlich, dass Engels nicht umsonst „Militaria geochst" hatte. (Wallach, a. a. O : 253)

Bürgerlich-demokratische und sozialistische Revolution

Der Marxismus unterscheidet zwischen dem **Charakter** einer Revolution, ihren **treibenden Kräften** und der **führenden Klasse** oder **Partei**.

So konnte der Charakter der deutschen Revolution 1848/49 nur bürgerlich-demokratisch sein, da es in erster Linie um den Sturz des Feudaladels und die Erkämpfung büergerlich-demokratischer Rechte ging (Versammlungsfreiheit, Vertragsfreiheit, Pressefreiheit usw.), die „Diktatur des Proletariats" noch nicht auf der Tagesordnung stand, da die objektiven Voraussetzungen im Deutschland Mitte des 19. Jahrhunderts noch nicht gegeben waren: Die vorherrschende Produktionsweise war noch die Landwirtschaft, die moderne Industrie steckte noch in den Kinderschuhen, ihr Konzentrationsgrad und damit auch der der Arbeiterklasse war vergleichsweise gering (etwa im Gegensatz zum zaristischen Russland vor der Oktoberrevolution!), zudem war die Arbeiterklasse im Sinne sozialistischer Auffassungen noch zu „unbewusst", auch eine klassenautonome Organisation, d. h. eine revolutionäre Arbeiterpartei mit Massenbasis existierte noch nicht.

(Unter der fehlenden Klassenorganisation litt auch die Pariser Kommune, wie dies Marx und Engels wohl zu Recht als einer der Gründe der Niederlage anführten.)

Da die große Industrie noch relativ unterentwickelt war, andererseits das Kleinbürgertum vor allem in den kleinen und mittleren Städten eine bedeutende gesellschaftliche Kraft darstellte, (Konkurrenzkapitalismus), fiel die führende Rolle in der Revolution dieser gesellschaftlichen Schicht zu, die sich nach Marx und Engels Auffassungen jedoch aufgrund ihrer Klassenlage als unzuverlässig erweisen musste: Vor allem Engels hat seine abschätzige Position zum Kleinbürgertum mehrfach deutlich gemacht. Vor allem in dem am 2. Oktober 1852 unter dem Namen von Marx in der „New York Tribune" veröffentlichten Artikel „Die Reichsverfassungskampagne", dessen eigentlicher Verfasser Engels war und der hier seine Erfahrungen als „Einjährig-Freiwilliger" auswertete, kommt seine Einschätzung des Mittelstandes deutlich zum Ausdruck: „Die Klasse der Kleinbürger, deren Wichtigkeit und Einfluss wir bereits zu verschiedenen Malen hervorgehoben haben, darf als die führende Klasse des Mittelstandes von 1849 betrachtet werden.

Da diesmal keine der großen Städte Deutschlands unter den Zentren der Bewegung war, gelang es dem Kleinbürgertum, die Führung der Bewegung in die Hand zu bekommen. (....)

Wo immer ein bewaffneter Zusammenstoß zu einer ernsthaften Krisis führt, da fasste die Kleinbürger das höchste Entsetzen über die gefahrvolle Situation, die ihnen erwachsen war (…) waren sie nicht gezwungen, offiziell Stellung in der

Insurrektion einzunehmen, wodurch sie im Falle der Niederlage ihr Vermögen aufs Spiel setzten? Und was winkte ihnen anderes im Falle des Sieges, als die Gewissheit, die siegreichen Proletarier, welche die Hauptmasse der kämpfenden Armee bildeten, würde sie aus den Ämtern jagen und ihre Politik umstoßen?"(Engels, F. , e, a.a.O.: 13,14)

Engels formuliert hier also einen Widerspruch zwischen „führender Klasse oder Partei (hier ist es das Kleinbürgertum) und den „treibenden Kräften" (Proletarier), wie es 70 Jahre später sich in Russland während der Februarrevolution in modifizierter Form wiederholte.

Engels war der Meinung, das Bürgertum sein nicht willens und in der Lage, ihre eigene Revolution wie etwa in Frankreich konsequent durchzuführen, sondern würde im Falle des Sieges versuchen, die Errungenschaften den Arbeitern vorzuenthalten.

Auch in seiner Studie „Der deutsche Bauernkrieg" kommt Engels zu einem ähnlichen Resultat: „Die Klassen und Klassenfraktionen, die 1848/49 überall verraten haben, werden wir schon 1525, wenn auch auf einer niedrigeren Entwicklungsstufe, als Verräter vorfinden." (Wallach, a. a. O.: 257)

Im Gegensatz zu vielen Guerillaorganisationen, die eine prononcierte Orientierung auf das Proletariat meist ablehnen, wenngleich oft Worthülsen wie „proletarischer

Internationalismus" gebraucht werden, haben Marx und Engels (und später vor allem Trotzki) nicht nur dem eigentlichen Kleinbürgertum, sondern überhaupt dem Mittelstand misstraut.

In der offiziell von Marx und Engels verfassten „Ansprache der Zentralbehörde an den Bund" (März 1850) besteht Engels auf der Anwendung des „revolutionären Terrorismus" zur siegreichen Durchführung der bürgerlich-demokratischen Revolution: „Die Arbeiter müssen vor allen Dingen während des Konfliktes und unmittelbar nach dem Kampfe so viel wie irgend möglich der bürgerlichen Abwiegelung entgegenwirken und die Demokraten zur Ausführung ihrer jetzigen terroristischen Phrasen zwingen." (…) Weit entfernt, den sogenannten Exzessen, den Exempeln der Volksrache an verhassten Individuen oder öffentlichen Gebäuden, an die sich nur gehässige Erinnerungen knüpfen, entgegenzutreten, muss man diese Exempel nicht nur dulden, sondern ihre Leitung selbst in die Hand nehmen." (Engels, F. (e), a. a. O.:15)

Weiter unten verweist Engels nachdrücklich auf den bürgerlichen Charakter der Revolution und betont die Notwendigkeit der klassenautonomen Organisation und Bewaffnung des Proletariats: „Vernichtung des Einflusses der bürgerlichen Demokraten auf die Arbeiter, sofortige selbständige und bewaffneter Organisation der Arbeiter und Durchsetzung möglichst erschwerender und kompromittierender Bedingungen für **die augenblicklich unvermeidliche Herrschaft der bürgerlichen Demokratie."** (Engels, F., a. a. O.:15)

Wenn in zahlreichen Publikationen über Engels von ihm zu Recht als dem ersten marxistischen Theoretiker der Guerilla gesprochen wird (SCHICKEL, a.a. O., HAHLWEG a.a.O., WALLACH a. a. O., WOLLENBERG a. a. O.), so gerät dabei leicht der bereits angesprochene, historische, sozialökonomisch-politische Kontext aus dem Blickfeld: Meines Erachtens konnte es Engels in seinen militärischen Schriften primär **nicht** um die sozialistische Revolution gehen, sondern um die konsequente Vollendung der bürgerlich-demokratischen Revolution, da weder die objektiven noch subjektiven Bedingungen für die „Diktatur des Proletariats" gegeben waren, sondern umgekehrt noch viele Relikte aus der feudalistischen Ära ihrer revolutionären Überwindung harrten. (Rosenberg, A., 1966:56)

In nahezu allen militärwissenschaftlichen Publikationen von Friedrich Engels zur Guerilla beschäftigt sich Engels mit der Guerilla als **Agens der nationalen Befreiung und des Kampfes gegen feudalistische Relikte und für demokratische Rechte, nicht als unmittelbares Mittel der sozialistischen Revolution!**

In diesem Zusammenhang sei nochmals auf Engels in „Die Klassenkämpfe in Frankreich" vertretene Auffassung verwiesen, dass „die Zeit der Überrumpelungen, der von kleinen Minoritäten an der Spitze bewusstloser Massen durchgeführter Revolutionen" vorbei sei und dass dort, wo es sich um die völlige Umgestaltung der gesellschaftlichen Organisation, d. h. also der sozialistischen Revolution handelt, „die Massen selbst mit dabei sein, selbst schon begriffen haben (müssen), worum es sich handelt, für was sie mit Leib und Leben eintreten." (Engels zitiert in Wallach, a. a. O.:262)

Das heißt also: Je mehr es sich um eine tatsächliche Revolution im marxistischen Sinne und nicht lediglich um Verschwörung oder Umsturz handelt, eine desto größere Rolle spielt die Beteiligung der Massen und vor allem auch die allgmeine Zersetzung auch innerhalb der Institutionen der alten herrschenden Klasse selbst, eine desto größere Rolle spielt nicht zuletzt die Zersetzung der regulären Armee, die diese meist bedeutender schwächt als noch so gut geführte Guerillaaktionen ohne ausreichende Massenbasis.

Die Bedeutung dieser mit einer revolutionären Situation verknüpften nicht-militärischen Faktoren bei der Neutralisierung der regulären Armee hat Engels sehr früh erkannt, denn am 26. September 1851 schreibt er in einem Brief an Marx, „dass die Desorganisation der Armeen und die gänzliche Lösung der Disziplin sowohl Bedingung wie Resultat jeder siegreichen Revolution war."

Sowohl das chinesische als auch das kubanische Beispiel bestätigen sehr anschaulich dies Erkenntnis von Engels, lesen Sie hierzu die entsprechenden Kapitel!

Berücksichtigen wir das in diesem Kapitel gesagte, so können wir Erich Wollenberg nur beipflichten, wenn er in seiner Einleitung zu Engels militärpolitischen Schriften konstatiert, **Engels militärische Schriften seien im Wesentlichen das Militärprogramm der proletarischen Partei in der bürgerlichen Revolution."** (Wollenberg, a. a. O.)

Wir stoßen wieder auf diese Problematik bei der Analyse terroristischer Gruppierungen in den europäischen Metropolen, die keinerlei Agitation und Propaganda in den „proletarischen" Organisationen betreiben, aber sich auf den „Marxismus Leninismus" berufen...

Engels hat die Guerilla vor allem als Handlungsoption für die nationale Befreiung unterdrückter Völker untersucht, und in diesem Zusammenhang befürwortet er den Volkskrieg allerdings ausdrücklich.

So schreibt er in „Der Krieg in Italien": „Ein Volk, dass sich seine Unabhängigkeit erobern will, darf sich nicht auf die gewöhnlichen Kriegsmittel beschränken. Aufstand in Massen, Revolutionskrieg, Guerilla überall, das ist das einzige Mittel, wodurch ein kleines Volk mit einem großen fertig werden, wodurch eine minder starke Armee in den Stand versetzt werden kann, der stärkeren und besser organisierten zu widerstehen. Die Spanier haben es von 1807 bis 1812 bewiesen, die Ungarn beweisen es noch jetzt." (Zitiert in Hahlweg, 1969:79)

Mehrfach kommt Engels darauf zu sprechen, dass nur ein republikanisch gesinntes Volk die Guerilla erfolgreich anwendet, da das Königtum davor zurückschrecke.

„Der Aufstand in Massen, die allgemeine Insurrektion des Volkes, das sind Mittel, die nur die Republik anwendet – 1793 liefert den Beweis dafür. Das sind Mittel, deren Ausführung gewöhnlich den revolutionären Terrorismus voraussetzt, und wo ist ein Monarch gewesen, der sich dazu entschließen könnte?" (Zitiert in Hahlweg, a. a. O. :79)

Hier ist auch einer der wesentlichen Unterschiede zwischen der Kleinkriegs-Konzeption preußischer Offiziere vom Schlage Clausewitz, Gneisenau und, in modifizierter moderner Variante auch des österreichischen Major von Dach mit seiner Konzeption des „totalen Widerstandes" zur marxistischen Konzeption der Guerilla: Für erstere ist Kleinkrieg eine unter bestimmten Voraussetzungen wirksame Form der militärischen Verteidigung der Nation.

Von diesem traditionelle Staatsbegriff, der weitgehend von den inneren gesellschaftlichen Gegensätzen („Klassengegensätzen") abstrahiert und den Staat implizit als harmonische „Volksgemeinschaft" begreift, die sich eines äußeren Aggressors zu erwehren hat, unterscheidet sich die marxistische Staatsauffassung, indem sie auch die Staatsschöpfung zur Disposition des Volkes stellt.

Dem Marxismus war es deshalb vorbehalten, die Guerilla erstmals in Beziehung zu setzen zum Emanzipationsstreben farbiger Völker, Guerilla also nicht lediglich als „Fortsetzung des Krieges mit anderen Mitteln" zu begreifen, das heißt wenn das reguläre Heer versagt hat, sondern in der Guerilla ein selbständiges Kampfmittel unterdrückter Völker zu sehen, auch wenn eine reguläre Schlacht gar nicht stattgefunden hat und auch nicht stattfinden konnte, weil die schwächere Seite über keine reguläre Armee verfügt.

Kleinkriegs-Taktik bei Friedrich Engels

Friedrich Engels ist der erste marxistische Theoretiker, der sich mit der speziellen Taktik der irregulären Kriegführung (Guerilla und Terrorismus) explizit und auf wissenschaftlicher Grundlage beschäftigt hat.

Seine Schriften umreißen die für die erfolgreiche Guerilla erforderliche spezifische Taktik sehr umfassend, seit deren Niederschrift wurden unzählige Kleinkriege geführt, und sofern sie erfolgreich waren, fußten sie sehr weitgehend auf den von Engels umrissenen abstrakten Prinzipien, unabhängig von Zeit und Raum.

In seinem 1857 erschienenen Aufsatz „Kriegführung im Gebirge" stellt Engels Überlegungen über die notwendigen Erfolgsbedingungen der Guerilla an; dabei beruft er sich auf 4 Beispiele: Den Tiroler Aufstand gegen Napoleons Truppen, den spanischen Volkskrieg ebenfalls gegen die Franzosen, die Erhebung der karlistischen Basken und schließlich den Kleinkrieg der kaukasischen Stämme gegen das zaristische Russland.

Engels kommt dabei, sehr ähnlich wie vor ihm Clausewitz, zu dem Ergebnis, dass für die Guerilla eine unterstützende „Anlehnungsmacht" von eminenter Bedeutung ist: Während der spanische Guerillakrieg gegen die Franzosen nur deshalb über einen so langen Zeitraum erfolgreich verlief, weil die Guerilla

a. auf portugiesische und englische Unterstützung zurückgreifen konnte und

b. sich immer wieder in Festungen zurückziehen konnte,

sei dagegen die Tiroler Erhebung nur so lange für Napoleon eine Gefahr gewesen, wie sie von regulären österreichischen Truppen unterstützt worden sei,

Anhand des Kleinkrieges der Kaukasier gegen Russland verweist Engels auf die **Bedeutung der Offensive** gegenüber einer defensiven Taktik, die er als den Tod der Guerilla begreift:

„Die Stärke der Kaukasier lag in fortgesetzten Ausfällen von ihren Bergen in die Ebenen, in Überfällen auf russische Standorte und Vorposten, in schnellen Streifzügen in den Rücken der vorgeschobenen russischen Linien, im Legen von Hinterhalten für russische Kolonnen auf dem Marsch...sie waren leichter und beweglicher als die Russen und profitierten von diesem Vorteil." (Engels zitiert in Hahlweg, a. a. O. :80)

In einem am 5. Juli 1857 im „New York Daily Tribune" erschienenen Artikel über die chinesische Widerstandstaktik nach dem englisch-chinesischen Krieg von 1839 -1842 stellte Engels erstmals Elemente heraus, die man heute auch als „subversive Taktik" bezeichnet; in diesem Artikel bringt Engels auch seine Sympathie mit der Guerilla als Agens der nationalen Befreiung zum Ausdruck: „Offenbar herrscht jetzt unter den Chinesen ein anderer Geist, als in dem Krieg 1840-42; damals war das Volk ruhig; es überließ den Kampf gegen die Eindringlinge den kaiserlichen Soldaten und unterwarf sich nach der Niederlage mit östlichem Fatalismus der Macht des Feindes. Aber jetzt beteiligt sich, zumindest in den Südprovinzen, auf die der Kampf bisher beschränkt blieb, die Masse des Volkes aktiv, ja sogar fanatisch am Kampf gegen die Ausländer. Sie vergiften massenhaft und mit kaltblütiger Berechnung das Brot der englischen Kolonie Hongkong (...) Mit verborgenen Waffen gegen die Chinesen an Bord von Handelsschiffen, und auf der Fahrt bringen sie die

Mannschaft und die europäischen Passagiere um und bemächtigen sich der Schiffe (...)

Sie entführen und töten jeden Ausländer, dessen sie habhaft werden können (...) Zu diesem allgemeinen Aufruhr aller Chinesen gegen alle Ausländer führte die Piratenpolitik der britischen Regierung und verwandelte ihn in einen Vernichtungskrieg. Was soll eine Armee gegen ein Volk unternehmen, das zu solchen Mitteln der Kriegführung greift? Wo und wieviel soll sie in das Land des Feindes vordringen, wie soll sie sich dort behaupten? Zivilisationskrämer, die Brandbomben auf eine schutzlose Stadt werfen und dem Mord noch die Vergewaltigung hinzufügen, mögen die Methode feige, barbarisch und grausam nennen; was kümmert das die Chinesen, wenn sie ihnen nur Erfolg bringt (...)

Wenn ihre Entführungen, Überfälle und nächtlichen Gemetzel nach unserer Auffassung barbarisch sind, dann sollten die Zivilisationskrämer nicht vergessen, dass, wie sie selbst bewiesen haben, sich die Chinesen mit den gewöhnlichen Mitteln ihrer Kriegführung gegen europäische Zerstörungsmittel nicht behaupten können. (Engels zitiert bei Wallach, a. a. O. :263)

Nicht nur die verdeckte Kampfesweise, das Überraschungsmoment, überhaupt unkonventionelles und unberechenbares Vorgehen hält Engels für erfolgversprechende Guerillataktik, auch die Größe des geographischen Raumes, vor allem im Verhältnis zur diesen Besetzenden Armee, den Widerstandswillen des Volkes und die daraus resultierenden Reserven bezieht Engels in seine Überlegungen zur Guerillakriegführung ein, wenn er die zweite Phase des deutsch-französischen Krieges unter dem Aspekt der Guerilla-Kriegführung analysiert:

„Ist der Geist des Volkswiderstandes erst geweckt, dann machen bei der Besetzung des feindlichen Landes selbst Armeen von 200 000 Mann keine raschen Fortschritte. Sie kommen sehr bald auf den Punkt, wo ihre Detachements schwächer werden als die Kräfte, die ihnen die Verteidigung entgegenstellen kann; wie bald das eintritt, hängt ganz von der Energie des Volkswiderstandes ab… (Wallach, a. a. O.:264)

Dieses Verhältnis von Raum und Zahl sollte vor allem im russischen Partisanenkrieg gegen die deutsche Wehrmacht und im chinesischen Befreiungskrieg gegen Japan eine besondere Rolle spielen. (Vgl. Kapitel 8 und 11)

Im Zusammenhang mit der Weite des geographischen Raumes, der Engels ebenso wie Carl von Clausewitz für die Guerillakriegführung große Bedeutung beimisst, da die Invasionsarmeen sich darin verlieren, das heißt entweder die Besetzung des Landes auf wenige Punkte konzentrieren müssen und damit das Hinterland nur ungenügend kontrollieren oder aber sich durch Aufspaltung in kleinere Einheiten der Gefahr aussetzen, einzeln aufgerieben zu werden, ist für Engels auch die Beschaffenheit des Geländes von elementarer Bedeutung: Für Engels erfordert die nationale Erhebung und der Partisanenkrieg zumindest in Europa „unbedingt ein gebirgiges Land." (Engels, 1857, zitiert bei Wallach, a. a. O.:264)

So sehr Engels die Guerilla als legitimes und sogar notwendiges Mittel des Volkskrieges hielt, so wenig war er (und noch viel weniger Marx) ein Hitzkopf, der an gewaltsamer Konfrontation um ihrer selbst Willen Interesse gehabt hätte.

Vielmehr warnte er mehrfach davor, sich vom Klassenfeind zum vorzeitigen Aufstand provozieren zu lassen.

So warnten Marx und Engels die Pariser Kommune ein halbes Jahr vor Ausbruch des Aufstandes davor, die Revolution zum falschen Zeitpunkt zu beginnen:

„Jeder Versuch, die neue Regierung zu stürzen, wo der Feind fast schon an die Tore von Paris pocht, wäre eine verzweifelte Torheit." (Marx/Engels, 9.9.1870)

Das hinderte sie jedoch nicht, anschließend ihre volle Solidarität mit der Pariser Kommune zu zeigen.

Zusammenfassung

Ähnlich wie vor ihm Clausewitz kommt auch Engels anhand eingehender Analyse verschiedener Volkskriege und der

Guerilla-Kämpfe (Spanischer Volkskrieg, Tiroler Aufstand, Aufstand der baskischen Separatisten, Kleinkrieg der Kaukasier gegen Russland, Kleinkrieg in Indien gegen die Engländer, Kleinkrieg der Chinesen gegen England usw.) zu bestimmten Faktoren, die Verlauf und Erfolg oder Misserfolg der Volkskrieg-Guerilla wesentlich mitbestimmen:

a. Unerlässlich sind permanente Offensiven, die Defensive ist der Tod jeder erfolgreichen Guerilla

b. Entscheidend ist die Selbständigkeit des Volkes, Volkskrieg und Guerilla sind umso erfolgreicher, je grösser der Widerstandswille des Volkes ist.

c. Der Aufstand ist eine Kunst, jeder vorzeitige Aufstand ist von Übel, die militärische Unterlegenheit der Guerilla muss durch andere Faktoren (politische, moralische, soziale), vor allem in Gestalt der Zersetzung der feindlichen Truppe unbedingt wettgemacht werden, sonst wird die Guerilla scheitern.

d. Selbst eine große Armee kann in arge Bedrängnis kommen, wenn sie ein weites Land zu besetzen versucht, dessen Bewohner feindlich gesinnt und zum Widerstand entschlossen sind, da kleinere feindliche Detachements aufgerieben werden, sobald sie sich von ihren Stützpunkten ins Hinterland begeben.

e. Zumindest in Europa sind für die Führung des Volks- und Partisanenkrieges Gebirge wichtig, in die sich verfolgte Guerilleros zurückziehen können.

In diesem Sinne spielen auch Festungen als Stützpunkte der Guerilla ein wichtige Rolle.

f. Von größter Bedeutung ist auch eine fremde reguläre Armee als Anlehnungsmacht, wie insbesondere der spanische Volkskrieg und der Tiroler Aufstand gezeigt haben.

g. Beweglichkeit und verdeckter Kampf, allgemein unkonventionelle Kriegführung ist das A und O der Guerilla, offene Feldschlachten sollten so weit wie möglich vermieden werden.

h. Engels ist der erste marxistische Kleinkriegstheoretiker, der die Bedeutung der Guerilla als Agens der Antikolonialen und Antiimperialistischen Befreiung der Kolonialvölker erkannt und propagiert hat.

Nicht alle Aspekte der marxistischen Theorie der Guerilla konnten hier erschöpfend behandelt werden, es sollte aber deutlich geworden sein, dass Engels einerseits

- durchaus in der Tradition herkömmlicher Militärwissenschaft steht und an ältere Theorien anknüpft, viele seiner Auffassungen mit Männern wie Clausewitz und Gneisenau teilt,

-Andererseits die Theorie der Guerilla um politische und sozialrevolutionäre Aspekte bereichert und insbesondere auf potentielle Möglichkeiten zur revolutionären Staatsschöpfung vor allem auch in Kolonialländern hinweist: Revolutionärer Staatsschöpfung im Sinne der Erringung nationaler Souveränität und „bürgerlich-demokratischer" Verhältnisse als Teil des Kampfes um Sozialismus in Permanenz.

Kapitel 4
Guerilla im 19. Jahrhundert

Im Laufe des 19. Jahrhunderts gewann die Guerilla zunehmend an Bedeutung, und zwar zum einen als Element der Krieges großer Massenheere – besonders bedeutsam war die Guerilla im Deutsch-Französischen Krieg, in dem französische Francterieurs nahezu ein Sechstel (!) der gesamten deutschen Streitkräfte binden konnten (Hahlweg, W., 1968:68); zum anderen gewann die Guerilla aber auch an Bedeutung als selbständiges Mittel des Widerstandes vor allem der Kolonialvölker, als Mittel des Aufstandes gegen den Kolonialismus.

Werner Hahlweg nennt zahlreiche Beispiele der Guerilla im 19. Jahrhudert:

Der griechische Befreiungskampf (1821-29), Bürgerkrieg in Spanien zwischen Carlisten und Christinos (1833-40), die polnischen Aufstände der Jahr 1830/31, 1848 und 1863/64, die Revolutionskriege in Deutschland, Österreich und Ungarn (1848/49), der dänische Krieg (1848), die Operationen Garibaldis in Süditalien (1860), der amerikanische Sezessionskrieg (1861-65), die deutschen Einigungskriege von 1864, von 1866 und 1870/71, die Kämpfe in Bosnien und der Herzegowina 1878 und 1882. (Hahlweg, W. a. a. O. : 61)

In den Kolonien sind vor allem zu nennen die Kämpfe in Indien, China, Sumatra und Algerien gegen die Franzosen, Engländer und Holländer.

Es ist daher nicht verwunderlich, dass im Laufe des 19. Jahrhunderts eine ganze Reihe von militärischen Lehrschriften über die Guerilla erschien, fast ausschließlich von Militärs für Militärs verfasst.

In diesen Schriften wurde die Kleinkriegstheorie weiter ausgefeilt und ergänzt, ohne dass ihr wesentlich neues hinzugefügt worden wäre. Werner Hahlweg benennt eine ganze Reihe entsprechender Literatur. (Hahlweg, W., a. a. O. :62, sowie Fussnote Nr 1:261)

Die seiner Zeit verbreitetste Lehrschrift dieser Art war wohl die von Feldmarschall Radetzky aus dem Jahre 1831 entworfenen „Feldinstruktionen für Kavallerie, Infanterie und

Artillerie", die auch in die Österreichische Armee eingeführt wurde.

Radetzkys Feldinstruktionen, deren Einführung und sinnvolle Anwendung nach Meinung Hahlwegs zu den Erfolgen der österreichischen Armee in Italien gegen die sardinischen Truppen beigetragen hat, (Hahlweg, a. a. O. :62), könnte als Vorläufer moderner Kleinkriegsinstruktionen, wie sie beispielsweise auch bei Spezialeinheiten und in der Einzelkämpfer-Ausbildung der Bundeswehr Verwendung finden. (S. z. Bsp. Reibert-Handbuch)

Gegen Ende des 19. Jahrhunderts trat der Kleinkrieg jedoch zunehmend wieder in den Hintergrund, und die lehrhafte Abhandlung „Der kleine Krieg und der Etappendienst" (3. A. 1899) des preußischen Obersten Cardinal von Widdern behandelt die Guerilla vom Standpunkt des großen Krieges mit regulären Massenheeren und ordnet die Guerilla diesem völlig unter – eine Tendenz, wie sie um die Jahrhundertwende und vor allem vor dem 1. Weltkrieg allgemein vorherrschend war.

Zwischen 1830 und 1911 kam es in Algerien, Tunesien und Marokko zu Kämpfen der Einwohner mit den Franzosen, und der preußische Militärschriftsteller Carl von Decker schrieb bereits 1844 ein zweibändiges Werk mit dem Titel „Algerien und die dortige Kriegsführung", wo es kritisch heißt: „Endlich besitzt das Land keinen sogenannten „Mittelpunkt der Kraft", keine Hauptstadt, mit deren Fall aller Widerstand aufhören würde, mit einem Wort: In diesem Land gibt es nichts Festes, nur Bewegliches." (Hahlweg, W. a. a. O. : 75)

Carl von Decker beurteilt den Krieg mit Algerien eher kritisch und kommt zu einem für Frankreich negativen Resultat, wenn er das Ziel und den notwendigen Aufwand in Relation setzt. Auch fragt er skeptisch, worin die Garantie bestände, das Land dauernd in Besitz zu behalten: Etwa in den paar Städten, die man, kaum 20 Meilen entfernt von der Küste, in Besitz hat? Oder in den tausenden erschlagener Eingeborener, in den verbrannten Ernten, den elenden Garbis, die man den Flammen opferte, den zahllosen Herden, die man erbeutete?" (Hahlweg, a. a. O.)

Im langen algerischen Krieg, aber auch in den Kleinkriegen der Franzosen und Engländer gegen die Chinesen, die langwierigen Kämpfe der Niederlande in Atjeh, Sumatra und dem Sepoy-Aufstand in Indien wurde deutlich, dass Expansion, Annexion und Ausbeutung fremder Territorien und ihrer Bevölkerung, wie sie zum Wesen der kolonialistischen und imperialistischen Großmachtpolitik gehörten, gewßsermassen zwangsläufig zur Intensivierung und Ausweitung der Guerilla in den Kolonien führte.

Was meines Erachtens für den endgültigen Erfolg der „KolonialGuerilla" fehlte, war nicht zuletzt die **straffe Organisation, Zentralisierung, Disziplinierung unter einer Partei mit einer gemeinsamen Ideologie,** wie sie vor allem die kommunistische Guerilla kennzeichnet und wohl beträchtlich zu deren Sieg im 20. Jahrhundert beigetragen hat.

Kapitel 5
Exkurs: Terrorismus als universale Handlungsoption des großen und kleinen Krieges

Definition und Erscheinungsformen

Unter Terror und Terrorismus definiere ich alle Handlungen, die dazu dienen sollen, indem sie **Angst und Schrecken** beim Gegner auslösen, diesen zu bestimmten Handlungen oder Unterlassungen zu zwingen.

Selbstverständlich wird der Terrorismus nach dieser Definition nicht nur in jedem regulären Krieg, sondern auch in jeder Guerilla eine mehr oder weniger große Rolle spielen.

Terrorismus kann als einzige Form des Kampfes um politische Ziele angewendet werden, dann hat er strategische Bedeutung, meist ist er jedoch taktisches Mittel im Rahmen einer übergreifenden militärisch-politischen Strategie.

Der Terrorismus als abstrakter Begriff in dieser Definition ist weitgehend neutral hinsichtlich der Akteure, das heißt hinsichtlich der politischen Zielsetzungen, er findet sich gleichermaßen bei politisch rechts stehenden, liberalen und linken Gruppierungen, wenn auch in der Regel in charakteristischen Formen.

Die nachfolgend zur Erläuterung von mir angeführten Beispiele werden deutlich machen, dass der Terrorismus eine geradezu universelle politische Handlungsoption ist.

Beispiele für Formen des Terrorismus:

1a. Terrorismus politischer Gruppierungen als Strategie der revolutionären Staatschöpfung.

Dazu gehört die terroristische Strategie und Taktik der russischen Gruppe „Narodnaja Wolja" (70er Jahre des 19. Jahrhunderts), der russischen „Sozialrevolutionäre" (PSR) nach der Jahrhundertwende, die vor allem durch Attentate auf die Zaren, auf Minister und verhasste Vertreter der Geheimpolizei den revolutionären Umsturz der zaristischen Autokratie herbeiführen wollten.

Als Strategie ist der Terrorismus dieser beiden Gruppen auf ganzer Linie gescheitert.

Dazu gehört auch die terroristische Strategie und Taktik der RAF in Deutschland, welche ebenfalls gescheitert ist.; schließlich gehört hierher die sehr phantasievolle Strategie der Tupamaros in Uruguay, die ebenfalls **nicht** zum gewünschten Ziel führte, das heißt ebenfalls gescheitert ist...

1b. Terrorismus als taktisches Mittel von Befreiungsbewegungen.

Dazu gehören die Aktivitäten der Befreiungsbewegung FMLN in dem mittelamerikanischen kleinen Land El Salvador, ebenso wie die der FSLN in Nicaragua, die seit 1979 mit Unterbrechungen an der Macht ist und der heute, in einem der ärmsten Länder des amerikanischen Kontinents, massive Korruptionsvorwürfe gemacht werden...

Die Taktik bestand vor allem darin, Regierungsbeamte, Mitglieder ausländischer Botschaften oder reiche Industrielle zu entführen und damit gefangene Kampfgenossen freizupressen oder aber mit den Gefangenen Lösegeld zu erpressen für die Bewaffnung etc.

Schließlich gehören dazu auch die terroristischen Aktivitäten der afghanischen Widerstandsbewegung gegen die sowjetischen Besatzungstruppen.

Es handelt sich bei diesen Beispielen nicht um kleine Gruppierungen, sondern um Befreiungsbewegungen mit mehr oder weniger großer Massenbasis, die terroristischen Aktivitäten waren als integraler Bestandteil der Guerillakriegführung durchaus hilfreich.

Zu dieser Form des Terrorismus gehört auch der Terror und Gegenterror der ebenfalls erfolgreichen algerischen Befreiungsbewegung FLN sowie der ebenfalls relativ erfolgreiche Terror der zypriotischen EOAK unter der

Führung des griechischen Obersten Grivas-Dighenis gegen die Briten, die Türken und die Kommunisten.

Schließlich lassen sich auch die Widerstandsbewegungen gegen den Hitler-Faschismus meist unter diese Rubrik subsummieren.

Berühmtestes Beispiel dafür ist wohl das Attentat auf Heydrich durch von der britischen S.O.E. ausgebildete Exiltschechen im Jahre 1942.

Reinhard Heydrich war maßgeblich mitverantwortlich für massenhafte Massaker an Polen, Tschechen, Juden und politische Gegner sowie eine Führungsfigur bei der „Endlösung der Judenfrage".

1c. Terrorismus zwischen verschiedenen Machteliten als Mittel des „Coup d´ Etat".

Die Geschichte kennt eine ganze Reihe von Beispielen, in denen Machteliten sich gegenseitig unter Anwendung terroristischer Taktiken ablösten oder dies versuchten.

Der klassische Militärputsch, wie er in vielen Ländern Afrikas, Asiens oder Lateinamerika verbreitet war und noch heute gelegentlich versucht wird, ist ebenfalls eine Form des Terrorismus bzw. greift darauf zurück…

Dabei handelt es sich also um Terrorismus zwischen zwei Fraktionen einer „dem Volk halb entfremdeten Kaste", wie Lenin das Militär bezeichnet hat.

Aber nicht nur in fernen Ländern, auch in Deutschland gab es eine solche (ähnliche) Form des Terrorismus: Hierzu gehört der Terror der Hitler-Fraktion der NSDAP gegen die Gruppe um Ernst Röhm („Röhm-Putsch"), aber auch der missglückte Attentats- und Putschversuch unseres Nationalhelden Oberst Schenk Graf Stauffenberg fällt in diese Kategorie.

Allerdings ist dies insofern ein Sonderfall, als die Gruppierung um Oberst Stauffenberg nicht über eine Massenbasis verfügte, sondern aus einzelnen Idealisten bestand, die sich zusammengefunden hatten, um Deutschland zu retten – leider misslang der Versuch, aber wenn sie auch Deutschland nicht retten konnten, so retteten sie doch die Ehre Deutschland, weil deutlich wurde, dass Hitler selbst von Teilen seiner ehemals ergebenen Offiziere abgelehnt wurde und diese ihr Leben und das ihrer Freunde und Verwandten riskierten, um den Krieg schnellstmöglich zu beenden und damit „Deutschland zu retten…."

Neben dem Terrorismus zwischen zwei Fraktionen innerhalb der Machteliten hat auch große Bedeutung die Anwendung von Terror durch das Militär gegen eine demokratisch mehr oder weniger legitimierte Regierung. Hierzu gehören viele erfolgreiche und gescheiterte Putschversuche in Lateinamerika. Der Militärputsch in der Türkei unter General Evren; berüchtigstes Beispiel ist wohl der Putsch von General Pinochet gegen die Allende-Regierung in Chile.

Überraschend mag für viele sein, dass staatlicher Terror meist brutaler und umfassender ist und bei „Staatsterroristen" die Tötungsschwelle in der Regel offenbar erheblich niedriger ist als bei „Amateuren", also bei Terroristen im Rahmen revolutionärer Massenbewegungen, wo zwar auf revolutionäre Gewalt oft zu Anwendung kommt, Tötungen von Menschen jedoch vergleichsweise selten sind. (Hobsbawm, E. J. 1982:27 ff).

2. Des Weiteren ist zu nennen der Staatsterrorismus, den ein Staat – oft nachdem er selbst das Produkt revolutionärer Staatsschöpfung war – gegen die eigene Bevölkerung anwendet, um den Status Quo zu sichern.

Dabei kann die allgemeine Regel aufgestellt werden: Je gefestigter die Macht des Staates diesem selbst erscheint, desto mehr kann er auf den Terrorismus verzichten, desto selektiver kann sich der Staatsterror auf seine radikalsten Gegner konzentrieren.

Zu dieser Form des Staatsterrorismus gehören: Der Terror der Faschisten vor und während des 2. Weltkrieges in Italien, Deutschland und Spanien gegen die Linke.

Der millionenfache Völkermord der Nazis an den Juden fällt nach dieser Definition **nicht** unter den Begriff Terrorismus, da der Terrorismus gerade **nicht** auf vollständige Vernichtung des Gegners abzielt, sondern ihn durch **selektive Gewalt** zu Handlungen oder Unterlassungen zwingen will; der Terror ist also in noch höherem Masse als es der

„reguläre" Krieg ist, „die Fortsetzung der Politik mit Einmischung anderer Mittel".

Zum Staatsterrorismus gehört auch der „Rote Terror"gegen den „weißen Terror" während des russischen Bürgerkrieges, das Vorgehen der stalinistischen Geheimpolizei gegen jede Opposition, der Terror der südvietnamesischen Regierung mit massiver Unterstützung der USA gegen die kommunistische Guerilla („Vietcong"), der Terror der „Roten Khmer" gegen die Opposition zur Zeit des Vietnamkrieges, der vereinzelte Terror britischer Regierungstruppen gegen die ebenfalls überwiegend terroristisch agierende IRA im Irlandkonflikt und gegen die EOKA unter Oberst Grivas-Dighenis auf Zypern Anfang der 50er Jahre, der Terror der El Salvadorenischen Duarte-Regierung mit massiver US-Unterstützung gegen die vereinigte linke Opposition FMLN, der Terror der US-protegierten Marcos-Diktatur auf den Philippinen gegen die Opposition, der Terror unter „Baby Doc Duvalier" auf Haiti und so weiter und so fort…

Auf terroristische Taktiken im Rahmen eines offenen Krieges zwischen Nationen als Element der Guerilla-Kriegführung wurde bereits hingewiesen. (Vgl. Kap. 1 usw.)

4. Letztliche fällt auch Flächenbombardement auf die Zivilbevölkerung des Feindes, um diesen „mürbe" zu machen, unter den Begriff Terrorismus. (Vgl. z. B. Brockhaus, Stichwort Terrorismus)

Beispiele für diese Form des Staatsterrorismus sind der Bombenkrieg der Nazis gegen England im 2. Weltkrieg, der Alliierten gegen Deutschland, der USA in Vietnam, der Sowjetunion in Afghanistan und später in Tschetschenien.

Die hier erfolgte Aufzählung der Anwendung des Terrorismus ist keineswegs erschöpfend, zeigt aber, wie **universal der Terrorismus gerade im 20. Jahrhundert angewendet wurde und wird.**

Fast keine nicht demokratisch verfaßte Regierung verzichtet ganz auf ihn, und wo der Terror aufgrund politischer Rücksichten nicht von eigenen „Sicherheitsorganen" ausgeübt werden kann, werden Stellvertreter unterstützt.

Beispiele: US-Unterstützung für die Contras an Nicaraguas Grenzen, für die afghanischen Rebellen gegen die sowjetfreundliche Regierung, die Unita und so weiter....

Hier ist nicht der Ort, Moral oder Unmoral terroristischer Handlungen abstrakt zu diskutieren, denn eine pauschale, d. h. abstrakte Verurteilung des Terrorismus ist u. E. manchmal absurd: Einem Volk, das von völliger Vernichtung, Versklavung oder Unterdrückung bedroht ist, wie es beispielsweise die Armenier zur Zeit des 1. Weltkrieges in der Türkei oder die Juden während der Nazi-Herrschaft waren, und aktuell das ukrainische Volk durch die Putin-Diktatur, wird wohl niemand das Recht auf

Selbstverteidigung einschließlich der Anwendung terroristischer Methoden als Ultima Ratio absprechen.

Gerade an diesen Beispielen zeigt sich besonders deutlich, wie sehr die moralische Beurteilung bestimmter Handlungen vom politischen, interessengebundenen Standpunkt abhängig ist.

(Vgl. auch hier das in der Einleitung zu dieser Arbeit gesagte.)

Während die polnische, russische oder französische Partisanentätigkeit während des 2. Weltkrieges nicht nur von SS-, sondern auch von Wehrmachtsoffizieren als feige, kriminell und als „Bandenterrorismus" bezeichnet wurde und mit erbarmungslosem, jedem Völkerrecht spottenden, **massenhaftem Gegenterror** beantwortet wurde, wurden von den Alliierten diese terroristischen Aktivitäten der Widerstandsbewegungen als „Freiheitskampf" begrüßt und besonders von Großbritannien massiv unterstützt: In London wurde die „Special Operations Exekutive" (S.O.E.) gegründet, eine Organisation zur Unterstützung des Widerstandes in den von den Nazis besetzten Ländern:

Die S.O.E. bildete Agenten in allen Formen des Terrorismus und der Guerilla aus (Sabotage, verdeckter Kampf, Planung, Vorbereitung und Durchführung von Attentaten, Kundschafterwesen, Spionage usw.) und unterstützte die Widerstandsbewegung auch finanziell und logistisch

(Piekalkiewicz, Frankfurt 1971:22 ff; Hübner, S.F., Internationaler Waffenspiegel 1/83:41 ff).

Später wurde die SOE umorganisiert und in SAS (Special Air Service) umbenannt und ist bis heute **die** Elite-Einheit Großbritanniens, die bis heute allen anderen Nationen als Vorbild dient. Der Wahlspruch des SAS lautet: „Who dares wins!" (Wer wagt, gewinnt!)

Ob man nun die S.O.E. als Terroristenschule verdammt, wie dies die Nazis zweifellos getan haben, oder ob man in ihm eine Organisation zum Kampf für die Demokratie sieht – auch das ist eine Frage des politischen Standpunktes.

Wer Terrorismus in jeder Form absolut ablehnt, müsste auch Aktionen wie die Entführung des deutschen Generals Heinrich Kreipe auf Kreta im Jahre 1944 durch den britischen Major Leigh-Fermor und kretischer Widerstandskämpfer, die Attentate auf Heydrich und andere Massenmörder moralisch verurteilen – eine absurde Vorstellung!

Eine ganz andere Frage ist natürlich die der politischen Zweckmäßigkeit solcher terroristischer Optionen – deren Sinn oder Unsinn kann jedoch nur im konkreten Einzelfall entschieden werden.

Brown, R. MC. Affee, Stuttgart 1982; Sperber, M., Merkur 1971,1:205; Arendt, H., Merkur 1970, 1:1 ff; Trotzki, L., 1981:386 ff).

Anmerkung des Verfassers im Jahre 2024: Eine besonders effektive und dabei besonders üble Form des Terrorismus sind Angriffe mit Fahrzeugen oder Messern gegen „weiche Ziele", also unbewaffnete und wehrlose ZivilistInnen durch extremistische Islamisten: Hierin besteht eine kaum zu überschätzende Gefahr für jeden demokratischen Rechtsstaat, jüngstes Beispiel die Messerattacke in Solingen durch einen später gefaßten Islamisten: Hierbei kann mit minimalem Aufwand und einer großen Portion Skrupellosigkeit ohne lange Vorbereitung ein erheblicher Schaden angerichtet werden, mit der Folge, das Freiheitsrechte eingeschränkt werden…

Hiergegen hat der Staat momentan noch keine wirklich geeignete Strategie, wie es scheint….

Kapitel 6

Kleinkriegstaktiken und Terrorismus in der revolutionären russischen Bewegung des 19. Jahrhunderts

Narodnaja Wolja

Die Bauernbefreiung 1861, die Zar Alexander II den Beinamen „Der Befreier" eintrug, machte ihn bei Teilen des russischen Feudaladels nicht beliebt; einige von ihnen sahen in ihm den Umstürzler im Zarengewand.

Die von Zar Alexander II anfangs eingeleiteten Reformen auch des Erziehungs- und Bildungswesens blieben auf halbem Wege stecken oder wurden abgebrochen.

Die Hoffnungen der zahlenmäßig kleinen russischen Intelligenz, die bereits mit revolutionären westlichen Ideen „infiziert" war, wurden dadurch erst geweckt und dann enttäuscht, so dass der Ruf nach Beendigung der zaristischen Autokratie immer nachdrücklicher gerade von dieser Seite ertönte.

Für die Bauernschaft, die unter der Last ihrer Armut und Schulden stöhnte – hatte sie doch ihre „Befreiung" nicht nur mit großen Landübereignungen, sondern auch langfristigen finanziellen Verpflichtungen zugunsten des Adels bezahlen müssen – blieb Alexander trotz allem der Befreier. Ihre wirtschaftliche Not und weitgehende politische Rechtlosigkeit lasteten die Bauern allein dem Landadel an, der ihrer Meinung nach den eigentlichen Willen des „Befreier-Zaren" missachtete.

Dieses Vertrauen in die Zarenfamilie verschwand erst mit dem „Blutsonntag" im Jahre 1905, als der Zar durch seine Leibgarde eine friedliche Demonstration unbewaffneter Bittsteller blutig niedermetzeln ließ.

In den 70er Jahren des 19. Jahrhunderts waren Staat und Kirche die einzigen gesellschaftlichen Organisationen, doch beide waren in keiner Weise Foren legaler Sozialproteste irgendwelcher Art.

Politische Parteien, mit deren Hilfe sich Interessen hätten artikulieren können gab es nicht, sodass es der zahlenmäßig kleinen Intelligenz überlassen blieb, dem Zarismus den Krieg zu erklären. (Die Darstellung folgt hier: Trotzki, L., c, 1973, 1982; Deutscher, I., 1962, 1972)

Auf der Suche nach Verbündeten, dem „revolutionären Subjekt", mit dessen Hilfe die Intelligencia ihre Bestrebungen nach demokratischen Freiheiten verwirklichen könnte, wendete sie sich der Bauernschaft zu in der Hoffnung, hier **das revolutionäre Potential** zu finden, mit dessen Hilfe und als dessen Führer sie auf revolutionärem Weg Veränderungen herbeiführen könnte.

Die Männer und Frauen der Intelligenz, fast durchweg Angehörige des kleinen Mittelstandes und des kleinen Beamtenadels, die sich den Namen „Semlja y Wolja – Land und Freiheit" – gaben und damit ihre politische Zielsetzung, nämlich eine demokratisch-agrarsozialistische Gesellschaftsverfassung, zum Ausdruck brachte und in ihren Anschauungen zum Teil von Lawrow, zum Teil von Bakunin beeinflusst waren, gingen aufs Land und „unter das Volk", um dieses über sein Elend und die Notwendigkeit und Möglichkeit dessen revolutionärer Überwindung aufzuklären.

„Eine ganze Legion von Sozialisten", schrieb ein Gendamerie-General, der mit der polizeilichen Überwachung dieser Bewegung befasst war,....ist mit einer Energie und einem Opfermut an dieses Werk gegangen, die in der

Geschichte aller Geheimgesellschaften Europas nicht ihresgleichen haben." (Deutscher, I., a. a. O.:15)

Die Intellektuellen, die mit ebenso viel Idealismus wie mangelnden Realismus „unter das Volk gingen, um dieses aufzuklären", stießen bei den Bauern auf taube Ohren.

Die Landbevölkerung wurde aufgrund der Aufklärung und Propaganda keineswegs über Nacht revolutionär, sondern glaubte trotz ihrer bedrückenden Lage weiter an den Zaren und brachten den ungeduldigen Revolutionären von Semlja y Wolja mit ihrer Aufklärung und dem Gerede vom Aufstand zumindest nur Gleichgültigkeit, oft sogar offene Feindschaft entgegen.

Diese „Narodniki" (Volkstümler), die unters Volk gegangen waren, um diesem „Unterricht und Wissen" zu vermitteln, und die in ihrer Blütezeit bestenfalls einige tausend Aktivisten zählten, konnten vor allem aufgrund ihrer naiven Vorgehensweise und ihrer Isoliertheit von der Gendamerie leicht abgegriffen, vor Gericht gezerrt und nach Sibirien in die Verbannung geschickt werden.

Die Zahl der Aktivisten schwand rapide dahin, und die Narodniki begannen ihre Strategie zu revidieren: Wenn die Revolution **durch** das Volk aufgrund seiner Trägheit aktuell nicht realisierbar war, dann mussten die Narodniki damit anfangen, den revolutionären Funken zu entzünden, notfalls die Revolution **für** das Volk beginnen.

Belehrt durch den ständigen Verlust ihrer Revolutionäre aufgrund von Verhaftungen durch den zaristischen Geheimdienst „Ochrana", wurde die zahlenmäßig ohnehin kleine Gruppe in eine straff organisierte, zentralisierte „Partei" von Berufsrevolutionären umstrukturiert.

Auslöser hierfür waren die Ereignisse des Jahres 1878: Als im Januar 1878 die junge Vera Sassulitsch auf den Petersburger Gendameriegeneral Trepow schoss, weil dieser einen jungen politischen Gefangenen übel misshandelt hatte, im nachfolgenden spektakulären Prozess von einem Geschworenengericht freigesprochen wurde und damit ein breites Echo der Sympathie in der Öffentlichkeit auslöste, glaubten die Narodniki zu wissen, auf welche Weise der Funken gezündet werden konnte, der das Pulverfass zur Explosion bringen sollte: Durch den Mord an den Zaren und andere personifizierte Vertreter des zaristischen Systems.

Diese Auffassung resultiert wohl nicht zuletzt aus der gesellschaftlichen Struktur des Zaristischen Russland: In der hierarchischen russischen Bürokratie repräsentierte der Zar die ganze Institution, er **war** das System in Persona.

Das Oberhaupt zu töten hieß geradezu, den Kopf der Schlange abzuschlagen.

Die Debatte nach dem Attentat von Vera Sassulitsch nicht nur um die **Form** des zukünftigen politischen Kampfes, sondern auch um seinen **Inhalt,** führte 1879 zur Spaltung von Semlja y Wolja in die Gruppe „Narodnaja Wolja"

(Volksfreiheit), die sich zum Sturz des Zarismus des individuellen Terrors bedienen wollte und ihr politisches Programm weitgehend auf politisch-institutionelle Forderungen reduzierte (Sturz des Zarismus, Nationalversammlung usw.).

Die andere, von Plechanov geführte Gruppierung „Tschornyi Peredjel" (schwarze Umteilung), strebte auch eine egalitäre Umverteilung des Bodens an und legte nach wie vor besonderen Wert auf die Gewinnung der Massen, vor allem der Bauern. (Deutscher, I. a. a. O.:16; Perrie, M. 1982:82)

Die Gruppe Narodnaja Wolja kann als die erste russische Organisation von Berufsrevolutionären bezeichnet werden; viele der organisatorischen Merkmale finden sich bei Lenins SDAPR wieder, und anfangs waren die Erfolge spektakulär: Obwohl die Gruppe „Volksfreiheit" einschließlich der 20 bis 22 Personen des Exekutivkomitees nur ca. 550 Mitglieder zählte – hinzu kamen etwa 3000 bis 4000 Sympathisanten vor allem aus der studentischen Jugend – gelang es dieser kleinen Gruppe in einem Land von bereits damals über 90 Millionen Einwohnern, die Geheimpolizei zeitweise zu paralysieren und den „Befreier-Zaren" in seiner eigenen Umgebung zu einem gehetzten Wild zu machen, ständig in Angst und Schrecken vor den Revolvern und Bomben der Berufsrevolutionäre.

Die zaristische Regierungspolitik, angefangen von der Kriegserklärung an die Türkei 1877, den Frieden von San Stefano und den Berliner Kongress (1878), der als große diplomatische Niederlage empfunden wurde, zeigte deutlich die Ineffizienz und Schwäche des Systems.

Ausgerechnet zu diesem Zeitpunkt fanden Prozesse gegen die Opposition statt, der „Prozess der 193" gegen Mitglieder der Narodniki-Bewegung leitete den Terror der Narodnaja Wolja ein.

Bald wurde in diesem Zusammenhang eine Akzentverschiebung deutlich: Nun ging es in erster Linie um einen ungleichen Zweikampf zwischen der Intelligenz und der Staatsgewalt; soziale Fragen wie Armut, Ungerechtigkeit und die Entwicklung des Kapitalismus traten in den Hintergrund. (Borcke, v. A., 1982:69, 79)

Narodnaja Wolja ging es mehr und mehr nur noch um den Sturz des zaristischen Absolutismus – die soziale Komponente verschwand, nun ging es in erster Linie um die Beseitigung des Zaren, die Mittel wurden zunehmend militanter.

Anlässlich der Ermordung des amerikanischen Präsidenten Garfield im September 1881 heißt es in einer Beileidserklärung von Narodnaja Wolja:

„In einem Lande, wo die Freiheit der Persönlichkeit ehrenvollen gedanklichen Kampf ermöglicht, wo der freie Volkswille nicht nur das Gesetz, sondern auch die Persönlichkeit der Regierung bestimmt, in einem solchen Lande ist der politische Mord als Kampfmethode eine Manifestation desselben despotischen Geistes, dessen

Vernichtung wir uns in Russland zur Aufgabe gemacht haben." (Aus Borcke, a. a. O.: 74)

Die hier zum Ausdruck kommende ideologische Verwandtschaft zum Liberalismus hatte auch eine praktische Komponente: „Die liberale Unterstützung aber war vital. Sie lieferte Verbindungen, Deckadressen, konspirative Wohnungen und nicht zuletzt die finanziellen Mittel. (....) Es ist bezeichnend, dass der Verlust der liberalen Unterstützung ein entscheidender Faktor war, der zum Niedergang der Partei führte." (Borcke, a. a. O.:77)

In der Niedergangs-Phase von Narodnaja Wolja in den 80er Jahren des 19. Jh. waren die aktiven Kämpfer auf weniger als zwei Dutzend geschrumpft.

Die Führer von Narodnaja Wolja – Sheljabow, Kibaltschitsch, Sowja Perowskja, Vera Figner – griffen quasi zwangsläufig auf den revolutionären Terrorismus zurück, die Apathie der Bauernmassen ließen ihnen dies als die einzige Lösung der Probleme erscheinen.

Durch ihre notwendigerweise konspirative Kampfesweise verlor Narodnaja Wolja zusätzlich den politischen Bezug zur gesellschaftlichen Realität und wurde mehr und mehr zur **reinen Terrororganisation.**

Michailow, ein maßgebliches Mitglied von Narodnaja Wolja, hielt sogar Debatten über politische Zielsetzungen und ähnliche Fragen zur Zeit des Kampfes für unangebracht, und der „Jakobinismus", das heißt das Verschwörertum und das

Trachten nach einer revolutionären Diktatur einer Elite, bestimmten mehr und mehr das Denken und Handeln von Narodnaja Wolja. (Borcke, a. a. O. :76)

Während Sheljabow zu dem Schluss kam, das Ziel von Narodnaja Wolja sei nicht die Befreiung der Bauern oder der Arbeiterklasse, sondern die „Erneuerung des ganzen Volkes im Allgemeinen" (Borcke, a. a. O.:75), meinte auch Michailow, man kämpfe in der Tat für die „rein radikalen Ideale der gebildeten Schichten, die unseren Bauern in der Masse völlig fremd sind."

Hatte Narodnaja Wolja mit terroristischen Aktionen anfangs halb spontan begonnen, nämlich aus Rache anlässlich der Prozesse der 193 und als spektakuläre Aktionsform, um auf sich aufmerksam zu machen – was durchaus gelang – , so hatte der Terrorismus in der Endphase von Narodnaja Wolja eine Eigendynamik gewonnen, die Sheljabow schließlich zu dem Eingeständnis veranlasste: „Wir verterrorisierten". (Borcke, a. a. O.: 75)

Dies zeigte sich nicht nur an dem Bedeutungsverlust der Theoriebildung und politischer Reflexion innerhalb von Narodnaja Wolja, sondern auch in der idealistischen Verklärung ihrer Kämpfer: Morozow berichtet, dass neue Mitglieder nicht etwa nach ihren politischen Ansichten über „Sozialismus, Anarchismus, Verfassung, Republik" befragt wurden.

„Wir fragten nur: Bist du bereit, sofort dein Leben, deine persönliche Freiheit und alles, was du besitzt für die Befreiung des Vaterlandes hinzugeben?" (Borcke, a. a. O.:75)

Sheljabow, das prominenteste Mitglied von Narodnanja Wolja, und wie die meisten von ihnen – im Gegensatz zu Goldenberg oder Romanenkto, der später bei den quasifaschistischen „Schwarzhundertern" landete, kein Terrorist aus Prinzip, hatte bereits Anfang der 80er Jahre die zunehmend rein terroristische Strategie zu problematisieren begonnen. (Borcke, a. a. O. :74)

Mitte 1882 ging der Chefideologe Tichomirow aus diesen Gründen ins Exil, sodass als einziges Mitglied des Exekutivkomitees Vera Figner übrigblieb, die im Februar 1883 durch den Verrat von Degaev in Charkow verhaftet wurde.

Dies war der Wendepunkt, wo die „Partei" zum Instrument der Polizei wurde.

Zwar zettelte Degaev zu seiner revolutionären Rehabilitierung die Ermordung des Polizeichef Sudejkin an (Dezember 1883), auch gab es immer wieder Rekonstruierungsversuche mit Hilfe von Attentaten – berühmtestes Beispiel ein Attentat auf Alexander III, an dem Lenins älterer Bruder Alexander Uljanov teilnahm, der deshalb später hingerichtet wurde (Borcke, a. a. O: 72; Trotzki, L. ‚c,1982:35 ff, v. a. S. 49 ff), doch im Grunde war bereits mit dem Attentat auf den Staatsanwalt des

Militärtribunals von Odessa, Strelnikow, im März 1882 der politische individuelle Terrorismus vorerst am Ende: Die Reaktion unter Alexander III nahm keinerlei Rücksichten und stützte sich im Gegensatz zu dem vergleichsweise liberalen Alexander II nicht auf (Teil-) Reformen, sondern auf Unterdrückung mit Hilfe der Geheimpolizei Ochrana, die als der seinerzeit beste Geheimdienst der Welt bekannt war.

Ähnlich wie nach dem Aufstand der Dekabristen unter Alexander I reagierte die Autokratie mit massiver Unterdrückung, und es gelang ihr „Russland ein wenig einzufrieren." (Borcke, a. .a. O.: 73)

Als sich im Jahre 1901 die Partei der Sozialrevolution (PSR) gründete, wiederholte sich – unter modifizierten Bedingungen – ein ähnlicher Prozess, wie er die Entwicklung von Narodnaja Wolja kennzeichnet: Die spektakulären terroristischen Aktionen der PSR trugen anfangs zwar dazu bei, sie bekannt zu machen, führten aber auch zu einem ähnlichen Prozess der „Verterrorisierung", wie er bereits für die politische Entwicklung von „Narodnaja Wolja" kennzeichnend war. Auch das **Problem der Unterwanderung** der Kampforganisation durch Spitzel des Geheimdienstes Ochrana wiederholte sich: Dem Ochrana-Agenten Evno Asew gelang es, in dem im richtigen Augenblick die alte Führung der zentralen Partei-Kampfgruppe verhaftet wurde, an die Spitze der Kampforganisation aufzurücken.

In dieser Zeit wurden von Asev immer aufs Neue Kampfgruppen gebildet, die dann von der Geheimpolizei zerschlagen wurden.

Als Evno Asev schließlich im Jahre 1908 enttarnt werden konnte, hatte dies einen nachhaltig demoralisierenden Einfluss auf die Partei. (Hildermeier, M. 1982:101 ff).

Ohne der in Kapitel 17 ff erfolgenden Erörterungen zum Themenkomplex StadtGuerilla vorgreifen zu wollen, kann doch festgehalten werden, dass die Entwicklung von Narodnaja Wolja ebenso wie die der PSR bereits auf die grundsätzlichen Probleme einer terroristisch orientierten Partei oder Gruppierung hinweist, wenn auch unter modifizierten Bedingungen.

Fassen wir zusammen:

Der politische individuelle Terrorismus von Narodnaja Wolja und PSR war Ersatz für die ausbleibende revolutionäre Aktion der Massen und damit Resultat der Kluft zwischen den Terroristen, deren sozialer Ursprung der Mittelstand war, und dem „dunklen Volk". (Hildermeier, M. 1982:101)

Einher mit der Bedeutungszunahme der terroristischen Strategie zuerst der Narodnaja Wolja, dann auch innerhalb der PSR, ginge eine Verherrlichung der „Rachehelden", d. h. der Mitglieder der Kampfgruppen einher, was gleichbedeutend mit einer Zunahme von irrationalen und individualisierenden Auffassungen innerhalb der beiden Gruppen war.

Folgende Punkte müssen allerdings im Kontext der terroristischen Strategie von Narodnaja Wolja ebenso wie der PSR festhgehalten werden:

1. Narodnaja Wolja ebenso wie die PSR hielten den Terrorismus nur solange für nötig, bis ein demokratisches Parlament dem Volk politische Partizipationsrechte ermöglichte – für Narodnaja Wolja ist dies u. a. durch den Text der Beileidserklärung anlässlich der Ermordung des amerikanischen Präsidenten Garfield 1881 dokumentiert; auch die PSR löste ihre Kampfgruppen nach der Eröffnung des zaristischen Manifestes, in dem dieser dem Volk bürgerliche Rechte, eine konstituierende Versammlung usw. versprach, auf.

Dass der Terrorismus zeitweise als einzige Möglichkeit des wirksamen Sozialprotestes erschien, resultierte nicht zuletzt aus den rigiden gesellschaftlichen Strukturen, die jede Bestrebung nach politischer Beteiligung und jede institutionelle Interessensorganisation illegalisierte und strafrechtlich sanktionierte.

2. Der individuelle Terrorismus von Narodnaja Wolja und PSR entsprang einer Staats- und Gesellschaftsordnung, in der sich Abhängigkeit, Ausbeutung und politische Unterdrückung noch an wenigen personifizierten Symbolen – Zar, Minister, Gendarmeriegeneräle – festmachen ließen.

Nur in diesem Kontext ergibt die ernsthafte Annahme der Revolutionäre, mit der Ermordung der wichtigsten

Personifikationen des Systems auch das System selbst beseitige zu können, einen Sinn.

Auch die Bedeutung des schlichten, aber aus der Situation heraus verständlichen Wunsches nach Rache darf nicht unterschätzt werden.

3. Der Substitutionscharakter beider Organisationen resultiert nicht zuletzt auch aus der „historischen Verspätung" Russlands auch im politischen Sinne, Narodnaja Wolja und später die PSR erfüllten stellvertretend die Aufgabe des Sozialprotestes; die konkreten Formen dieses Protestes in Gestalt des Terrors sind nicht zuletzt Resultat des noch zu geringen politischen Differenzierungsprozesses, der erst etwas seit dem Jahre 1905 einzusetzen begann und dementsprechend auch zu differenzierteren und damit auch wirksameren Formen des Sozialprotestes und der politischen Artikulation führten.

4. Führte die terroristische Strategie anfangs zu Teilerfolgen, so wurde sie mit der Entwicklung der Massenaktivitäten 1905 und 1917 zunehmend obsolet: Als genuin substitutionalistische Methode wurde der individuelle Terror mehr und mehr ersetzt durch den revolutionären Massenterror, nämlich im Dezember 1905 und der Februarrevolution 1917 als zeitlich begrenztes Mittel zum unmittelbaren Sturz des Zaren.

Vor allem traten an die Stelle des individuellen Terrorismus a la Narodnaja Wolja weniger gewaltsame, gleichwohl wirkungsvollere Kampfmittel wie Streiks und Massendemonstrationen, sowie 1917 auch zunehmend Arbeiterkontrolle, an denen sich große Bevölkerungsteile beteiligen konnten und den individuellen Terror gegen einzelne Personen zum großen Teil überflüssig machte und diesem nur noch eine Berechtigung beim unmittelbaren Kampf um die Macht ließen.

An die Stelle der dezidiert terroristischen Strategie traten nach der Jahrhundertwende auch in Russland zunehmend politische Optionen, die einen Schwerpunkt auf kollektive Entwicklung des Bewusstseins nicht mehr durch Terror, sondern durch kollektive Methoden des Sozialprotestes und des Widerstandes legten, es gleichwohl meisterhaft verstand, diesen gewaltlosen Massenwiderstand mit politisch kontrolliertem, selektiven Terror zu kombinieren; allerdings waren die Akteure nicht mehr die Sozialrevolutionäre von Narodnaja Wolja oder der PSR, sondern die von Lenin und Trotzki geführten Bolschewiki, die die straffe, disziplinierte Organisationsform der Narodnaja Wolja mit geschickter Agitation und Propaganda vor allem unter den Arbeiter- und Soldaten-Massen zu verbinden wussten und auch dem Terrorismus, nun zur „Partisanenkriegführung" erweitert, einen Platz als **taktisches** Mittel beim Kampf um die Macht zuwiesen.

Kapitel 7

Guerilla im 20. Jahrhundert

Lenin

Lenin und die revolutionäre Gewalt

Wie Marx und Engels geht auch Lenin bei seinen Analysen von der Prämisse aus, dass Marxisten nicht für den sozialen Frieden sein können, solange es Klassengegensätze gibt, sondern umgekehrt stets auf dem Boden des Klassenkampfes stehen müssen, der je nach der konkreten Situation sehr verschiedene Formen annehmen kann.

„Der Marxist steht auf dem Boden des Klassenkampfes und nicht des sozialen Friedens", sagt Lenin in seiner Schrift „Der Partisanenkrieg" Lenin, W. I., c, Bd. 11, 1974:209)

Auch in „Das Militärprogramm der proletarischen Revolution" macht er seine grundsätzlich militante Position zum Klassenkrieg deutlich: „Die Sozialisten können nicht gegen jeden Krieg sein, ohne aufzuhören, Sozialisten zu sein" (Lenin, d, Bd. 1, 1970:874)

„Bürgerkriege zu verneinen oder zu vergessen hieße in den äußersten Opportunismus zu verfallen und auf die sozialistische Revolution zu verzichten." (Lenin, d, a.a.O. :875)

Genau wie Engels rechtfertigt Lenin unbedingt nationale Kriege der vom Imperialismus ausgebeuteten und unterdrückten Völker (China, Persien, Indien, Lateinamerika usw. gegen die Großmächte):

„Die Verneinung jeder Möglichkeit nationaler Kriege unter dem Imperialismus ist theoretisch unrichtig, historisch offenkundig falsch, praktisch gleicht sie dem europäischen Chauvinismus: Wir, die wir zu den Nationen gehören, die hunderte Millionen Menschen in Europa, Afrika und Asien unterdrücken, wir sollen den unterdrückten Völkern erklären, ihr Krieg gegen „unsere" Nation sei „unmöglich!" (Lenin, a. a. O.:875)

Dass Lenin nicht nur Engels Schüler im Geiste war, sondern wie dieser auch Clausewitz studiert hatte, wird im „Militärprogramm" deutlich, wenn er schreibt: „Es wäre theoretisch grundfalsch, zu vergessen, dass **jeder Krieg nur die Fortsetzung der Politik mit anderen Mitteln ist.**" (Lenin, a. a. O. :877)

Wie Engels fordert auch Lenin die Bewaffnung des Proletariats und die Bereitschaft, ggf. für die eigene Befreiung mit der Waffe in der Hand zu kämpfen: „Eine unterdrückte Klasse, die nicht danach strebt, Waffenkenntnis zu gewinnen, in Waffen geübt zu werden, Waffen zu besitzen, eine solche Klasse ist nur wert, unterdrückt, misshandelt und als Sklave behandelt zu werden." (Lenin, a. a. O.: 877) und: „Bewaffnung des Proletariats zum Zwecke, die Bourgeoisie zu besiegen, zu expropriieren und zu entwaffnen – das ist die einzige mögliche Taktik der revolutionären Klasse..." (Lenin, d, a. a. O.:877)

Die russische Revolution von 1905 und Lenins Militärtheorie

Die Parallelen zwischen Engels und Lenins Militärtheorie hören mit den oben dargestellten Gemeinsamkeiten keineswegs auf; wie Engels hat auch Lenin sich mit dem Partisanenkrieg auseinandergesetzt, auch Lenin konnte die Guerilla anhand der Praxis auswerten: Die Revolution von 1905 gab ihm Gelegenheit dazu.

Um Lenins Partisanentheorie, ihren historischen Stellenwert, ihren Ursprung und ihre Bedeutung zu erfassen, ist es nützlich, die gesellschaftlichen Bedingungen, die Lenin zu der Beschäftigung mit dieser Thematik veranlassten, wenn auch notwendig etwas verkürzt, zu beleuchten:

Im ersten Band seiner „Geschichte der russischen Revolution" hat ihr Chronist Leo Trotzki, neben Lenin der bedeutendste Theoretiker der russischen Sozialdemokratie und Führer sowohl in der Revolution von 1905 als auch in der Oktoberrevolution, im Kapitel „Die Eigenarten in der Entwicklung Russlands" (Trotzki, c, a. a. O. :13), sehr anschaulich die historischen, sozialökonomisch-politischen und kulturellen Bedingungen geschildert, die zum Ausbruch der Revolution im Jahre 1905 führten:

Das Wesensmerkmal des zaristischen Russlands ist für Trotzki die **historische Verspätung**, das heißt die Tatsache, dass sich der russische Kapitalismus in einer Zeit entwickelte, als sich der Kapitalismus in den USA und Großbritannien schon voll entwickelt war und in Deutschland ebenfalls im Begriff war, die vorherrschende Produktionsweise zu werden.

Ergebnis dieser historischen Verspätung ist das, was Trotzki „das Gesetz der ungleichmäßigen und kombinierten Entwicklung" nennt: Einerseits eignet sich das rückständige Land die neuesten Errungenschaften der Technik an, ohne die Zwischenstufen, die die alten kapitalistischen Metropolen durchliefen, gleichfalls in ihrer Entwicklung nachzuvollziehen; so zeigt Trotzki, dass der Konzentrationsgrad der russischen Industrie höher ist als in anderen Industrienationen, und auch die „Verschmelzung des Industriekapital mit dem Bankkapital" – beides Wesensmerkmale des fortgeschritteneren Kapitalismus – „wurde in Russland wiederum so vollständig durchgeführt wie wohl kaum in einem anderen Lande" (Trotzki, c, a. a. O.:19)

Andererseits herrschte neben den wenigen, aber hoch entwickelten industriellen Zentren die agrarische Produktionsweise auf dem Lande vor: Noch um die Jahrhundertwende waren annähernd 90% der Erwerbsbevölkerung auf dem Lande beschäftigt.

Aber ebenso wie in den Städten, in denen der Mittelstand vergleichsweise schwach war, nahmen auch auf dem Land die Klassengegensätze extreme Formen an: Einerseits eine kleine Klasse feudaler Großgrundbesitzer, andererseits die Masse der auf dem Subsistenzniveau produzierenden Bauern, die oftmals verschuldet waren und zum Teil zusätzliche Lohnarbeit auf dem herrschaftlichen Grundbesitz leisteten.

Diese sozialökonomische Situation wurde gesichert durch das zaristische „Selbstherrschertum" als politisches Haupt des halbfeudalen Adels, jede sich regende demokratische Bestrebung zu kontrollieren und sie im Keim zu ersticken und zu unterdrücken.

Es waren also im zaristischen Russland nach der Jahrhundertwende alle „objektiven" und „Subjektiven" Bedingungen für die bürgerlich-demokratische Revolution gegeben: „bürgerlich-demokratisch" deshalb, weil nach klassischer marxistischer Auffassung die sozialistische Revolution erst ausbrechen konnte nach der vollen Entfaltung des Kapitalismus und seiner immanenten Widersprüche.

Diese Auffassung wurde erstmals von Trotzki speziell für Russland mit dem Hinweis auf die „kombinierte und ungleichmäßige Entwicklung" Russlands revidiert und die Möglichkeit der sozialistischen Revolution in Permanenz postuliert. Dieser Auffassung schloss sich Lenin übrigens erst kurz vor der Oktoberrevolution an.

In seiner im Juni/Juli 1905 verfassten Schrift „Zwei Taktiken der Sozialdemokratie in der demokratischen Revolution" (Lenin, e, Bd. 1, :529 ff) bekräftigt Lenin noch entschieden die Auffassung der Bolschewiki, die Revolution sei ihrem Charakter nach (nicht hinsichtlich ihrer treibenden Kräfte!) „bürgerlich-demokratisch": „Der Grad der ökonomischen Entwicklung Russlands (die objektiven Bedingungen) und der Grad des Klassenbewusstseins und der Organisiertheit der breiten Massen des Proletariats (die subjektive Bedingung, die mit der objektiven unlösbar verbunden ist) machen eine sofortige vollständige Befreiung der Arbeiterklasse unmöglich.

Nur ganz unwissende Leute können den bürgerlichen Charakter der vor sich gehenden demokratischen Umwälzung ignorieren; nur ganz naive Optimisten können vergessen, wie wenig die Masse der Arbeiter bisher von den Zielen des Sozialismus und den Mitteln zu seiner Verwirklichung weiß. Und wir sind doch alle überzeugt, dass die Befreiung der Arbeiter nur das Werk der Arbeiter selbst sein kann…**Wer auf einem anderen Weg als den des politischen Demokratismus zum Sozialismus kommen will, der gelangt unvermeidlich zu Schlussfolgerungen, die sowohl im ökonomischen als auch im politischen Sinne absurd und reaktionär sind!**" (Lenin, e, a. a. O.: 540)

Nachdem Lenin darauf hingewiesen hat, wie fremd die „demokratischen Volksmassen" dem sozialistischen

Programm noch gegenüberstehen und wie unorganisiert sie noch sind, gibt er den ungeduldigen „Anarchisten" den Rat:

„Organisiert erst einmal hunderttausende Arbeiter in ganz Russland, weckt unter Millionen die Sympathie für euer Programm! Versucht das zu tun, beschränkt euch nicht auf tönende, aber hohle anarchistische Phrasen – und ihr werdet sofort sehen, dass die Verwirklichung dieser Organisation, dass die Verbreitung dieser sozialistischen Aufklärung von der möglichst vollständigen Verwirklichung der demokratischen Umgestaltung abhängig ist." (Lenin, e, a. .a. O.:540,541)

Im Jahre 1917 sah die Situation jedoch schon ganz anders aus: Die Industrialisierung hatte rasche Fortschritte gemacht, auch hatten die riesigen Verluste des Krieges und die Aktivitäten diverser linker Organisationen die Entwicklung des Klassenbewusstseins forciert.

Lenin stellt also klar, dass:

- es sich um eine Revolution handelt, deren Charakter bürgerlich-demokratisch ist

- dass möglichst weitgehende Demokratie ein elementares Interesse der Arbeiterklasse sein muss, um die „sozialistische Aufklärung" und die Organisierung des Proletariats zu ermöglichen

- dass die Organisation der Arbeiterklasse und das Wecken von Sympathien für das sozialistische Programm **Voraussetzung** für die sozialistische Revolution ist, dieses **nicht** durch militante Phrasen und isolierte Aktionen ersetzt werden kann.

So sehr also Lenin Realist ist und sich über Möglichkeiten und Grenzen der russischen Revolution von 1905 durchaus keine Illusionen macht, so entschieden tritt er für radikales und entschlossenes Handeln innerhalb dieser Rahmenbedingungen – den „objektiven Bedingungen" – ein und befürwortet ausdrücklich alle geeigneten Formen des bewaffneten Kampfes, ja hält sie bei Vorliegen entsprechender Bedingungen für über andere Kampfformen wie den Generalstreik stehend; diese notwendigen Bedingungen sind:

1. „Um erfolgreich zu sein, darf sich der Aufstand nicht auf eine Verschwörung, nicht auf **eine Partei** stützen, er muss sich auf die **fortgeschrittene Klasse stützen.**

2. Der Aufstand muss sich auf den revolutionären Aufschwung des Volkes stützen

3. Der Aufstand muss an einem Wendepunkt einsetzen, wo die Aktivierung der politisierten Arbeitermassen am größten ist und die Schwankungen in den Reihen der Feinde ebenfalls groß sind." (Lenin, f, Bd. 2:424)

Sind aber diese Bedingungen einmal gegeben, so ist die Weigerung, den Aufstand als eine Kunst zu betrachten, Verrat am Marxismus und Verrat an der Revolution." (Lenin, f, a. a. O:425)

Lenin benutzt hier die gleiche Formulierung wie Engels, wenn er den Aufstand als Kunst verstanden wissen will.

In „Marxismus und Aufstand" formuliert Lenin auch eine Begründung, warum er gegen den Aufstand nur wenige Monate zuvor votiert hatte, obwohl ein Teil der Parteibasis dazu gedrängt hatte:

1. „Die Klasse, die die Avantgarde der Revolution ist, stand noch nicht hinter uns. Wir hatten noch nicht die Mehrheit unter den Arbeitern und Soldaten der Hauptstädte. (....)

2. Es gab damals keinen revolutionären Aufschwung des ganzen Volkes.

3. Es gab damals keine Schwankungen im großen, allgemeinen politischen Maßstab unter unseren Feinden und in den Reihen des unentschlossenen Kleinbürgertums. Jetzt sind die Schwankungen gewaltig" (...) (Lenin, f, a. a. O.:425)

Lenin wird es nicht müde, den Aufstand einerseits als Kunst zu bezeichnen und davor zu warnen, ihn dilettantisch anzugehen und nicht ernst zu nehmen, **andererseits immer auf seine notwendigen gesellschaftlichen Bedingungen hinzuweisen;** so auch in seiner Schrift „Ratschläge eines Außenstehenden", wo er sich irrtümlich auf Marx beruft (eigentlicher Verfasser war Engels) und taktische Voraussetzungen des bewaffneten Kampfes anführt:

„1. Nie mit dem Aufstand spielen....

2. Am entscheidenden Ort und im entscheidenden Augenblick muss ein grosses Übergewicht an Kräften konzentriert werden, denn sonst wird der Feind, der besser ausgebildet und organisiert ist, die Aufständischen vernichten.

3. (...) Die Defensive ist der Tod der bewaffneten Erhebung (Lenin, h, :661)

4. Man muss bestrebt sein, den Feind zu überraschen und den Augenblick abzupassen, wo seine Truppen verstreut sind.

5. Es gilt, täglich (...) wenn auch kleine Erfolge zu erreichen und dadurch um jeden Preis das moralische Übergewicht festzuhalten." (Lenin, h, Bd. 2, :494)

Wir sehen hier, dass auch bei Lenin bestimmte Prinzipien der Kleinkriegstaktik wieder auftauchen:

Da ist die Erkenntnis, dass im „subversiven Krieg" die Defensive zur Niederlage führen muss, da ist die Wichtigkeit des Überraschungsmomentes, da ist die Bedeutung der Zersplitterung der feindlichen Truppen, um sie einzeln aufreiben zu können, da ist die Erkenntnis, dass ein ungünstiges strategisches Zahlenverhältnis von Regierungstruppen und Irregulären wettgemacht werden kann durch die richtige Taktik, die dieses Verhältnis auf der taktischen Ebene umzukehren vermag – Lenins wiederholte Hervorhebung, der Aufstand sei eine Kunst, rührt auch aus diesem Verständnis: Eine richtige Kriegstaktik vermag einiges an ungünstigen Ausgangsbedingungen wettzumachen – nur die Beteiligung der Massen kann auch die beste (Partisanen-) Taktik nicht ersetzen…

In seinem im „Proletari" im August 1906 erstmals erschienenen Schrift „Die Lehren des Moskauer Aufstandes" wertet er den bewaffneten Dezember-Aufstand aus; die wichtigsten Erkenntnisse hier zusammengefasst:

1. Der revolutionäre Fortschritt ruft die Konterrevolution auf den Plan, die mit allen Mitteln, einschließlich Terror und Pogrom versucht, die Revolution nieder zu schlagen. (Lenin, g, a. a. O.: 658)

Doch „die Reaktion kann nicht weitergehen als bis zum Artilleriebeschuss von Barrikaden, Häusern und der Menschenmenge auf den Straßen. Die Revolution kann noch weitergehen als bis zum Kampf der Moskauer Kampfgruppen." (Lenin, a. a. O.:659)

Das heißt also, dass die Konterrevolution irgendwann ihr Pulver verschossen hat, und dass es dann an der Verbreiterung und Vertiefung der Revolution liegt, ob sie schließlich siegt.

2. **„Es versteht sich von selbst, dass von einem ernsten Kampf keine Rede sein kann, solange die Revolution nicht**

zu einer Massenbewegung geworden ist und nicht auch die Truppe erfasst hat." (Lenin, g, a. a. O.: 660)

Hier bestätigt also Lenin Engels Erkenntnis, dass jede echte Revolution notwendig zur Demoralisierung und Desorganisation der regulären Truppe führt, und umgekehrt keine Revolution ohne Demoralisierung und Desorganisation der regulären Armee möglich ist, dass also beides sich wechselseitig bedingt.

3. Lenin bekräftigt die Notwendigkeit, radikal und entschlossen gegen die Feinde der Revolution vorzugehen, hat man sich einmal zum Aufstand entschlossen. (Lenin, g, a. a. O.:661)

Am Ende seiner Analyse des Moskauer Aufstandes bekräftigt Lenin nochmals, dass die Entwicklung des Massen-Bewußtseins im Sinne des Sozialismus als Voraussetzung des bewaffneten Kampfes die Hauptaufgabe der Revolutionäre sein muss: „Die Entwicklung des Bewusstseins der Massen wird wie stets die Grundlage und der Hauptinhalt unserer ganzen Arbeit sein." (Lenin, g, a. a. O.:660)

Lenins wichtigste Abhandlung zur Guerilla, die unter dem Titel „Der Partisanenkrieg" erstmals im „Proletari" im September 1906 erschien, ist nicht nur von seinem Studium der militärwissenschaftlichen Schriften von Clausewitz, Engels und anderen, sondern auch von den Erfahrungen des Moskauer Aufstandes im Jahre 1905 geprägt.

Seine Erörterung „Der Partisanenkrieg" beginnt Lenin mit der Feststellung, dass der Marxismus sich von allen primitiven Formen des Sozialismus dadurch unterscheidet, **„dass er die Bewegung nicht an irgendeine Kampfform bindet".** (Lenin, c, Bd. 11, :202ff)

Für Lenin handelt es sich also nicht um eine strategische, sondern eine taktische Frage – in dieser Hinsicht ist Fetscher/Rohrmoser durchaus beizupflichten. (Fetscher/Rohrmoser, a. a. O.: 155,156)

Auch fordert Lenin ein „aufmerksames Eingehen auf den sich tatsächlich abspielenden Massenkampf" (Von Lenin unterstrichen, a. a. O. c, :202)

Lenin eruiert zwei verschiedene Ziele, die der Partisanenkrieg während der Revolution 1905/1906 verfolgt: Zum einen die Liquidierung einzelner konterrevolutionärer Individuen vor allem des „Sicherheitsapparates", zum anderen die Beschaffung von Geldmitteln durch Epropriation (Lenin, c, a. a. O. :206)

Lenin identifiziert sich dabei durchaus mit dem „Revolutionären Terrorismus" auch gegen verhasste einzelne Individuen und führt als Beispiel die lettische Sozialdemokratie an, die in Ihrer Zeitung (30.000 Exemplare) regelmäßig Listen von Spitzeln und Agenten veröffentlicht, deren Liquidierung öffentlich empfohlen wird.

Erkennbar macht sich für Lenin die Charakterisierung terroristischer Handlungen, das heißt deren Einstufung als von Lenin entschieden abgelehnten „individuellen Terrorismus" oder als von ihm ausdrücklich befürworteten „revolutionären Terrorismus" nicht an den Objekten bzw. Subjekten des Terrors, **sondern an den gesellschaftlichen Rahmenbedingungen fest.**

Entscheidend ist also für Lenin die Verbindung zur Massenbewegung und das Vorhandensein einer revolutionären Situation.

So schreibt er in „Partisanenkrieg" weiter: „Niemand wird wagen, diese Tätigkeit der lettischen Sozialdemokratie (gemeint ist die Liquidierung von Konterrevolutionären) als Anarchismus, Blanquismus oder Terrorismus zu bezeichnen. Weshalb? **Weil hier die Verbindung der neuen Kampfform mit dem Aufstand, der im Dezember stattgefunden und der von neuem heranreift, klar ist."**

(Lenin, c, a. a. O.: 207)

Der russische Revolutionär Leo Trotzki vertritt übrigens ganz die selbst Position. (Trotzki, b, 1978)

Des weiteren ist für Lenin die Partisanenkriegführung als Mittel der Notwehr, vor allem gegen quasi-faschistische Banden wie die „Schwarzhunderter" durchaus legitim, ja notwendig. (Lenin, c, a. a. O.: 207)

Für Lenin ist der Partisanenkrieg eine „unvermeidliche Kampfform in einer Zeit, wo die Massenbewegung in der Praxis schon an den Aufstand heranreicht und mehr oder minder große Pausen zwischen den großen Schlachten des Bürgerkrieges eintreten." Da für Lenin in einer revolutionären Situation der Partisanenkrieg eine unvermeidliche Erscheinung ist, ist es folgerichtig, wenn er es für notwendig hält, ihn unter die Kontrolle seiner Partei zu bringen, um ihn so effektiv wie möglich im Sinne seiner Zielsetzungen anzuwenden.

Lenin sieht durchaus die Gefahr des Partisanenkrieges, die revolutionäre Bewegung zu desorganisieren und zu demoralisieren, indem allzu leicht unzuverlässige Elemente „Revolution auf eigene Rechnung machen", das heißt sich beispielsweise bei „Expropriationen" privat bereichern, private Rache üben und überhaupt durch undifferenziertes Vorgehen die Ziele der sozialistischen Bewegung diskreditieren und damit die Massen von der Revolution abstoßen.

Deshalb versucht er, Ordnung in den Partisanenkrieg dadurch zu bringen, dass er die Organisation des Partisanenkrieges durch seine eigene Partei fordert und die Bedeutung disziplinierter eigener Kampfgruppen herausstellt, denen allerdings nicht nur Parteimitglieder angehören sollen.

Trotz der Bedeutung des Partisanenkrieges in einer revolutionären Situation betont Lenin, „dass die Partei des Proletariats den Partisanenkrieg niemals als einziges oder gar wichtigstes Kampfmittel betrachten darf; dass dies Mittel anderen untergeordnet, mit den wichtigsten Kampfmitteln in

Einklang gebracht und durch den aufklärenden und organisierenden Einfluss des Sozialismus veredelt werden muss." (Lenin, c, a. a. O.: 211)

Ähnlich wie bereits Marx und Engels vertritt Lenin also eine Zwischenposition zwischen dezidiert gewaltorientierten Richtungen und jenen, die wie Kautsky Gewalt um jeden Preis ablehnen und revolutionären Terrorismus in der Praxis verurteilen.

Dass für Lenin die Relevanz des Partisanenkrieges sehr Situationsbedingt ist, zeigt sich in seinen Schriften nach der Februarrevolution 1917, die die Notwendigkeit des Aufstandes behaupten; jetzt hat sich die Situation grundlegend geändert: Die „bürgerlich-demokratische" Revolution hat vorerst gesiegt, und zwar mit (relativ) geringem Blutvergießen.

Wichtige Ursache war die innere Auflösung der Armee, bedingt einmal durch die katastrophalen Verluste gerade der russischen Armee während des 1. Weltkrieges, aber auch durch die unermüdliche antizaristische und antiimperialistische Agitation und Propaganda der Sozialrevolutionäre und der Bolschewiki innerhalb der Armee.

Zur Zeit der „Doppelherrschaft", also im Zeitraum zwischen Februar und Oktober 1917 trat die Bedeutung des Partisanenkrieges nahezu völlig in den Hintergrund; ging es doch nun nicht mehr um die Zerschlagung eines

Machtapparates, der mehr oder weniger jede legale Arbeit der Bolschewiki in den Massenorganisationen verhinderte, indem er pausenlos Revolutionäre verhaftete, verbannte oder liquidierte, sondern um die Gewinnung der Massen für das bolschewistische Programm.

Hier konnte jedoch nicht der Kleinkrieg, sondern nur das unermüdliche Herausstellen der Fehler, Halbheiten und Ängste der Koalitionsparteien weiterbringen und die Präsentation der eigenen Partei als einzige legitime Vertreterin der Interessen der Volksmassen.

Lenin hatte dies begriffen, und die Losungen der Bolschewiki waren ebenso einfach wie tatsächlich Ausdruck der Bedürfnisse breiter Volksschichten: „Die Macht den Sowjets, den Boden den Bauern, Frieden den Völkern, Brot den Hungernden." (Lenin, i, Bd. 2, :492)

Nachdem für Lenin klar war, dass seine Partei den Kampf um die Sympathie der breiten Volksmassen gewonnen hatte, konnte er seinen Brief an das ZK der SDAPR mit den selbstsicheren Worten beenden: „Der Sieg ist sicher und zu neun Zehntel auch die Aussicht, dass er unblutig sein wird. Warten wäre ein Verbrechen an der Revolution." (Lenin, i, a. a. O. :492).

Der weitere geschichtliche Verlauf hat Lenin in dieser Frage recht gegeben: Die Oktoberrevolution verlief ausgesprochen unblutig, erst die danach einsetzenden Kämpfe mit Bürgerkriegscharakter kosteten zahllose Opfer... (Deutscher,

I. Bd. 1, a. a. O.; Reed, J. Berlin 1982; Hobsbaum, E. J. , a. a. O. :30)

Die Bolschewiki stießen bei ihrer „Machtergreifung" nur auf vergleichsweise geringen Widerstand – der Bürgerkrieg mit seinem blutigen Terror auf beiden Seiten setzte erst ein, als die entmachtete Aristokratie mit tatkräftiger Unterstützung aus dem Ausland zum Gegenschlag ausholte...

Zusammenfassung

Für Lenin ist der Partisanenkrieg eine Methode unter anderen, die in einer revolutionären Situation, d. h. bei Vorliegen entsprechender Bedingungen – aber auch nur dann! – große Bedeutung erlangen kann.

Deshalb muss der Partisanenkrieg von der Partei organisiert, kontrolliert und geleitet werden. Da auch für Lenin der (Partisanen-) Krieg nur „die Fortsetzung der Politik mit anderen Mitteln ist" (Clausewitz), ist er der revolutionären Bewegung und der Partei in jeder Beziehung untergeordnet.

Lenin hat den Partisanenkrieg vor allem unter dem Aspekt betrachtet, inwieweit er revolutionäres Mittel zur Beseitigung undemokratischer, für die Arbeiterklasse ungünstiger Bedingungen sein kann.

Der Partisanenkrieg in Sowjetrussland – der des Bürgerkrieges 1918-1920, des Kampfes gegen die deutschen Invasionstruppen 1941-1945 und der Partisanenkrieg als Bestandteil der gegenwärtigen Verteidigungsstrategien der

Warschauer-Pakt-Staaten (1985) - hat seine Ursprünge in der russischen Revolution von 1905 und der Praxis der hier erstmals von russischen Kommunisten im Rahmen des allgemeinen Klassenkampfes angewendeten Kleinkriegstaktik, die Lenin mit seinen Überlegungen und praktischen Schlußfolgerungen und Forderungen stark beeinflusste.

Der Partisanenkrieg entwickelte sich also aus den Rahmenbedingungen der Revolution von 1905: der revolutionären Situation und militärischen Unterlegenheit der Aufständischen, die eine Taktik erforderlich machte; seine Impulse bezog der russische Partisanenkrieg aus den „Tiefenkräften der proletarischen Revolution." (Hahlweg, a. a. O.:94)

Wenngleich der proletarische Partisanenkrieg sich in weiten Bereichen mit dem Volkskrieg, wie ich ihn bereits weiter oben geschildert habe deckt, so geben ihm seine ökonomisch-sozialen Ursprünge, seine Funktion nicht als Mittel des Nationalen Kampfes, sondern des Klassenkampfes sein besonderes Gepräge.

Lenin hat den Partisanenkrieg ebenso hinsichtlich seiner allgemeinen Voraussetzungen wie seiner besonderen Bedingungen neu durchdacht, um ihn in der revolutionären Situation im zaristischen Russland als integrierten Bestandteil seiner revolutionären Gesamtstrategie in der Praxis anzuwenden.

Schließlich wird vor allem deutlich, dass die „Avantgarde-Guerilla", insbesondere substitutionalistische StadtGuerilla-Gruppen sich **völlig zu Unrecht auf Lenin berufen**: Für Lenin ist die Guerilla nur zulässig als revolutionäre Taktik im **Rahmen einer bereits revolutionären Situation**, er lehnt es entschieden ab, die Bewegung an eine einzige Kampfform zu binden.

Diese Auffassungen stehen in diametralem Gegensatz zur modernen Strategie der StadtGuerilla, wie sie ab Kapitel 15 erörtert wird.

Kapitel 8

Der Kleinkrieg im 1. Weltkrieg bis zum Beginn des 2. Weltkrieges

Belgischer Franctireur-Krieg -russischer Bürgerkrieg – T. E. Lawrence Guerilla – Major Niedermeyers Persien-Krieg

In seiner berühmten Schrift „Der totale Widerstand" (Dach, H. v., Nr. 4, 3A, Biel 1966) benennt der Schweizer Major Hans von Dach lediglich 4 bedeutsamere Kleinkriegsaktionen während des 1. Weltkrieges, zwischen 1. Und 2. Weltkrieg

15, für die Zeit des 2. Weltkrieges aber schon 35 Guerillakonflikte.

Nach Ende des 2. Weltkrieges bis zum Jahr 1966 weist von Dach 30 Kleinkriege nach. (Dach, a. a. O.: 278)

Wenn man in Rechnung stellt, dass gerade seit Ende der 60er Jahre zahlreiche weitere zum Teil spektakuläre Kleinkriege das Weltgeschehen mitbestimmten, wird deutlich, welche Bedeutung die Guerilla vor allem seit der 2. Hälfte des 20. Jahrhunderts erlangt hat.

So wichtig also die Guerilla gegenwärtig ist (1986), so bedeutungslos war sie vor und während des 1. Weltkrieges für das politische Gesamtgeschehen.

Die von Major von Dach zugrunde gelegten Zahlen dürften zumindest annähernd stimmen, und sie weisen darauf hin, wie gering die Bedeutung des Partisanenkrieges bis auf wenige Ausnahmen während und nach dem 1. Weltkrieg war.

Auch der Historiker Werner Hahlweg verweist in seiner Geschichte des Kleinkrieges lediglich auf 4 bedeutsamere Kleinkriege während des 1. Weltkrieges, auf die im Folgenden kurz eingegangen werden soll.

Der belgische Franktireurkrieg im Jahe 1914 gegen die deutsche Invasionsarmee, Russischer Bürgerkrieg ab 1918, T. E. Lawrence Kleinkrieg mit den Arabern gegen die Türkei, Major Oskar Ritter von Niedermeyer´s

gescheiterter Aufstandsversuch in Persien gegen die Briten

Offensichtlich versetzte der Überfall der deutschen Truppen 1914 die Belgier dermaßen in Wut, dass, so heißt es in einem deutschen Weißbuch, „Arbeiter, Fabrikbesitzer, Ärzte, Lehrer, sogar Geistliche, ja auch Frauen und Kinder" mit der Waffe in der Hand ergriffen worden seien, und die „Gazet van Antwerpen" vom 7. August 1914 schrieb: „Die Einwohner unserer Ortsgrenzen befinden sich in unbeschreiblicher Wut. In Luxemburg liegen alle Jagdaufseher und Wilddiebe auf der Lauer. Es ist ein Guerilla-Krieg neben dem der regulären Truppen." (Hahlweg, a. a. O.:98)

Erkennbar handelte es sich um einen Volkskrieg in der Tradition des 19. Jahrhunderts, wie er auch für den französischen Franktireurkrieg 1870/71 gegen die Deutschen kennzeichnend war.

Dass Fabrikbesitzer und Arbeiter, Jagdaufseher und Wilddiebe vereint kämpfen, macht einen wesentlichen Unterschied zum revolutionären Partisanenkrieg während der Bürgerkrieges in Russland nach der Oktoberrevolution 1917:

Handelte es sich in Belgien während des 1. Weltkrieges noch um einen nationalen Volkskrieg gegen fremde Okkupanten, der vorhandene Klassendifferenzen noch in den Hintergrund treten ließ und antagonistische gesellschaftliche Gruppen zumindest vorübergehend gegen den gemeinsamen äußeren Feind verbündete, so vollzog sich während des russischen Bürgerkrieges 1918 -1921 die Trennungslinie nicht nur zwischen Nation und Invasionstruppen, **sondern zwischen den Klassen**:

Proletariat und große Teile der verarmten Bauernschaft, geführt von den Bolschewiki einerseits, Mittelstand, Bourgeoisie und Adel, geführt von ehemaligen zaristischen Offizieren andererseits, unterstützt von England, Frankreich und den USA.

In dem Masse, wie es dem russischen Proletariat um die Verteidigung neu erkämpfter Rechte und den ehemals herrschenden Klassen um die Wiedererlangung ihrer alten Privilegien ging – was ohne ausländischen Unterstützung nicht möglich war – vertauschten sich in Russland jetzt die Rollen: Das zur damaligen Zeit wohl revolutionärste und internationalistischste Proletariat, die russische Arbeiterschaft, führte neben einem Klassen – auch einen nationalen Krieg und gebrauchte ganz selbstverständlich Parolen wie „Verteidigung des sozialistischen Vaterlandes gegen die imperialistischen Invasoren", während umgekehrt gerade jene gesellschaftlichen Gruppen, die zuvor absolute Befürworter einer Fortsetzung des Krieges gegen Deutschland waren, nun darauf ganz offen spekulierten, die Deutschen möchten in Petrograd und Moskau einmarschieren und die rote Herrschaft in Blut zu ersticken.

Als nach dem 10. Februar 1917 die Friedensverhandlungen von Brest-Litowsk zeitweise abgebrochen wurden und deutsche Truppen daraufhin mit dem Einmarsch in das Innere Russlands begannen, stellte sich für die Bolschewiki das akute Problem der nationalen Verteidigung.

Dieses Problem stellte sich für die Revolutionäre in aller Schärfe auch deshalb, weil die Bolschewiki zu diesem Zeitpunkt nicht über ausreichend reguläre Streitkräfte verfügten, die es mit dem Kampf gegen die Deutschen hätten aufnehmen können, zumal viele Truppenteile mit dem Kampf gegen die inländische Konterrevolution gebunden waren.

Aus dieser konkreten Notlage Sowjetrusslands nach der Oktoberrevolution sowie der von den Bolschewiki seit 1905 entwickelten Partisanentheorie erklärt sich, dass viele Bolschewiki erwogen, auf das Mittel des Kleinkrieges zum Zwecke der nationalen Verteidigung zurückzugreifen.

In diesem Zusammenhang müssen auch die „Erwägung über dien Notwendigkeit zur Führung eines Partisanenkrieges gegen die deutschen Bedrücker" gesehen werden, welche von Rakowski, dem Vorsitzenden der „großrussischen Friedensdelegation von Kiew", in einem Dokument überliefert sind. (Hahlweg, a. a. O.:98)

In dieser Schrift hält Rakowski den Partisanenkrieg in der Ukraine gegen die Deutschen auch deshalb für unumgänglich, weil neuerliche offene Kriegshandlungen gegen die Deutschen diese zu einem erfolgreichen Feldzug gegen Russland veranlassen könnten. Dies wäre für die junge Sowjetmacht eine tödliche Bedrohung gewesen.

In Rakowskis „Erwägungen…" heißt es : „Den Feind ständig beunruhigend, bei jeder günstigen Gelegenheit seine Abteilungen in einzelnen Personen vernichtend, dabei den Gegner stets im Rücken überraschend, auch die Zufahrts- und Verkehrswege bedrohend, müssen die Partisanenabteilungen und einzelne Spione den Feind zur vollen Erschöpfung und zum Verzicht auf Besetzung weiterer Gebiete bringen, da auch das bereits von ihm besetzte Gebiet ihm schließlich zur Last fallen würde, und die wenigen Truppen, mit denen die Deutschen sich hier gegenwärtig hier begnügen, alsbald nicht mehr ausreichen würden." (Hahlweg, a. a. O.: 106)

Auch hebt Rakowski die Bedeutung gleichzeitiger paralleler Aktionen hervor, der Partisanenkrieg sollte vom baltischen bis zum Schwarzen Meer geführt werden, die einzelnen Abteilungen sollten dem gemäß koordiniert und einem einheitlichen Oberkommando unterstellt werden. Schließlich sollten die Partisanengruppen so zahlreich sein, dass „deren Netz die von deutschen Banden besetzte Front" vollkommen bedecken, auch sollten sie durch Sabotage und andere Kleinkriegstaktiken den Abtransport des Getreides und anderer für die russische Bevölkerung wichtiger Güter verhindern. (Hahlweg, a. a. O.:107)

In Rakowskis „Erwägungen..." sind bereits all jene Faktoren antizipiert, die für die sowjetische Partisanentaktik während des 2. Weltkrieges so charakteristisch und erfolgreich waren.

Besonders bemerkenswert ist Rakowski´s Berücksichtigung der für die Deutschen so ungünstigen Verhältnisse von Raum und Zahl, das heißt der Größe des zu besetzenden Landes und der relativ geringen Zahl der deutschen Okkupationstruppen, die dafür bereitgestellt werden konnten: Dieser von Rakowski erkannte Vorteil der Sowjetmacht gegenüber den an sich militärisch überlegenen deutschen Truppen sollte dazu dienen, der Sowjetmacht so viel Zeit zu gewinnen, um entsprechende eigene Truppen aufbauen zu können.

Doch schließlich wurde der Friedensvertrag mit Deutschland geschlossen, und es entwickelte sich (vorübergehend) sogar eine Zusammenarbeit zwischen der deutschen Wehrmacht und der Roten Armee.

Das dritte und nach wie vor wohl berühmteste Beispiel einer nicht kommunistisch geführten Guerilla ist der unter Anleitung des britischen Obersten T. E. Lawrence von den Arabern geführte Kleinkrieg gegen die türkische Armee 1916 – 1918.

Die Kriegführung von Oberst Lawrence, der, von Hause aus studierter Archäologe und Sprachwissenschaftler und alles andere als ein typischer Militär, ist im Rahmen des regulären

Krieges, nämlich des 1. Weltkrieges zu sehen, wenngleich von arabischer Seite nationale Motive vorlagen.

Um die Türken als Verbündete Deutschlands mit möglichst wenig eigenen Verlusten zu schlagen, machte sich Großbritannien den Hass auf die Türken und das Streben der arabischen Völker nach Unabhängigkeit von der türkischen Vorherrschaft zunutze: Oberst Lawrence, der u. a. mit König Feisal I befreundet und auch dessen Berater war, hatte die Aufgabe des Verbindungsoffiziers zwischen Großbritannien und den Arabern sowie die Leitung des Kleinkrieges gegen die Türken.

Die Tatsache, dass in der türkischen Armee eine Kanone oder ein Maschinengewehr mehr galt als ein Soldatenleben, führte zur besonderen Charakteristik des von Oberst Lawrence angeführten Kleinkrieges:

Die Vernichtung feindlicher Soldaten spielte nur eine sehr untergeordnete Rolle, es ging Lawrence mehr um die Zerstörung des türkischen Kriegsmaterials und der Verbindungswege, vor allem des Eisenbahnnetzes, denn auf beiden, der relativ modernen Ausrüstung und dem Transport vermittelst der Eisenbahnen basierte die türkische Kriegführung.

Der Krieg von T. E. Lawrence und der Araber war in erster Linie ein „Sabotage-Krieg", bei dem es vor allem auf Schnelligkeit, Beweglichkeit, selbständiges Operieren kleiner Kampfgruppen ankam. Das A und O war die Schnelligkeit und die verdeckte Kampfesweise: Eine Kampfgruppe sprengte eine Brücke oder eine Schiene, verschwand sofort, und wenn ein türkischer Suchtrupp an der „Unfallstelle" eintraf, detonierte bereits an einem anderen Ort eine Sprengladung, die ein türkisches Vorratslager oder Munitionsdepot vernichtete.

Aufgrund seiner beeindruckenden Persönlichkeit ist T. E. Lawrence, der später in England tödlich verunglückte, als „Lawrence von Arabien" in die Geschichte eingegangen, noch heute wird er von den Arabern hochgeschätzt.

Im Gegensatz zum Kleinkrieg des Lawrence von Arabien, der als Ergänzung des regulären Krieges gegen die Türkei sehr erfolgreich war, endete der Versuch des bayerischen Majors Oskar Ritter von Niedermeyer, der auch der „deutsche Lawrence 2 genannt wurde, während der Jahre 1915 bis 1917 einen Aufstandskrieg in Persien und Afghanistan gegen die Briten zu entfesseln, mit einem Desaster: Trotz der Tatsache, dass Major Niedermeyer und seine kleine Truppe sich, völlig auf sich alleine gestellt, tapfer schlug, war der Plan von vorneherein abenteuerlich, denn Ziel und Mittel fehlten völlig die Relationen, auch waren die Perser und Afghanen offenbar nicht daran interessiert, im Streit zwischen zwei ihnen gleichermaßen unsympathische fremde imperialistische Mächte für eine Seite die Kastanien aus dem Feuer zu holen. Major Niedermeyer schreibt in seinen Memoiren:

„Mit geringsten militärischen Machtmitteln ausgestattet, sollten wir einen größtmöglichen politischen und militärischen Erfolg erreichen. Hier mussten wir wohl oder übel mehr scheinen als wir waren, wir mussten bluffen…

Gar bald war uns klar geworden, dass wir auf unserem isolierten Posten geopfert werden sollten und mussten." (zitiert in Hahlweg, a. a. O. :105)

Am Ende wurden die meisten Mitkämpfer Niedermeyers von den Briten gefangen genommen, während Niedermeyer selbst die Flucht in die Türkei gelang.

Das abenteuerliche Unternehmen des „deutschen Lawrence" zeigt exemplarisch, dass Kleinkriegstaktik, wenn sie nicht „organisches" Ergebnis sozialer Prozesse ist, d. h. nicht aus der Tiefe des sozialen und politischen Raumes erwächst, sondern als rein militärische Aktionsform angewendet wird, keineswegs Berge versetzen kann.

Die deutsche Truppe unter Niedermeyer hatte weder das Vertrauen noch genügend Unterstützung derjenigen, die sie zum Aufstand führen wollten: Weder kämpften sie auf eigenem vertrautem Boden, noch waren sie das heiße Klima gewohnt. Vor allem aber waren sie, im Gegensatz zu Oberst Lawrence, der tatsächlich ein **Freund der Araber** war, ihre Sprach und Kultur bestens kannte und am Schicksal der Araber ernsthaft interessiert war, **nicht** primär am Schicksal der Perser und Afghanen interessiert.

Aufgrund des mangelnden Rückhaltes in der Zivilbevölkerung wurde auch hinsichtlich der Versorgung der kleinen Truppe deren Isoliertheit von der regulären Armee zu einem gravierenden Nachteil.

Kleinkriegstaktik kann nur dann überlegen sein, wenn sie aus einer engen Verbindung zumindest von bedeutsamen Teilen der Bevölkerung mit den Akteuren des „Kriegstheaters" erwächst, wenn sie im sozialen Raum gut verankert und akzeptiert ist, aus der Tiefe des sozialen Raumes entspringt! Dies ist eine wesentliche Schlußfolgerung aus den Erfahrungen der erfolgreichen Kleinkriege/Guerilla/Partisanenkriege der Geschichte!

Allzu oft übersehen die Strategen regulärer Armeen, dass die Guerilla ihre volle Wirksamkeit erst im Kontext sozialer Prozesse, die nicht militärischer Natur sind, entfalten kann und dass die Guerilla als reine Militärtaktik keineswegs Wunder bewirken kann.

Zusammenfassung

Mit der allgemeinen Durchsetzung der Wehrpflicht und den modernen Massenheeren sowie mit der industriellen Entwicklung immer wirkungsvollerer Massenvernichtungswaffen ging die Bedeutung des Kleinkrieges rapide zurück, was sich natürlich auch auf die theoretische Beschäftigung damit auswirkte.

Die Kleinkriege des 1. Weltkrieges waren alle mehr oder weniger integrierter Bestandteil oder Resultat des regulären Krieges und haben nirgendwo eine eigenständige, Kriegsentscheidende Bedeutung erlangt.

Lediglich während des russischen Bürgerkrieges im Anschluss an den 1. Weltkrieg spielte der Kleinkrieg vor allem anfangs eine Rolle, was einem russischen Revolutionär rückblickend zu der Äußerung veranlasste: „Zu Beginn des Bürgerkrieges waren wir alle Partisanen." (zitiert bei Hahlweg, a. a. O.:111)

Nicht zufällig fällt dieser, vor allem anfangs als Guerilla ausgetragene Konflikt aus dem Rahmen und antizipiert spätere Entwicklungen in anderen Ländern: Es handelte sich im Wesentlichen um einen Klassenkonflikt, der mit militärischen Mitteln ausgetragen wurde.

Hierbei waren letztlich die militärischen Potenzen nicht Voraussetzung, sondern **Ergebnis** vorheriger nicht-militärischer, sondern sozialer und politischer Prozesse: Auch nachdem die bürgerliche Koalitionsregierung unter Kerenski wie eine reife Frucht fast ohne Gegenwehr gefallen war, hatten die Bolschewiki an der Macht kaum andere Mittel als ihre Überzeugungskraft und ihre Fähigkeit, die mit ihnen sympathisierenden Bevölkerungsteile zu organisieren und zu motivieren, koste es was es wolle gegen die vom Ausland unterstützte Gegenrevolution zu kämpfen. (Trotzki, a. a. O., Jacobs, W. D., 1963:102)

Die militärische Stärke der Roten Armee resultierte anfangs aus ihrer „moralischen" Überlegenheit, ihrem Rückhalt in großen Bevölkerungsteilen (Bauern, Arbeiter und Soldaten), gegen den auch die finanzielle und militärische Unterstützung der Gegenrevolution durch das Ausland nicht ankam.

Allerdings bestand ohne Zweifel eine Wechselwirkung: Jeder neue militärische Sieg stärkte auch die Moral der Roten Armee, schwächte die Moral des Feindes und damit den gegenrevolutionären Widerstand.

Kapitel 9
Der 2. Weltkrieg

Der sowjetrussische Partisanenkrieg gegen die deutsche Wehrmacht

Die mörderische imperialistische Politik der Nationalsozialisten

Die Kriegführung der Nazis war wie fast jeder Krieg „Die Fortsetzung der Politik mit anderen Mitteln", und diese Politik sowie die Mittel, mit denen sie fort- beziehungsweise durchgesetzt wurde, war nicht zuletzt ursächlich für die Entfaltung und das Ausmaß des sowjetrussischen Partisanenkrieges während des 2. Weltkrieges, „die größte irreguläre Widerstandsbewegung in der Geschichte der

Kriegführung", wie Oberstleutnant Kutger die in der Heckwelle der deutschen Invasionstruppen entstandene Partisanenbewegung charakterisiert. (Kutger, J. P., 1963:89)

Die ökonomischen Triebkräfte als sehr oft wesentliches Element der Politik – auch die der Nazis – sind bekannt und bedürfen hier nicht der ausführlichen Analyse, es wird genügen, darauf hinzuweisen:

Nach den Plänen der Nazis sollte dem „Volk ohne Raum" überall wo möglich, vor allem aber im Osten die durch die „historische Verspätung" verpasste Gelegenheit der imperialistischen Ausbeutung fremder Völker mit Hilfe der Okkupationspolitik verschafft werden, wobei es weniger um den geographischen Raum als solchen ging, sondern um seine Ausbeutung in mehrfacher Hinsicht: Die natürlichen Bodenschätze der besetzten Länder sollten ebenso genutzt werden wie seine argrarischen Potentiale, und eine besondere Rolle in den nationalsozialistischen Plänen spielte die totale Ausplünderung der „nicht-arischen Völker".

Himmler hat dies ganz offen gesagt: „Ob die anderen Völker im Wohlstand leben oder ob sie verrecken vor Hunger, das interessiert mich nur insoweit, als wir sie als Sklaven für uns brauchen, anders interessiert mich das nicht." (Himmler zitiert in: Cartier, R.: Der 2. Weltkrieg, 1977, Bd. 1: 322)

Ob es sich um die Vertreibung und teilweise die Ausrottung der Süd- und Nordamerikanischen Indianer, die Versklavung,

Ausbeutung und Unterdrückung der Schwarzen oder um die Völkervernichtung der Nazis an den Juden und den „Ostvölkern" handelt: Die ökonomischen Triebkräfte und Motive als Ursache der Völkervernichtung ähneln sich ebenso wie deren armselige moralische Legitimationsversuche, indem die Opfer als „Untermenschen" oder „Wilde" abqualifiziert werden.

So wenig also der Rassismus eine Erfindung der Deutschen ist, so war es doch uns Deutschen vorbehalten, mit preußischer Gründlichkeit innerhalb kürzester Zeit Millionen und Abermillionen unschuldiger Opfer fabrikmäßig umzubringen, und **kein politisches Regime hat jemals zuvor eine derart verkommene Gesinnung repräsentiert wie das „Tausendjährige Reich", das glücklicherweise nicht allzu lange überdauerte...**

Bei ihrem politischen Vorgehen griffen die Nazis auf Ludendorffs Konzeption des totalen Krieges zurück: Der im 1. Weltkrieg gescheiterte General, von Anfang an eine treibende Kraft in der deutschen faschistischen Bewegung, fühlte sich über Clausewitz erhaben und entwickelte eine „Kriegstheorie", deren einzige Bedeutung in ihrer desaströsen geschichtlichen Rolle besteht: **Für Ludendorff war der Krieg – im Gegensatz zu Clausewitz – keine möglichst zu vermeidende Option, sondern ein wünschenswerter Zustand, dem sich die Politik unterzuordnen hatte.**

Nicht die **Politik** war der Zweck, sondern der **Krieg**, und **die Politik verkommt bei Ludendorff zum Mittel für den Krieg als Zweck:** Die Ludendorffsche Politik besteht vor allem in der Liquidierung all dessen, was dem Krieg schadet; **damit wird der Krieg total und die Politik totalitär.**

Blitzkriegsstrategie

Ironie der Geschichte ist es, dass die Nazis ihre Inspiration zur Führung des anfangs so erfolgreichen Blitzkrieges nicht etwa von einem deutschen Militär, sondern von einem in seinem eigenen Land lange Zeit verkannten Propheten der modernen mechanisierten Kriegführung, dem britischen Hauptmann Lidell Hart – übrigens ein Freund und Biograph von T. E. Lawrence, siehe Kapitel 8 – bezogen: Lidell Hart hatte während des 1. Weltkrieges als Hauptmann Erfahrungen sammeln können, machte sich Gedanken und kam zu dem Schluss, dass die Zeit der absoluten Dominanz der Infanterie und des Stellungskrieges vorbei sei, dass ein künftiger Krieg von britischer Seite in erster Linie mit luftunterstützten Tanks zu führen sein: Beweglichkeit und Schnelligkeit war für Lidell Hart das entscheidende Kriterium in einem künftigen Krieg, während die Verantwortlichen im britischen Kriegsministerium noch lange Zeit im Rahmen der traditionellen Militärdoktrinen dachten, das heißt also weiterhin der Infanterie den ersten Platz einräumten.

Während also die Briten viel zu lange auf die massive Integration der Panzerwaffe in ihr Kriegskonzept verzichteten, stieß ein 1924 in „Army Quarterly"(IX) von Lidell Hart veröffentlichter Artikel über die Notwendigkeit der Mechanisierung und deren strategisch-taktische Konsequenzen auf reges Interesse im Offizierskorps der Deutschen Wehrmacht. (Wallach, J. L., a. a. O.: 225)

Die deutsche Blitzkriegsstrategie ist in ihren Grundzügen die konsequente, teilweise modifizierte Anwendung der von Lidell Hart entwickelten Vorstellungen.

Eine wesentliche Rolle spielte dabei der Überfallartige überraschende Angriff, die schnellstmögliche Zerstörung des feindlichen Waffenpotentials, bevor dieses eingesetzt werden konnte; dabei fiel vor allem der deutschen Luftwaffe eine entscheidende Rolle zu.

Der Partisanenkrieg in der stalinistischen Militärdoktrin

M. W. Frunse, neben Trotzki maßgeblich am Aufbau der „Roten Arbeiter- und Bauernarmee" beteiligt und seit Trotzkis Rücktritt 1925 Kriegskommissar, wies 1921 in seinem Aufsatz „Die einheitliche Militärdoktrin und die Rote Armee" darauf hin, dass zu den Verteidigungsanstrengungen Sowjetrusslands angesichts der technischen Überlegenheit der potentiellen feindlichen Armeen auch die Vorbereitungen zur Führung eines Partisanenkrieges gehörten. (Hahlweg, a. a. O.: 112)

Frunse unterstrich dabei nachdrücklich, dass die Voraussetzung für die Wirksamkeit des Kleinkrieges die rechtzeitige Ausarbeitung eines Planes und die Schaffung aller nötigen organisatorischen und logistischen Grundlagen sei – nicht zufällig erinnert das sehr an Gneisenaus „Plan zur Vorbereitung eines Volksaufstandes", hatten doch beide den staatlich organisierten und kontrollierten Volksaufstand gegen eine feindliche Macht im Auge.

Frunse forderte, es müsste „eine Aufgabe unseres Generalstabes sein, die Idee des Kleinkrieges in ihrer Anwendung auf unsere künftigen Kriege gegen einen technisch überlegenen Gegner auszuarbeiten." (Hahlweg, a. a. O.:112)

Tatsächlich erschien 1928 ein militärisches Instruktionsbuch für den Partisanenkampf, dass 1933 noch einmal neu aufgelegt wurde und den Partisanenkrieg als wichtigen Bestandteil der allgemeinen Kriegführung bezeichnet. (Bonwetsch, G., Göttingen 1985:92; Hahlweg, a. a. O.:112)

Doch spätestens mit Beginn des neuen 5Jahresplanes trat eine solche Orientierung zunehmend in den Hintergrund zugunsten einer Auffassung, die nicht mehr auf den strategischen Rückzug und die Entfaltung umfassender Partisanentätigkeit, kombiniert allerdings mit regulärer

Kriegführung setzte, sondern auf ein „offensives Verteidigungskonzept." (Bonwetsch, a. a. O.:93)

Offiziell hielt man nun, trotz der schlechten Erfahrungen mit Finnland, an der Fiktion fest, man könne den Krieg sofort in das Territorium des Angreifers tragen und würde dabei durch die revolutionäre Aktion des „internationalen Proletariats" unterstützt.

Entgegen verbreiteter Auffassung (Piekalkiewicz, a. a. O.:93) wurde offenbar **keine** nennenswerte Vorbereitung für den Partisanenkrieg mehr getroffen, sieht man einmal von der Aufstellung sogenannter „Vernichtungsbattaillone" ab, einer Reserve weniger tauglicher Soldaten hinter der Front, deren Aufgabe eigentlich die Säuberung des eigenen Territoriums von versprengten feindlichen Elementen und Agenten - und wohl auch eigener „Konterrevolutionäre" – sein sollte, die später allerdings in die Partisanenarmee integriert wurden. (Bonwetsch, a. a. O.:93; Jacobs, W. D. a. a. O.: 104)

Die Gründe für den weitgehenden Verzicht auf Partisanenkriegführung in der sowjetischen Militärdoktrin vor dem „großen vaterländischen Krieg" dürften im Wesentlichen folgende sein:

Hatte Rakowski ebenso wie Frunse die Tiefe des geographischen ebenso wie des sozialen Raumes als strategischen Faktor der Kriegführung hinsichtlich seiner Bedeutung für den „strategischen Rückzug" analog der während Napoleons Invasion bereits geübten Praxis der „verbrannten Erde" und der Guerilla noch in die Militärdoktrin einbezogen, so schien diese Option in Anbetracht der Tatsache, dass die für die Kriegführung so wichtige Rüstungsproduktion sich im europäischen Teil der Sowjetunion befand, nicht mehr sinnvoll, auch glaubten sich die Parteiführung offenbar durch die wachsende Rüstungsproduktion so gut gewappnet, auch einer Armee wie der deutschen Wehrmacht ohne Guerilla-Option widerstehen zu können. Ein weiterer, von Bonwetsch angeführter Grund für den Verzicht auf die Option des Partisanenkrieges erscheint durchaus plausibel:

„Das starre Festhalten an der Offensive als einzige Strategie wird aber nicht zuletzt auch durch den Zweifel an der Zuverlässigkeit der eigenen Bevölkerung gefördert worden sein. Von diesem irrationalen, tiefsitzenden Misstrauen zeugten vor dem Krieg die Massenrepressionen." (Bonwetsch, a. a. O. :94)

Mit anderen Worten: Die Massenrepressalien nicht nur gegen die Kulaken in den 30er Jahren waren ebenso Ausdruck wie Ursache indifferenter bis ablehnender Haltung eines Teils der russischen Bevölkerung gegen die KPdSU während der Stalinära. Niemand kann das besser gewusst haben als Stalin selbst, und wenn gleich es heute insbesondere für Westeuropäer unserer Generation schwierig ist zu sagen, inwieweit die Macht der kommunistischen Partei sich in der

Ära Stalins auf Unterstützung und Mitarbeit von Teilen der Bevölkerung und inwieweit sich die staatliche Macht auf den Terror der Geheimdienste stützte, ist doch so viel klar, dass die Frontlinien keineswegs so eindeutig gezogen werden konnten wie während des Bürgerkrieges; dies zeigt sich schon an den „Säuberungen" innerhalb der kommunistischen Partei selbst.

Es ist daher nicht von der Hand zu weisen, dass Teile der Sowjetbevölkerung vor allem in der Ukraine die deutschen Besatzer anfangs tatsächlich als „Befreier" feierten, wie dies mehrfach, unter anderem von Guderian behauptet worden ist. (Cartier, R., a. a. O. :306; Bonwetsch, a. a. O. :104; Jacobs, a. a. O.: 106)

Als Deutschland am 22. Juni 1941 die Sowjetunion überfiel und gleich am ersten Tag über 1200 sowjetische Flugzeuge am Boden zerstörte, zudem infolge des Blitzkrieges viele Rotarmisten versprengt wurden, besann sich die Parteiführung wieder auf die Partisanenkriegführung, und am 3. Juli 1941 trat Stalin erstmals nach dem deutschen Überfall an die Öffentlichkeit und rief im Rundfunk die Bevölkerung zum Widerstand auf:

„Kein einziger Waggon, keine einzige Lokomotive, kein Kilo Getreide und kein Liter Brennstoff dürfen in die Hand des Feindes fallen. In den besetzten Gebieten müssen sich Partisanengruppen zu Fuß und zu Pferde organisieren, um einen Zermürbungskrieg zu führen, Brücken und Straßen zu sprengen, Lager, Häuser und Wälder in Brand zu setzen. Der Feind muss gehetzt werden bis zu seiner Vernichtung!" (Cartier, a. a. O. : 308)

Anfangs wurde dieser Aufruf, dem zahlreiche weitere ähnliche folgten, jedoch von der Zivilbevölkerung keineswegs enthusiastisch befolgt. Anfangs setzten sich die Partisanengruppen vor allem aus versprengten Rotarmisten, im Untergrund lebenden Parteimitgliedern und NKWD-Kommissare zusammen, die mit der politischen Organisation und Kontrolle befasst waren und aufgrund ihres keineswegs immer guten Rufes viele Zivilisten abgehalten haben mögen.

Sehr schnell wurde aber durch die **rigorose Vernichtungspolitik** der Nazis und der Wehrmacht auch den politisch naivsten „Sowjetmenschen" klar, dass man mit der deutschen Besatzung nicht friedlich zusammenleben konnte, weil diese eine Bedrohung des gesamten slavischen Volkes und nicht nur der Kommunisten darstellte.

Der Krieg wurde also zum **Existenzkampf** des russischen Volkes, und der „Große vaterländische Krieg" schuf eine neues **Aktionsbündnis** im russischen Volk und stärkte damit letztendlich die Position Stalins.

Die Eigentümlichkeit der sowjetischen Partisanenbewegung besteht darin, dass es sich weder um einen spontanen Volkswiderstand noch andererseits um einen von langer Hand geplanten Guerilakrieg handelte.

Wenn gleich im August 1941, also nur 2 Monate nach dem deutschen Überfall allein in Weißrussland **über 231 Partisanengruppen mit insgesamt 12000 Mann** bestanden, ist dies nicht Ausdruck eines spontanen Volkswiderstandes, sondern bedingt durch die Tatsache, dass es sich bei den Kombattanten anfangs fast ausschließlich um versprengte Angehörige der Roten Armee handelte, die natürlich weiter den Befehlen der Sowjetführung zu gehorchen hatten, sowie um Parteimitglieder und NKWD-Kommissare, deren Aufgabe die Organisation von Partisanengruppen war.

Die Rotarmisten zogen den Partisanenkampf dem zweifelhaften Schicksal eines russischen Kriegsgefangenen bei den Deutschen vor, und die Parteimitglieder und NKWD-Kommissare handelten teils wohl aus politischer Überzeugung, teils aufgrund des Befehls der Partei.

Die Partisanengruppen wurden einem eigenen Zentralstab unterstellt, dessen Oberkommandierender Generalleutnant Ponomarenko war.

Der Zentralstab genoss den gleichen Status wie das Oberkommando der Roten Armee, wenn glich es offenbar ständige Querelen zwischen beiden gab. (McClure, B., 1963:138)

Unter dem Zentralstab arbeiteten regionale Stäbe, die anfangs unzureichend, später jedoch ausgezeichnet mit der Roten Armee koordiniert waren.

Verbindungen wurden über den Luftverkehr und später Meldungen vor allem durch den Funkverkehr gehalten.

Auf der unteren taktischen Ebene gab es die Brigade, die in Sektionen oder Otrjadie unterteilt war. Vor allem Anfangs rekrutierten sich die Chefs der Partisanengruppen in erster Linie aus Offizieren der Roten Armee mit Bürgerkriegserfahrung, die man nachts mit Fallschirm über ihrem künftigen Einsatzgebiet absetzte oder die sich durch die deutschen Linien schlichen. (McClure, a. a. O.:138; Piekalkiewickz, a, 1972:117)

Die erste Phase des Partisanenkrieges lässt sich von Juni 1941 bis September des gleichen Jahres datieren.

In diesem Zeitraum blieben die Erfolge vergleichsweise gering, da weder die Koordination der Aktionen mit der regulären Armee wunschgemäß funktionierte noch die Verankerung im Volk ausreichend war. Auch hing während des gesamten Kriegsverlaufes die Partisanentätigkeit eng mit dem Verlauf des regulären Krieges zusammen: Solange die Deutschen sich im permanenten Vormarsch auf Moskau befanden, zeigte die Rote Armee ebenso wie die übrige Bevölkerung Demoralisierungserscheinungen.

Doch bereits im Herbst 1941 begann sich die Lage allmählich zu ändern: Trotz der katastrophalen Erfahrungen der napoleonischen Truppen mit den russischen Witterungsverhältnissen befahl Hitler im Oktober 1941 der

Heeresgruppe Mitte unter Generaloberst Feodor von Bock den Marsch auf Moskau, denn noch vor Weihnachten sollte die Wehrmacht an der Wolga stehen – eine völlig unrealistische Zielsetzung. (Cartier, a. a. O. 348, 349)

Zu diesem Zeitpunkt brach die „Schlammperiode" herein, das heißt wie in jedem Herbst begann es auch im Oktober 1941 zu regnen.

Zwar waren die Deutschen auf den Regen gefasst, hatten sich jedoch offenbar keine rechte Vorstellung von den Auswirkungen gemacht, die ein altes ukrainisches Sprichwort so beschreibt: „ Im Herbst gibt ein Löffel voll Wasser einen Eimer voll Schlamm."

Die Flüsse traten wie jedes Jahr über die Ufer, riesige Überschwemmungen wuchsen sich zu unvorhergesehenen Hindernissen aus, und die für die europäischen Verhältnisse konstruierten Fahrzeuge blieben hoffnungslos stecken; die Pferde versanken bis zum Bauch im Schlamm, es war teilweise nicht mehr möglich, Zelte aufzuschlagen, und da die russischen Häuser inzwischen meist niedergebrannt waren, mussten die Soldaten im Schlamm kampieren.

Bereits am 20. Oktober war die Geschwindigkeit der PKWs und LKWs zwischen Gschatsk und Moschaisk auf drei Kilometer in der Stunde gesunken (!) – von Blitzkrieg konnte nun keine Rede mehr sein! (Cartier, a. a. O.: 350)

Nun begann sich zu zeigen, dass der Krieg von der deutschen Führung „abstrakt" geführt wurde, das heißt ohne Rücksichtnahme auf die konkrete Situation: Witterung, Gelände, Moral der Truppe.

Die Mannschaften waren ausgehungert, weil der Nachschub aufgrund der im Schlamm steckenden Fahrzeuge blockiert war, und nun begann auch die Partisanentätigkeit ihre erste demoralisierende Wirkung zu zeigen. (Cartier, a. a. O.:352)

Um einen Winterfeldzug zu vermeiden, hatte Hitler die Verteilung von Winteruniformen ebenso untersagt wie das Anlegen rückwärtiger Stellungen, wohin die Deutschen sich hätten zurückziehen können.

Etwa um die Jahreswende 1941/42 begann sich das Blatt bereits endgültig zu wenden, und sie bezeichnet auch den Beginn der 2. Phase des Partisanenkrieges.

Die Krise im deutschen Vormarsch und der gescheiterte Versuch, Moskau anzugreifen sowie die Tatsache, dass die Rote Armee sich im letzten Moment doch noch behaupten konnte, änderten die Situation.

Hinzu kam, dass die russische Bevölkerung in den von den Deutschen besetzten Gebieten jetzt ihre Erfahrungen mit der Vernichtungspolitik der Nazis gemacht hatte und daher von einer anfänglich manchmal vielleicht indifferenten zu einer offen feindlichen Haltung den Deutschen gegenüber kam.

Der Partisanenkrieg wurde jetzt mehr und mehr zum Volkskrieg, und es begannen sich nun auch Zivilisten, in der Mehrzahl Bauern, bei den im Untergrund arbeitenden Parteizellen als Partisanen zu melden.

Die Blitzkriegsstrategie tat das ihre, um eine epidemische Ausbreitung aller Arten der Guerilla hervorzurufen: Je weiter die deutschen Panzer nach Russland eindrangen, desto grösser und länger wurden auch die Verbindungs- und Nachschubwege und desto schlechter von den Deutschen und desto besser von den Russen zu kontrollieren und zu sabotieren – ein Umstand, den Generalleutnant Ponomarenko und seine Partisanenarmee sich zunutze zu machen wussten…

Bereits im Herbst 1941 begannen die „Partisanenrepubliken" sich auszudehnen; allein im Gebiet der Heeresgruppe Nord zählte man 11 Partisanengruppen, wovon allein eine Gruppe ein Gebiet von 100 km Durchmesser kontrollierte. (Cartier, a. a. O.:351)

Im Frühjahr 1942 waren die ersten Partisanenrepubliken geschaffen worden, die völlig unter der Kontrolle der kommunistischen Partei standen und in die sich nicht einmal Truppen in Bataillonsstärke wagen durften. Die Partisanenrepublik im Gebiet Uschatschi beispielsweise umfasste ein Gebiet von 3245 Quadratkilometer mit 80000 Einwohnern. (Hahlweg, a. a. O. :126; Piekalkiewicz, a. a. O. :125)

Die Bedeutung der Partisanenbewegung lässt sich schwer voll erfassen, dennoch sollen einige Zahlen einen Eindruck vermitteln:

Vorsichtige Schätzungen westlicher Historiker gehen davon aus, dass es den sowjetischen Partisanen gelang, etwa 50 Divisionen der deutschen Wehrmacht zu binden!

Allein zur Sicherung von Eisenbahnen und Straßen mussten ständig 300000 bis 600000 Mann eingesetzt werden! (Bonwetsch, a. a. O.:112)

Die Angaben über von russischen Partisanen getötete Deutsche schwanken beträchtlich: Während Bonwetsch eine Zahl von 30.000 bis 40.000 Tote nennt und sich dabei auf Wehrmachtsangaben stützt (Bonwetsch a. a. O:112), bezieht sich Oberstleutnant Kutger auf die Angaben Ponomarenkos und nennt erheblich höhere Zahlen, wie sie auch von anderen Historikern und Militärs genannt werden und mir wenn auch für etwas überhöht, so doch wahrscheinlicher als die Angaben Bonwetsch´s zu sein scheinen: Durch Partisaneneinwirkungen wurden danach mehr als 300.000 Deutsche, darunter 30 Generale, 6336 Offiziere und ca. 500 Angehörige der Luftwaffe getötet.

Außerdem sollen 3000 Züge zum Entgleisen gebracht und 3262 Eisenbahnen- und Strassenbrücken, 1191 feindliche Panzer und Panzerfahrzeuge, 4027 Lastwagen und 895

Depots und Lagerhäuser zerstört worden sein. (Kutger, a. a. O.:89; Piekalkiewicz, a. a. O.:129)

Diese Angaben werden auch gestützt durch die Aussagen des deutschen Generals von Manstein während seines Kriegsgerichtsverfahrens, wo er sich erinnert, „Dass im Jahre 1944 bei der Heeresgruppe Mitte im Verlauf von sieben Stunden fast tausend Überfälle auf Straßen und Eisenbahnen des rückwärtigen Gebietes vorgenommen worden und dass diese Überfälle auf der Krim täglich erfolgten." (zitiert bei Kutger, a. a. O.:90)

Auch die Angaben über die Stärke der Partisanenarmee schwanken beträchtlich.

Während Bonwetsch sie auf 80.000 (Anfang 1942), 150.000 (Mitte 1942 bis Mitte 1943) und 280.000 (Sommer 1944) veranschlagt (Bonwetsch a. a. O.:101), hält Piekalkiewicz sowjetische Angaben von 700.000 Kämpfern für möglich (Piekalkiewicz, a. a. O.: 127)

Die eigentliche Bedeutung der Partisanen bestand jedoch nicht in erster Linie in der Anzahl der von ihnen getöteten Deutschen, sondern in ihrer strategischen Ergänzungsfunktion, vor allem auch in ihrer Bedeutung für eine Verzögerung des Krieges, um der Sowjetunion Zeit für das Ausschöpfen der Reserven zu geben, außerdem in ihrer Ergänzung der regulären Kriegführung und nicht zuletzt in psychologischer Hinsicht.

Bereits Ende 1941 erhielten die Aktivitäten der russischen Partisanen strategische Bedeutung im Kampf um Moskau (Cartier, a. a. O.: 299-357)

Am 2. Oktober erteilte Hitler den Befehl zum Angriff auf Moskau, und innerhalb weniger Tage verlor die russische Heeresgruppe unter dem Befehl von Marschall Semjon Timoschenko nahezu 640.000 Mann als Gefangene an die Deutschen und wurde durch den deutschen Sturmangriff zurückgeschlagen.

Am linken Flügel drangen unter dem Befehl von Generaloberst Erich Küppner deutsche Panzerdivisionen bis Kalinin vor, und der rechte Flügel unter Leitung des „Panzergeneral" Guderian drang über Orel bis Tula vor. Die Heeresgruppe Mitte unter Generaloberst Günter von Kluge kam bis auf einige Kilometer vor Moskau.

Doch zu diesem Zeitpunkt begann sich das Wetter rapide zu verschlechtern, durch den Herbstregen und den Schlamm stockte der Nachschub, und die jetzt massiv einsetzenden Partisanenangriffe taten ein Übriges, um den Nachschub an Munition und Verpflegung zu blockieren. Da das desorganisierte Deutsche Versorgungssystem nur noch etwa drei Prozent der Truppen angemessen versorgen konnte und die Mannschaften durch Verluste, das Wetter und den Hunger bereits demoralisiert und geschwächt waren, führte auch ein neuer Angriff auf Moskau, als der Boden endlich gefroren und für einen Panzerangriff fest genug war, nicht zum erwünschten Ziel.

Der kälteste Winter seit Jahrzehnten überraschte die völlig ungenügend vorbereitete deutsche Armee und zwang sie in improvisierte Winterquartiere und schuf so ideale Voraussetzungen für das Einsickern russischer Partisanen. (McClure, B.: a. a. O.:133)

Aufgrund dieser Vorarbeit der Partisanen gelang es der Roten Armee, schließlich das deutsche Stabshauptquartier einzukreisen und einen panikartigen Rückzug hervorzurufen. Die deutschen Truppen erlitten dabei riesige Verluste, und „mit wilder Wut jagten die Guerillas kleine Gruppen deutscher Infanteristen und machten sie in den Wäldern nieder, wo sie den sowjetischen Panzern zu entgehen suchten." (McClure, a. a. O.: 133)

Die Taktik

Die Ausrüstung der Partisanen: Anfangs wurden Bekleidung und Ausrüstung der Partisanen improvisiert; neben deutschen Beutewaffen und Uniformteilen kamen auch von NKWD-Kommissare zur Verfügung gestellte Waffen zur Anwendung. In dem Erlebnisbericht des Partisanenführers A. N. Prokopienko (Piekalkiewicz, a. a. O.:117 ff) werden nicht nur eingehend Taktik und Organisationsform, sondern auch die ihm zur Verfügung gestellten Versorgungsgüter und Waffen genau beschrieben.

Später wurde die Ausrüstung laufend verbessert, weil die Deutschen im Kriegsverlauf zusehends in die Defensive gerieten und damit die Zahl der Beutewaffen, vor allem 1944, sehr zunahm.

Schließlich schickten auch die Briten und Amerikaner Waffen und Ausrüstung. (McClure, a. a. O.:140)

Der Zentralstab der Partisanenarmee war bemüht, durch Schulungen der Leiter der Kampfgruppen auf einen Mindestkampfstandard zu bringen, was im weiteren Verlauf des Krieges auch erfolgreich war.

Die im Hinterland vor allem in Tiflis in regelrechten Partisanenschulen ausgebildeten Offiziere wurden in allen für Partisanenkriegführung wichtigen Fragen vor allem durch NKWD-Kommissare geschult. (Piekalkiewicz, a. a. O.:117 ff; McCLure, a. a. O.:141)

Aufklärung und Spionage waren die wesentlichen Grundlagen der Partisanengruppen, auf die sich Überfälle, Sabotage und Attentate stützten; dies setzte ein gutes Verhältnis zur Zivilbevölkerung zwingend voraus, was im Verlauf des Krieges aus bereits oben genannten Gründen auch gewährleistet war. Kampfeinsätze konzentrierten sich vor allem auf Offiziersunterkünfte und Waffendepots, und die Standardtaktik bestand im lautlosen Umstellen und dem plötzlichen Angriff auf ein Signal hin. Entscheidend bei solchen Überfällen waren nicht nur ein gutes

Kundschaftswesen, sondern auch die vorherige Zerstörung der Kommunikationsstrukturen wie Telegraphenleitungen usw., damit nicht sofort Hilfe herbeigerufen werden konnte und sich die Verfolgung verzögerte.

Solcherart Überraschungsangriffe wurden meist mit großzügigem Einsatz von Munition und Handgranaten durchgeführt; die beliebteste Handfeuerwaffe war die Maschinenpistole, da sie auf die kurzen Entfernungen ausreichend wirksam und zielgenau ist, hohe Feuerkapazität besitzt und leicht zu verbergen ist.

Wenn Gefangene gemacht wurden, dann allenfalls zur Vernehmung, anschließend wurden sie - laut Brooks McClure – erschossen.

Die russischen Partisanen hielten sich also offenbar ebenso wenig an die Haager Landkriegsordnung wie die Deutschen. (McClure, B., a.a.O.:146)

Hier habe ich allerdings meine Zweifel, ob dies durchweg zutrifft, zumindest sagen andere Kriegsberichte von russischen Soldaten etwas anderes. (Bondarew, J., 1975: 400 ff)

Eine weitere wichtige Aktionsform war der Hinterhalt in unübersichtlichem Gelände, und die Instruktionen eines russischen Partisanenhandbuches mit dem Titel „Genosse des Partisanen" dürften tatsächlich so oder so ähnlich oft in die

Praxis umgesetzt worden sein: „Sieh! Der Feind kommt! Lass ihn auf 20 oder gar 10 m herankommen, und dann feuere plötzlich mit Gewehren, Maschinengewehren und Handgranaten. Der Feind darf keine Zeit haben, seine Feuerwaffen zu benutzen. Dann geh nötigerweise in den Nahkampf! Stoße mit deinem Seitengewehr! Stoße mit deinem Messer! Lass den Feind keinen Augenblick lang die Initiative gewinnen! (zitiert bei McClure, a. a.O.: 146)

Der „Gensosse des Partisanen" empfiehlt auch die Verwendung von Kleinkalibergewehren, um Fahrer und Beifahrer zu verwunden und sie dann mit der Blankwaffe niederzumachen. Der Vorteil sei, dass durch das Fehlen lauter Detonationen nicht so schnell Hilfe herbeieilen würde und die deutschen Fahrzeuge in Ruhe entladen werden könnten. (McCLure, a. a. O.: 147)

Eine wichtige Rolle spielte auch der Einsatz von Scharfschützen: Die russischen Scharfschützen, ausgerüstet mit der Sonderversion des russischen Standard-Infanteriegewehrs Moisin-Nagant 91/30 mit montiertem Zielfernrohr (Boger, J.:DWJ 2/83:166) waren teilweise in der Lage, bei günstigen Bedingungen auf 600 m und mehr tödliche Treffer anzubringen – eine für den Gegner sehr demoralisierende Kampfesweise, da bei dieser Entfernung oft nicht einmal der Schussknall zu hören war und der im Hinterhalt liegende Schütze kaum geortet werden konnte.

Neben den üblichen, von Anfang des 19. Jahrhunderts bis heute im Wesentlichen gleich bleibenden Taktiken des Kleinkrieges spielte auch im russischen Partisanenkrieg der Terror eine große Rolle: Von Partisanen gefangene Deutsche wurden des Öfteren gefoltert, um von ihnen Informationen zu erhalten – eine Praxis, die offenbar von den Deutschen übernommen wurde. (McClure, a. a. O.:147; Piekalkiewicz, a. a. O.:122)

Eine wahrscheinlich noch wichtigere Rolle spielte die Anwendung terroristischer Methoden gegen die Deutschen im Rahmen der „Psychologischen Kriegsführung": Sinn der vielfach angewendeten Brutalitäten, die allerdings auch Racheakte gegen die deutschen Besatzer waren, war es, durch Verbreitung von Furcht und Entsetzen die feindlichen deutschen Soldaten zu verängstigen und zu verunsichern, was offenbar auch gelang. (McClure, a. a. O.:147)

Es wurde für Wehrmachtsoffiziere im Verlauf des Krieges immer schwieriger, einzelne Kuriere oder kleinere Patroillen außerhalb der kontrollierten Gebiete zu schicken, da man mit deren Liquidierung rechnen musste und die Soldaten in einer solchen Situation eine panische Angst vor Partisanen entwickelten.

Gerüchte von der Grausamkeit der Partisanen gegenüber deutschen Gefangenen, von den harten Wintern und den wilden Kampfmethoden der russischen Soldaten drangen offenbar bis weit in die westliche Front vor, und es sollen

Selbstmorde von deutschen Soldaten vorgekommen sein, als sie von ihrer geplanten Verlegung an die Ostfront erfuhren...

Deutsche „Bandenbekämpfung" gegen russische Partisanen

Es erwies sich für die Deutschen im Verlauf des Krieges als schwerer Fehler, dass man mit der Partisanen-Bekämpfung den Gestapo-Chef und skrupellosen Massenmörder Heinrich Himmler betraut hatte: Die von seinen „Sicherheitskräften" angewendete Taktik, nach Verlusten durch Partisanen mit Massenrepressalien gegen die Zivilbevölkerung zu antworten, verscherzte nicht nur die vielleicht hier und da anfänglichen Sympathien mit den Deutschen, sondern weckten und steigerten mit jedem neuen Massenterror den Hass der Zivilbevölkerung und motivierte sie, den Partisanengruppen beizutreten. (McClure, a. a. O.:149)

Hinzu kamen Kompetenzstreitigkeiten zwischen Wehrmacht und NS-Organisationen um die Frage der richtigen Taktik gegenüber den Partisanen und um räumliche Zuständigkeit.

Am 21. Juni 1943 wird auf Anweisung Himmlers der Zentralstab zur Bekämpfung von Partisanen unter dem Kommando von SS-Obergruppenführer Erich von dem Bach-Zelewski ins Leben gerufen, und diese sogenannte „Wilderer-Brigade", eine aus Sträflingen, Wilderern, Holzdieben und anderen Kriminellen unter SS-Obergruppenführer Dr. Oskar Dirlewanger zusammengestellte „Polizei-Einheit"(!) erlangte traurige Berühmtheit aufgrund ihrer selbst für die SS ungewöhnlichen Grausamkeit und ihrer hohen Verluste – jährlich fast 100%! (Piekalkiewicz, a. a. O.:130)

Relativen Erfolg konnten nur die sogenannten Fremdvölkischen Einheiten erzielen, die mit der Mentalität der Partisanen und deren Vorgehens- und Lebensweise besser vertraut waren.

Die größte und erfolgreichste dieser Anti-Partisanen-Einheiten war die des gebürtigen Polen Mieczyslaw Kaminski, der aufgrund seiner grausamen und erfolgreichen Partisanenbekämpfungs-Methoden als Nichtgermane innerhalb weniger Monate zum SS-Brigadeführer aufstieg.

Seine Einheit setzte sich aus deutschfreundlichen, vor allem Bauern zusammen, denen man das durch die Zwangs-Kollektivierung entzogene Eigentum wiedergab und sie auch sonst großzügig entlohnte.

Kaminskis Streitkräfte zählten 4000 von den Nazis bestausgerüstete Männer, die im Gebiet südlich von Briansk in Lokot stationiert waren und dieses Gebiet weitgehend von Partisanen freihalten konnten.

Doch im Frühjahr 1943 musste auch Kaminski und seine Männer zusammen mit der Wehrmacht den Rückzug antreten

– offenbar konnte er sich nicht darauf verlassen, bei Eintreffen der Roten Armee nicht verraten zu werden.

Erst im Jahre 1944 erschien eine „Kampfanweisung für die Bandenbekämpfung im Osten", dann folgte zur Ergänzung das Merkblatt „Bandenbekämpfung", doch auch diese zeigten nur geringe Auswirkungen, weil die Partisanen inzwischen viel zu stark, die Deutschen viel zu geschwächt und bereits längst in der Defensive waren, auch blieben bei aller ausgefeilten Technik der „Bandenbekämpfung" ja jene Elemente bestehen, die ursächlich für die Partisanentätigkeit waren: Die Besetzung, Ausbeutung, Unterdrückung, Versklavung und Vernichtung der „Ostvölker"!

Hitlers Versuch, in der sich längst abzeichnenden Niederlage das endgültige Ende des „Tausendjährigen Reiches" durch den Aufruf zum „Volkssturm" und in Gestalt der pathetischen „Werwolf-Kampagne" hinauszuschieben, konnte nicht verwirklicht werden, weil der Großteil der deutschen Bevölkerung längst der Nazis überdrüssig war und an alles andere dachte als an einen totalen Volkswiderstand gegen die Alliierten, etwa analog des spanischen Volkskrieges 1807 – 1814 oder entsprechend der russischen Partisanen.

Für die unorganisierten alten Männer und Kinder, die nach den Plänen Hitlers den Volkssturm bilden sollten, wurde noch eine Instruktionsschrift verfasst, die vor allem die Erfahrungen des russischen Partisanenkrieges verarbeitete und wo die Erkenntnis einer Tatsache durchschimmert, die für den Erfolg der sowjetischen Partisanen und die Bedeutungslosigkeit des Volkssturms so entscheidend war: „Ohne ein klares politisches Ziel kann der Kämpfer, auch wenn er bei seinen Einsätzen geschickt geführt wird, nur zeitweilige Erfolge erringen."

Zusammenfassung

Hinsichtlich der angewendeten Taktik unterscheidet sich der sowjetische Partisanenkrieg nicht wesentlich von den bis dahin üblichen, den Kleinkrieg im Allgemeinen charakterisierenden Aktionsformen wie verdeckter Kampf, Irregularität, Überraschungsangriffe, Sabotage, Überfälle, Attentate, gezielte Anwendung von Terror, Vermeidung offener regulärer Schlachten usw.

Lediglich die Entwicklung bzw. Wiederverwendung besonders geeigneter Waffen, vor allem der für Nahdistanzen bis 50 m optimalen Maschinenpistole und der Handgranate hat die potentielle Wirksamkeit der Guerilla erhöht und ihr größere Möglichkeiten bei Feuerüberfällen eröffnet – die Resultate auch kleiner Kampfgruppen bei Überfällen auf Soldatenunterkünfte konnten durch Anwendung dieser Waffen wesentlich verbessert werden – doch schließlich trifft dies auch für den regulären Krieg zu: Die Anwendung immer modernerer Technik hat seine Effektivität, damit auch seine Vernichtungspotentiale immer mehr gesteigert, sodass längst die Grenze erreicht ist, die den „heißen" Krieg als Fortsetzung der Politik mit anderen Mitteln noch opportun erscheinen lässt - diese Clausewitzsche Erkenntnis aus der Zeit der Kabinetts-Kriege setzt eine gewisse „Harmonie" von Mittel und Zweck, die im großen Krieg längst verloren gegangen ist, voraus.

Hinsichtlich seiner strategischen Bedeutung verdienen folgende Merkmale des russischen Partisanenkrieges gegen die deutschen Besatzer, hier festgehalten zu werden:

1. Die russische Guerilla während des 2. Weltkrieges war erfolgreich, weil sie entsprechende sozialökonomisch-politische Wurzeln besaß, das heißt ebenso **als nationaler Befreiungskampf gegen eine fremde Macht wie als sozialer Kampf gegen die nationalsozialistische Ausbeutungsstrategie der „Ostvölker" geführt wurde.**

Beide Aspekte, der nationale wie der soziale, bildeten eine untrennbare Einheit, und die kommunistische Partei versäumte es nicht, beides in das Bewusstsein der Massen zu rufen.

Da die KPdSU aufgrund ihrer rigiden Zwangskollektivierung den sozialen Aspekt, das heißt den Klassenkampf bei großen Bevölkerungsteilen in Verruf gebracht hatte, sprach sie vor allem nationale und kulturelle Gefühle der Bevölkerung an und erreichte damit eine so auch von ihr nicht erwartete politische Re-integration der indifferenten Bevölkerungsteile. Begriffe wie „Der große vaterländische Krieg" wurden zu dieser Zeit geprägt und sind bis heute (1986) im Repertoir des kommunistischen Sprachgebrauchs enthalten.

2. Entscheidend für die Wirksamkeit des russischen Partisanenkrieges war auch die im Verlauf des Krieges immer perfektere Koordination zwischen der dem Kommando eines „Zentralstabes" unterstellten Partisanenarmee einerseits und der regulären Roten Armee andererseits.

Bereits im Kampf um Moskau zeigte die Zusammenarbeit zwischen regulären Truppen und den Irregulären ihre Wirksamkeit, und die am 20. Juni 1944 beginnende Offensive der Roten Armee wurde durch die in der vorhergehenden Nacht erfolgten Sprengungen durch die Partisanen (über 10.000 Sprengungen) eingeleitet und erhielt dadurch seine entscheidende Bedeutung.

3. Die Eigentümlichkeit des sowjetischen Partisanenkrieges besteht darin, dass es sich um einen staatlich initiierten und kontrollierten Kampf handelte, der im weiteren Verlauf zwar volkskriegsähnlichen Charakter annahm, gleichwohl spontane Elemente nur unter der Kontrolle der Partei gelten ließ, und von Anfang bis Ende integriertes strategisches Element des regulären großen Krieges blieb.

Im russischen Partisanenkrieg gegen die deutschen Besatzungstruppen klingen viele Elemente an, die an die Konzeption des preußischen Offiziers Gneisenau und seines „Plan zur Vorbereitung eine Aufstandes" erinnern. Darüber hinaus wurde deutlich, dass **unter bestimmten Bedingungen** in der Tat ein staatlich geführter Volkskrieg möglich ist.

4. Der sowjetische Partisanenkrieg macht deutlich, wie wirkungslos sogenannte „Bandenbekämpfung" oder „CounterGuerilla" ist, wenn sie rein militärischem Denken verhaftet bleibt und sozialökonomisch-politische Verhältnisse und Beziehungen aufrechterhalten will, denen die Guerilla ihre Entstehung verdankt.

Auch die Tatsache, dass gerade der Massenterror und die Völkervernichtungspolitik der Nazis, das heißt ein bestimmtes politisches Verhalten den sowjetischen Partisanenkrieg erst zu einem Massenkampf mit Volkskriegscharakter machten, lässt deutlich werden, dass für den Volkskrieg mehr noch als für den großen Krieg die Clausewitz-Devise gilt, dass der Krieg die Fortsetzung der Politik mit anderen Mitteln ist.

5. Schließlich zeigt der russische Partisanenkrieg gegen die deutschen Truppen und Besatzer auch die Bedeutung der vom Gegner nicht zu kontrollierenden Rückzugsgebiete in entlegene Landesteile sowie in Wäldern und Sümpfen,

analog den Festungen im spanischen Volkskrieg, den Bergen im Tiroler Aufstand, der Wüste im arabisch-türkischen Krieg und so weiter: Ein Widerstand wie der der russischen Partisanen gegen die Deutschen wäre ohne die unwegsamen Wälder und Sümpfe kaum denkbar gewesen, hätte gewiss andere Formen angenommen und wäre sicher weniger effektiv gewesen.

Gerade die Tatsache, dass den vom Massenmord bedrohten „slawischen Untermenschen" oft das Untertauchen in den Wäldern und Sümpfen und der Anschluss an eine Partisanengruppe aussichtsreicher für das Überleben schien als das zweifelhafte Schicksal unter deutscher Besatzung, trug zum stetigen Wachstum der Partisanengruppen wohl entscheidend bei.

Ohne die Rückzugsgebiete wären es wohl nur wenige, sehr politisierte und entschlossene Menschen gewesen, die bewaffneten Widerstand geleistet hätten. Die zeitweilige terroristische Strategie der kommunistischen Partei Frankreichs in der Resistance, die einen Teufelskreis von Attentat und Vergeltungsschlägen der Nazis gegen die Zivilbevölkerung heraufbeschwor, stieß die Zivilbevölkerung einschließlich der Arbeiterschaft eher ab. (Dies gilt natürlich nicht mehr für das Jahr 1944, als die Deutschen sich aus Frankreich davonmachen mussten).

Wo die Zivilbevölkerung nicht die Möglichkeit des Rückzuges in nicht oder nur schwer zu kontrollierende Gebiete hat, also von der Befreiungsbewegung nicht wirksam gegen staatliche Repression geschützt werden kann, können Attentate auf herausgehobene Persönlichkeiten der Besatzungsmacht, gerade wenn diese sich keinerlei humanitären Forderungen verpflichtet fühlt, verheerende Folgen auch für die Widerstandsbewegung haben. (Knipping, 1985: 135 ff; Piekalkiewicz, a. a. O.: 168 – 185).

Kapitel 10

Antifaschistische Befreiungsbewegungen in Europa während des 2. Weltkrieges

Sieht man einmal von Jugoslawien und Albanien ab, deren Völker besonders entschlossen um ihre nationale Selbstbestimmung unter der Führung der Kommunisten bis zur endgültigen Befreiung aus eigener Kraft kämpften – wobei britische Unterstützung vor allem anfangs nützlich, jedoch nicht ausschlaggebend war – so ist es keiner europäischen Widerstandsbewegung gelungen, die deutschen Soldaten ohne Unterstützung von Außen und durch reguläre Truppen aus dem Land zu treiben.

Die meisten Befreiungsbewegungen beschränkten sich vor allem anfangs fast ausschließlich auf das Kundschaftswesen und die Spionage für die Alliierten, und selbst in Norwegen mit seiner zum großen Teil relativ unzugänglichen Wildnis und trotz der Tatsache, dass insgeheim eine Untergrundarmee von mehreren 10.000 Mann entstand, hatte der Guerillakrieg in Norwegen zu keinem Zeitpunkt ein Kriegsentscheidendes Ausmaß angenommen.

In den Niederlanden spielten Widerstandsformen wie Streiks und vereinzelt Demonstrationen, sowie heimlicher Boykott aufgrund des Fehlens eines geeigneten Reduits für Partisanen nahezu die einzige Rolle im antifaschistischen Kampf.

Die politische Bedeutung dieser Widerstandsformen darf jedoch nicht unterschätzt werden.

Wenn gleich sich in nahezu allen besetzten europäischen Ländern mehr oder weniger große Untergrundarmeen bildeten, so scheint doch deren Bedeutung im Gegensatz zur russischen, Jugoslavischen oder albanischen vergleichsweise zweitranging gewesen zu sein – dies gilt selbst für die berühmte Resistance.

Viele Vorstellungen, die sich mit den sagenhaften Erfolgen von Widerstandsbewegungen verknüpften, dürften das Ergebnis politischer Versäumnisse und des daraus resultierenden schlechten Gewissens sein; dies gilt besonders auch für Deutschland: Sieht man von heldenhaften Einzelpersonen ab, die ihr Leben für die Befreiung opferten – Geschwister Scholl/weisse Rose, der Attentäter Georg Elser – so gab es neben kirchlichen Kreisen nur den Kreis um Oberst Schenk Graf Stauffenberg, der organisiert versuchte, Hitler und seine verbrecherische Bande zu stoppen.

Aber dies waren kleine Gruppierungen von persönlich integren Patrioten, die bereit waren, alles für Deutschland zu opfern – sie haben zu Recht bis heute einen hohen symbolischen und moralischen Stellenwert, konnten aber gegen die etablierte organisierte Macht der Nazis nicht genug entgegensetzen...

Nachdem die Nazis in Deutschland an die Macht gekommen waren, sorgten sie organisiert und zielstrebig dafür, dass alle potentiellen Gegner ermordet wurden oder mindestens in Lagern saßen oder hilflos in der Emigration agierten. Daher konnte Widerstand nur noch aus Kreisen kommen, die lange Zeit zum Establishement gehörten und daher erst einmal unverdächtig waren, wie dies für den Stauffenberg-Kreis gilt.

Auffallend ist, dass gerade in den ökonomisch entwickelteren Ländern mit einer langen kulturellen und liberalen Tradition, die sich selbst als zivilisatorisch und kulturell besonders hoch stehend ansahen, der Widerstand gegen die faschistische Barbarei relativ geringe objektive Ergebnisse hervorbrachte, während in den von diesen Ländern als relativ „unzivilisiert" eingestuften Ländern wie Russland, Jugoslavien, Albanien und China kaum vorstellbare Kräfte zur Befreiung vom Faschismus aktiviert werden konnten.

Dies lässt sich nicht allein mit geographisch ungünstigen Voraussetzungen – für Holland zweifellos zutreffend – erklären.

Eine große Rolle spielte dabei zweifellos die Tatsache, dass Bauerngesellschaften eher für die Guerilla prädestiniert sind als hochindustrialisierte und technisierte Nationen.

An Entbehrungen und tägliche physische Belastungen gewöhnte Bauern sind rein physisch einfach die besseren Landguerillas.

Rene Allemann sieht es so: „Der Kleinkrieg ist seinem Wesen nach (...) eine Empörung der Unterprivilegierten gegen die Bevorzugten im Allgemeinen, des Landes gegen die Stadt im Besonderen, die zumal in einem verarmten, „zurückgebliebenen" Bauerntum gelegentlich durch die Oberfläche eines beharrlichen Traditionalismus eruptiv empordrängt." (Allemann, 1974:17)

Für Sebastian Haffner ist die Guerilla an Voraussetzungen gebunden, wozu in erster Linie „eine arme, elende und verzweifelte Bevölkerungsmasse, die wenig oder nichts zu verlieren hat und für die der Unterschied zu einem Dauerkrieg und der Art von Leben, die ihr die bestehende Friedensordnung bietet, verhältnismäßig geringfügig ist." (Haffner, 1974:28)

Ein weiteres Erklärungsmoment dürfte auf der psychologischen Ebene zu finden sein: Nach Henri Michel, einem führenden Historiker des antifaschistischen Widerstandes, ist der deutsche Sieg überall plötzlich und total gewesen (oder es hatte den Anschein!): „Eine Konferenz für die Tschechen, eine Landung für die Norweger, eine Schlacht für die Polen oder Franzosen hätten genügt, um alles zusammenbrechen zu lassen, woran man bis dahin geglaubt hatte: Die Dauerhaftigkeit des Vaterlandes, die Gesamtheit der übernommenen Werte der Vergangenheit, das Vertrauen in die Zukunft. Der Sieger schien nicht nur die Macht, sondern auch Glaubwürdigkeit zu besitzen. Seiner selbst sicher, beanspruchte er, eine neue Ordnung mit sich zu bringen." (zitiert bei Hahlweg, a. a. O.:133)

Damit soll keineswegs die Bedeutung der nationalen antifaschistischen Befreiungsbewegungen geringgeschätzt werden, nur muss meines Erachtens betont werden, dass die meisten Befreiungsbewegungen letztlich Spielball der strategischen Interessen der Alliierten blieben: Besonders Großbritannien spielte aufgrund seiner mit den Kolonialländern gemachten Erfahrungen eine große Rolle bei der Gründung und den Aktivitäten verschiedener Widerstandsbewegungen. (Piekalkiewicz, a. a. O.:22 ff, 54 ff, 68 ff, 85 ff, 194 ff; Hübner, S. F., Internationaler Waffenspiegel 1/83:41; Knipping, a. a. O.:127)

Doch letztlich waren auch die Grenzen durch diese zum Teil von außen gelenkten und unterstützten Befreiungsbewegungen gesteckt: Das zeigt sich exemplarisch im Falle des Attentates auf Heydrich durch die beiden SOE Rekruten Jan Kubis und Josef Gabcik; so berichtet etwa der Chemieprofessor Vladislaw Vanek, der unter dem Decknamen „Jindra" Führer der tschechischen Sokolbewegung und des tschechischen Widerstandes war: „Dass ein Attentat auf Heydrich geplant war, erfuhr ich Anfang 1942 in meiner Eigenschaft als Leiter der tschechislowakischen Widerstandsgruppe „Jindra".(...) Ich muss gestehen, dass ich von diesem Plan nicht sehr begeistert war.

Der Effekt eines Attentates ist zwar immer groß, doch würde ein Attentat gerade auf diesen Mann (...) unabsehbare Repressalien nach sich ziehen.(...) Sie hatten ihren Befehl aus London, und wir als bodenständige Widerstandsorganisation waren verpflichtet, sie bei der Durchführung des Attentates nach besten Kräften zu unterstützen." (zitiert bei Piekalkiewicz, a. a. O.:72)

Obwohl die Gruppe Jindra bereits durch Unterwanderung gefährdet war, gehorchte sie den Londoner Befehlen. Einerseits war also der Widerstand zum selbständigen Handeln in dieser Form nicht bereit oder in der Lage, andererseits stand bei den in Großbritannien geplanten Aktionen nicht in erster Linie die Auswirkung für die jeweilige Befreiungsorganisation im Vordergrund, sondern jene hinsichtlich des politischen Gesamtgeschehens .

Die Befürchtungen Jindras waren berechtigt: Als direkte Folge des Attentates auf Heydrich wurden 1500 Tschechen sofort von den Nazis ermordet, 10.000 weitere verschwanden im KZ. (Piekalkiewicz, a. a. O.:84)

Es wird hier deutlich, dass es der tschechoslowakischen Widerstandsbewegung - wie übrigens den meisten europäischen Widerstandsbewegungen gegen die Nazis – nicht gelang, aus dem von den Nazis beschleunigten Verfall der überkommenen gesellschaftlichen und politischen Strukturen radikale Konsequenzen zu ziehen: Die hier deutlich gemachte Unterordnung unter das Kommando einer von London abhängigen, völlig ohnmächtigen „Exilregierung" symbolisiert meines Erachtens auch die

Beibehaltung konventioneller Denkmuster trotz radikal veränderter Verhältnisse.

Nur dort, wo der Partisanenwiderstand von Gruppen oder Persönlichkeiten organisiert und geführt wurde, die völlig frei von ausländischen Direktriven nach den Erfordernissen des Augenblickes handelten, flexibel, fantasievoll, unkonventionell und gegenüber dem Feind völlig skrupellos waren und dabei zugleich der Mentalität ihres Volkes entsprechend zu handeln wussten, führte der Partisanenkrieg zum Erfolg und diese neue Elite an die Macht: Nicht zufällig geriet die starke Persönlichkeit Tito in Konflikt mit Stalin, nicht zufällig konnte der Partisanenkrieg auch in der SU eine so entscheidende Rolle spielen: Die Sowjetführung war, wenn auch aufgrund schwerer Versäumnisse und Fehler doch flexibel genug gewesen, das in der sowjetischen Militärdoktrin schon fast völlig über Bord geworfene Guerilla-Konzept „ aus der Mottenkiste der Geschichte" wieder auszugraben und es geschickt und im ganzen gesehen der konkreten Situation entsprechend anzuwenden.

Ähnliches werden wir auch bei Betrachtung der chinesischen Verhältnisse feststellen: Es bedurfte eines von sich so überzeugten Charakters wie Mao Tse Tung, um sich über die sich im Nachhinein als falsch herausstellenden Direktriven der 3. Kommunistischen Internationale (Komintern) hinwegzusetzen und den Guerillakrieg so zu führen, wie die konkrete Situation dies erforderte.

Die Beispiele ließen sich ergänzen, vornehmlich durch Griechenland und Italien: In einem Fall war es die Sowjetunion, im anderen die Alliierten, denen die Widerstandsbewegung so viel Einflussnahme einräumten, dass dies schließlich zur Fremdbestimmung von Teilen der Bewegung und der politischen Richtung führte.

Als Resultat dieser Überlegungen möchte ich die These aufstellen, dass ein Volkskrieg zwar aussichtsreicher mit einer starken Anlehnungsmacht oder aber in Koordination mit noch bestehenden Truppen geführt werden kann, gleichwohl die Vorbedingung für den Sieg der weitgehende Verzicht auf konventionelles Denken und Handeln, sowie Unabhängigkeit von ausländischen Direktriven und schließlich und **vor allem ein sehr großes Maß an Opferbereitschaft der Volksmassen erfordert.**

So ist Werner Hahlweg durchaus zuzustimmen, wenn er schreibt: „Die Guerilla im 2. Weltkrieg, die in ungeahntem Masse die Volksmassen ergriff, hohe politisch-strategische Bedeutung im Rahmen des Gesamtringens 1939-1945 erlangt hatte und sich zunehmend als eine Größe mit Eigengewicht darstellte, blieb doch letztlich Objekt weltpolitischer Entscheidungen auf höchster Ebene. Dies war umso eher der Fall, als die Widerstandsbewegungen und ihre Guerilla nicht aus eigener Kraft den Enderfolg errangen." (Hahlweg, W.: a. a. .O.:140; Knipping, F., a. a. O.: 141,142)

Der Abschlussbericht des „Allied Forces Headquarters" (Hauptquartier der Alliierten Streitkräfte – AFHQ) über die Grundsätze, Formen und Ergebnisse des Untergrund- und Guerilla-Kampfes von 1942 bis 1945 gelangt zu dem Schluss, dass subversive Operationen größeren Stils nur dann Erfolg versprechen, wenn hinter ihnen die Kriegsmaschinerie einer Anlehnungsmacht steht. (Zitiert bei Heideking, a. a. O.: 1985:169)

Wie ich zu zeigen versucht habe, trifft dies tatsächlich für die nicht kommunistisch geführten Befreiungskämpfe des 2. Weltkrieges zu, aber dies lässt sich nicht generalisieren, wie wir im Falle Sowjetunion gesehen haben und am Beispiel China in den nächsten Kapiteln zeigen werden.

Kapitel 11

Die chinesischen Befreiungskriege unter dem Kommando von Mao Tse Tung

Vorbemerkung

Neben den Aufsätzen US-amerikanischer Offiziere habe ich hier primär die militärischen Schriften Mao Tse Tungs herangezogen und lasse ihn ausführlich zu Wort kommen – Primärquellen sind dann besonders authentisch und ich ziehe sie daher vor, wenn der Wahrheitsgehalt solcher Schriften von Sekundärquellen bestätigt wird, was hier der Fall ist.

Zwar ist es grundsätzlich nicht immer unproblematisch, die Schriften politischer Führer generell als authentisches Material zu behandeln, im konkreten Fall jedoch erscheint mir dies zulässig: Wie Sebastian Haffner dargetan hat (Haffner, a. a. O.:1966) handelt es sich bei Maos Militärschriften nicht um nachträglich, d. .h. politischen Interessen geschuldete nachträglich „aufbereitete" Darstellungen und Erörterungen, sondern in der Mehrzahl um Dienstanweisungen, Auswertungen und Analysen stattfindender Kämpfe als Schulungsmaterial und Handlungsanweisungen für Kommandeure und Parteikader.

Die Auffassung, dass Maos militärische Schriften durchaus als authentische historische Quellen zu behandeln sind, wird auch von Hauptmann Dinegar (US-Army) geteilt, der Mao selbstkritische und wahrheitsgetreue Darstellung bescheinigt. (Dinegar, a. a. O.:1963)

Mao und Clausewitz

Das mehrfach von Mao betonte Ziel des Krieges, nämlich die „eigene Selbsterhaltung und die Vernichtung des Feindes", hat Sebastian Haffner veranlasst, einen Gegensatz zwischen Mao und Clausewitz zu postulieren (Haffner, a. a. O.:1966:14), der meines Erachtens aber so nicht existiert, sondern erkennbar auf einem Missverständnis beruht:

Haffner differenziert in seinem ansonsten ausgezeichneten Essay offenbar nicht zwischen dem **Wesen** des Krieges als **besonderer Form der sozialen Interaktion** und dem **Ziel** des Krieges, das je nach den konkreten Bedingungen sehr **unterschiedlich** sein kann.

Die Kriegsziele sind allerdings zur Zeit von Clausewitz mit den damals vorherrschenden Kabinettskriegen in Europa ganz anderer Art gewesen als der totale Volkskrieg im revolutionären China des 20. Jahrhunderts: War im ersten Fall „das Missverhältnis zwischen dem Grauen der

Schlachtfelder und der zivilisierten Salonatmosphäre der eigentlich Kriegführenden auffallend", eben weil es sich um „gehegte" Kriege oder „Kabinettskriege" mit sehr begrenzten Zielen handelte, die auch durch ein „Missverhältnis zwischen dem tragischenEernst der Mittel und der Trivialität der Zwecke" (oft nur Gewinn oder Verlust der einen oder anderen Provinz)" gekennzeichnet waren (Haffner, a. a. O.:15), so dass in diesem Zusammenhang auch vom „Sport der Könige" oder vom „Schachspiel mit lebenden Figuren" gesprochen wird, so handelte es sich beim chinesischen Bürgerkrieg und beim chinesischen Kampf gegen den japanischen Imperialismus um einen totalen Volkskrieg, bei dem es um Sein oder Nichtsein Chinas als souveräner Nation und um die soziale Existenz von hunderten von Millionen Chinesen ging.

So sehr also die konkreten Kriegsziele differierten, so besteht das Wesen des Krieges auch für Mao darin, die jeweilige konkrete Politik fortzusetzen, ja selbst eine besondere Form der Politik zu sein.

Mehrfach stellt Mao dies implizit oder explizit fest, so zum Beispiel in seiner an Kommandeure und Parteikader gerichteten Schrift „Über die Berichtigung falscher Ansichten in der Partei" (Dezember 1929), wo er ausdrücklich eine rein militärische Betrachtungsweise kritisiert:

„…sie betrachten die militärische und politische Tätigkeit als einander endgegengesetzt und erkennen nicht an, dass die militärische Tätigkeit nur eines der Mittel zur Erfüllung politischer Aufgaben ist." (Mao, a. a. O.:58,; alle nachfolgend genannten militärischen Schriften Maos stammen aus: Mao Tse-tung: Militärische Schriften, Peking 1969)

In seiner Schrift „Über den langwierigen Krieg" (1938) zitiert Mao zustimmend Clausewitz: „Mit dem Satz: ´Der Krieg ist eine Fortsetzung der Politik´ wird gesagt, dass der Krieg Politik ist, dass der Krieg selbst eine Aktion von politischem Charakter darstellt." (Mao, b, : 273)

Mehrfach betont Mao allerdings – und darauf und auf viele ähnliche Äußerungen Maos stützt sich Sebastian Haffner offenbar – das die „Selbsterhaltung und die Vernichtung des Feindes (…) die Basis aller militärischen Prinzipien ist". (Mao, c, : 183; vergleiche auch Mao, d, :118 u. 169)

Offensichtlich rührt Haffners Missverständnis auch daher, dass er den von Mao häufig verwendeten Begriff „Vernichtungskrieg" unzutreffend interpretiert, d. h. fälschlich zu wörtlich nimmt:

In seiner Schrift „Über den langwierigen Krieg" hat Mao jedoch klargestellt, was er wirklich unter „Vernichtungskrieg" versteht: **„Das Ziel des Krieges besteht in nichts anderem als in der „Selbsterhaltung und in der**

Vernichtung des Feindes. Den Feind vernichten heißt ihn entwaffnen oder ihn seiner Widerstandskraft berauben, nicht aber ihn bis auf den letzten Mann physisch zu vernichten." (Mao, b, :277)

Damit ist klar, dass sich das Verständnis über das **Wesen** des Krieges **bei Clausewitz und Mao durchaus deckt**, wenngleich die Kriegs**ziele** bei Mao umfassender und totaler sind und dies sich zwangsläufig auch auf die **konkrete Form der Kriegführung niederschlagen muss.**

Die vielzitierte Devise Maos, dass die „politische Macht aus den Gewehrläufen kommt" – so Mao in „Probleme des Krieges und der Strategie"- wird meist aus dem Zusammenhang gerissen, denn bereits im nächsten Satz relativiert Mao das gesagte: „Unser Prinzip lautet: Die Partei kommandiert die Gewehre, **und niemals darf zugelassen werden, dass die Gewehre die Partei kommandieren.**" (Mao, e, :333,334) Hervorhebung von mir.

Die in nahezu allen Publikationen über Mao und/oder den chinesischen Befreiungskrieg zitierte Parole der aus den Gewehrläufen kommenden politischen Macht verstellt leider oft den Blick für die doch sehr viel komplexere maoistische Militärtheorie.

Trotz der hier unbestrittenen Auffassung Maos, dass Revolutionäre bewaffnet sein müssen, kritisiert Mao wiederholt entschieden dezidiert militärisch orientierte Positionen, die die nicht-militärischen Formen des politischen Kampfes zu kurz kommen lassen: „Die Theorie von der Allmacht der Waffen, eine mechanistische Auffassung in der Frage des Krieges, eine Ansicht, die sich aus dem subjektivistischen und einseitigen Herangehen an Probleme ergibt. **Wir vertreten eine direkt entgegengesetzte Ansicht und sehen nicht nur die Waffen, sondern auch die Menschen.**" (Mao, b, :261, 262)

Wenngleich Mao der bedeutendste Kommandeur der chinesischen Roten Armee war, Vorlesungen an der Kriegsschule hielt und eine Reihe militärischer Lehrschriften verfasste, die denen von Carl von Clausewitz nicht sehr viel nachstehen, so war er doch in erster Linie nicht Armeekommandeur im klassischen Sinne, sondern primär Kommunist und Führer der kommunistischen Partei Chinas.

Daher hat Mao stets die militärische Tätigkeit den politischen Erfordernissen untergeordnet, seine gesamte Militärstrategie ist organisches Resultat seiner Analyse der chinesischen Gesellschaft im ersten Drittel des 20. Jahrhunderts.

In vielen seiner Schriften hat Mao selbst auf diese Tatsache hingewiesen, stets sind seine verständlich und volkstümlich gehaltenen Schriften zu Fragen militärischer Strategie und

Taktik das Resultat sozialökonomischer Analyse der konkreten gesellschaftlichen Rahmenbedingungen des China seiner Zeit, und dies dürfte ein wesentliches Element des Erfolges gewesen sein...

Gesellschaftsanalyse und Strategie bei Mao

Besonders in seiner Schrift „Strategische Probleme des revolutionären Krieges in China" (Mao, d,:87ff) wird deutlich, dass Maos militärische Strategie und Taktik sowie seine gesamte Tätigkeit als Armee-Führer auf einer marxistischen Analyse der chinesischen Gesellschaft beruhen, sich aus dieser Analyse der chinesischen Gesellschaft beruhen, sich aus dieser Analyse gewissermaßen zwangsläufig ableiten.

Die konkrete Strategie und Taktik der Roten Armee ergibt sich für Mao aus den Besonderheiten Chinas der zwanziger und dreißiger Jahre des zwanzigsten Jahrhunderts:

„Die politische und wirtschaftliche Entwicklung Chinas verläuft ungleichmäßig. Nebeneinander gibt es gleichzeitig: Eine schwächliche kapitalistische Wirtschaft und eine gewichtige halbfeudale Wirtschaft; ein paar moderne Industrie- und Handelsstädte und eine riesige Zahl stagnierender Dörfer; einige Millionen Industriearbeiter und einige hundert Millionen unter dem Joch der alten

Gesellschaftsordnung leidender Bauern und Handwerker; große Militärmachthaber, die in den einzelnen Provinzen herrschen; zwei Sorten von reaktionären Truppen, nämlich die sogenannte Zentralarmee unter Tschiang Kai-schek und die den Militärmachthabern der einzelnen Provinzen unterstellten sogenannten buntscheckigen Heerhaufen; einige wenige Eisenbahnen, Schiffahrtslinien und Autostraßen sowie eine Unmenge von Karrenwegen, Fußpfaden und Pfaden, die sogar für Fußgänger schwer passierbar sind. China ist ein halbkoloniales Land. Die Uneinigkeit unter den Imperialisten führt zu einer Uneinigkeit unter den herrschenden Gruppen in China.

Zwischen einem halbkolonialen Land, in dem mehrere Staaten schalten und walten, und einer Kolonie, in der ein einziger Staat das Heft in der Hand hat, besteht ein Unterschied.

China ist ein großes Land.(…)

China hat eine große Revolution erlebt (gemeint ist die bürgerliche Revolution unter der Kuomintang mit ihrem Theoretiker Sun Yat Sen an der Spitze, E. R.), die den Boden für die Geburt der Roten Armee vorbereitete…" (Mao, d, :108)

Aus der hier von Mao aufgezeigten konkreten Situation Chinas ergibt sich für Mao zum einen die Notwendigkeit und das Ziel der Revolution, aber auch der Weg, den die Revolution beschreiten muss:

Notwendig ist die Revolution laut Mao, weil ein Großteil der Bevölkerung, nämlich das Proletariat und vor allem die Bauernschaft doppelter Ausbeutung und Unterdrückung ausgesetzt sind: Der Unterdrückung und Ausbeutung durch das halbfeudale System, das auch eine wirtschaftliche Entwicklung verhindert, sowie der Ausbeutung und Unterdrückung als Resultat des Imperialismus.

Während des chinesisch-japanischen Krieges nimmt Mao eine eindeutige Wertung vor: Der nationale Widerspruch dominiert nach Maos Auffassung den Klassenwiderspruch im eigenen Land: „Von den zwei großen Widersprüchen Chinas ist der nationale Widerspruch zwischen China und Japan nach wie vor der grundlegende, während der interne Klassenwiderspruch nach wie vor einen untergeordneten Platz einnimmt." (Mao, f, :347)

Nach klassischem marxistischen Verständnis fehlten zu Maos Zeiten in China die Voraussetzungen für die „Diktatur des Proletariats", das heißt dem unmittelbaren Aufbau des Sozialismus, weil die sozialökonomisch-politischen Bedingungen nicht gegeben waren: China war noch kein kapitalistisch entwickeltes Land, Bourgeoisie und Proletariat stellten noch eine gesellschaftliche Minderheit dar, die halbfeudale Agrarwirtschaft dominierte nicht nur in wirtschaftlicher, sondern auch in politischer und kultureller Hinsicht.

Die unmittelbaren Ziele der chinesischen Revolution waren daher solche, wie sie **die bürgerlich-demokratische Revolution** kennzeichnen:

- Agrarrevolution, das heißt Beseitigung feudaler und halbfeudaler Formen der Ausbeutung, politische Befreiung der Bauernschaft und Landumverteilung.

- Ersetzung überkommener politischer Strukturen, Entwicklung eines bürgerlich-demokratischen Überbaus als Grundlage einer kontinuierlichen wirtschaftlichen und politischen Entwicklung.

- Überwindung der nationalen Zersplitterung, Etablierung einer zentralen Staatsmacht.

- Konstituierung der chinesischen Nation als tatsächlich souveräner Staat, was nicht nur eine zentrale Staatsmacht, sondern auch die Befreiung von imperialistischer Einflussnahme auf Chinas Wirtschaft und Politik voraussetzte.

– Ziel war es schließlich auch, „China aus einem Agrarland in ein Industrieland umzuwandeln, und es wird so ermöglicht, dass sich aus einer Gesellschaft der Ausbeutung des

Menschen durch den Menschen eine sozialistische Gesellschaft entwickelt." (Mao, g, :456)

Die KPCh sah ihre Aufgabe in der möglichst vollständigen Ausführung dieser Vorhaben, und in nahezu allen militärischen Schriften spricht Mao von der „bürgerlich-demokratischen Revolution". (Vgl. hierzu u. a. Mao, h, :5, 6. 8; Mao, i, : 47; Mao, b, : 274 usw.)

Dass es der KPCh unter Maos Führung noch im April 1949 nicht um den unmittelbaren Sturz der chinesischen Bourgeoisie – soweit sie nicht Bestandteil der Kuomintang war oder ausgesprochenen Kompradoren-Charakter hatte – sondern umgekehrt um den Schutz der „Nationalen Bourgeoisie", soweit sie als nicht monopolkapitalistisch eingestuft wurde, ging, wird auch in der am 25. April 1949 von Mao verfassten „Bekanntmachung der chinesischen Volksbefreiungsarmee" deutlich, wo es unter Punkt 2 heißt:

„Schutz der Industrie-, Handels-, Ackerbau- und Viehzuchtunternehmen usw. werden, soweit sie Privateigentum sind, ohne Ausnahme gegen jeden Eingriff geschützt." (Mao, j, :479, 480)

Erst im letzten Drittel der 50er Jahre setzte eine allgemeine Verstaatlichung der Industrie ein.

Diese Orientierung Maos und der KPCh auf die bürgerlich-demokratische Revolution entsprach nicht nur den Auffassungen und Direktiven der Kommunistischen Internationale (KI), auch Lenin, der im Falle Russlands seine Position der der trotzkistischen Position der „permanenten Revolution" angenähert hatte, rechnete im Falle Chinas mit der bürgerlich-demokratischen Revolution, und es ist deshalb folgerichtig, dass die Sowjetunion noch unter der Lenin-Regierung mit der zu dieser Zeit noch relativ undifferenzierten bürgerlichen Kuomintang unter ihrem damaligen Führer und Cheftheoretiker Sun Yat Sen einen Freundschaftsvertrag schloss und die Kuomintang mit Beratern und bescheidenen Waffenlieferungen unterstützte.

Den sowjetischen Beratern ist es auch zu verdanken, dass die organisatorische Struktur der Kuomintang anfangs sehr stark den Organisationsprinzipien der bolschewistischen russischen Partei nahekam.

Selbst Leo Trotzki hat lange Zeit die bürgerlich-demokratische Revolution als nächste historische Etappe angenommen. (Vergleiche zu diesem Komplex Frank, P., 1981: 445-475; 625-633).

Kurze Zeit nach der Gründung der KPCh im Jahre 1921 mit Unterstützung der Kommunistischen Internationale trat die kommunistische Partei der bürgerlichen Kuomintang bei, die zu dieser Zeit, also noch unter der Führung von Sun Yat Sen, als revolutionär und antiimperialistisch eingestuft wurde.

Lenins Position zu Sun Yat Sen war allerdings zwiespältig, da er den chinesischen Führer der Kuomintang einerseits als aufrechten Revolutionär schätzte, gewisse Elemente seiner Auffassungen jedoch als Theorie eines Kleinbürgerlichen „sozialistischen Reaktionärs" klassifizierte und ihn als chinesischen Narodniki bezeichnete. (Frank, P., a. a. O.: 450)

Als nach dem Tode Sun Yat Sens der Oberbefehlshaber der Kuomintang-Truppen, General Tschiang Kai-Schek auch die politische Führung übernahm, begann sich die politische Zielsetzung und das Verhalten der Kuomintang gegenüber den Kommunisten zu ändern:

Die Kuomintang, die die national-revolutionäre Welle von 1911 – 1924 zur Macht geführt hatte, und die auch der Sympathie und Unterstützung aus dem Ausland sicher sein konnte, geriet zunehmend in Gegensatz zu den Interessen des chinesischen Proletariats, vor allem aber der kleinen Bauern und Landarbeiter, deren revolutionären Bestrebungen in der allerdings noch sehr kleinen kommunistischen Partei ein Sprachrohr fanden.

Getreu der in erster Linie für kapitalistisch entwickelte Länder geschaffenen marxistischen Gesellschaftstheorie hatte die KPCh anfangs ihre Hauptaktivitäten in den größeren Städten unter dem Proletariat entfaltet, und das rapide Wachstum der wie Pilze aus dem Boden schießenden Gewerkschaften , deren Führer zumeist Kommunisten waren, führten zu einem kontinuierlichen Einfluss- und Mitglieder-Gewinn der Kommunistischen Partei Chinas.

Die Kuomintang unter General Tschiang Kai-Schek, die von Anfang an stark militärisch, ja militaristisch geprägt, in erster Linie die Partei der Bourgeoisie, unzufriedener Intellektueller und „aufgeklärter" Grundbesitzer war, begann lokale Streiks und Bauernaufstände gegen die überall herrschende Ausbeutung und Unterdrückung, auch durch die ausländischen Mächte, zu unterdrücken und gleichzeitig die revolutionären Ambitionen der politisierten Massen für ihren Feldzug in den Norden gegen die „Warlords", das heißt halbfeudale Militärmachthaber, einzuspannen.

Die Differenzen zwischen Kuomintang und Kommunisten nahmen zu, und um den Einfluss der Kommunisten auch innerhalb der Kuomintang zurückzudrängen, begann General Tschiang Kai-Schek mit administrativen Maßnahmen zu reagieren: Kommunisten mussten von Kommandeursposten innerhalb der Kuomintang-Armee zurücktreten, Tschiang Kai-Schek verlangte Listen mit den Namen der Kommunisten in der Kuomintang usw. – dies alles kündigte bereits die kommende Eskalation zwischen den beiden Organisationen an, die ihren ersten Höhepunkt im Massaker von Shanghai im April 1927 erreichte:

Nachdem die Arbeiter in Shanghai unter Führung der Kommunisten dort die britische Administration verjagt und die Macht ergriffen hatten, rückte Tschiang Kai-Schek in die Stadt mit seinen Truppen ein und veranstaltete ein Blutbad unter den Arbeiter und Kommunisten, dem Tausende, auch Frauen und Kinder zum Opfer fielen.

Diese Bluttat kennzeichnet nicht nur den Beginn des Terrors der Kuomintang unter Führung von General Tschiang Kai-Schek gegen die Kommunisten, sondern auch den Bruch der KPCh mit General Tschiang Kai-Schek, jedoch noch nicht mit der Kuomintang insgesamt.

Ganz offensichtlich wurde zu dieser Zeit der Charakter der Kuomintang von der KPCh ebenso wie übrigens von der Kommunistischen Internationale völlig falsch eingeschätzt.

Die KPCh befolgte nun die fatale Direktive der Kommunistischen Internationale, sich mit dem „linken" Flügel der Kuomintang gegen Tschiang Kai-Schek zu verbinden. Doch dieses Bündnis währte nicht lange, denn auch der „linke" Flügel der Kuomintang begann nur allzu bald, die Kommunisten blutig zu unterdrücken.

Nun begannen in der KPCh zwei Tendenzen miteinander zu konkurrieren: Die „orthodoxe", von der Kommunistischen Internationale unterstützte Richtung setzte ihre Arbeit im Proletariat nun unter illegalen und konspirativen Bedingungen fort und zettelte auf Geheiß der mittlerweile von Stalin kontrollierten Kommunistischen Internationale einige Aufstände an, denen jede reale Basis fehlte und die allesamt binnen kurzem in Blut erstickt wurden.

Dies führte faktisch zur weitgehenden Liquidierung der KPCh in den großen Städten, da diese vollkommen von der Kuomintang beherrscht wurden.

Der Bruch mit der Kuomintang bezeichnet auch den Aufstieg Maos, der zu dieser Zeit als Mitglied des Zentralkomitees in der Provinz tätig war, also zur „zweiten Garnitur" gehörte.

Mao Tse Tung hatte aus den Ereignissen sowie aus seiner Analyse der chinesischen Gesellschaft, die im Wesentlichen noch eine Agrargesellschaft und infolgedessen durch die Widersprüche im Agrarsektor gekennzeichnet war, seine Konsequenzen gezogen: Da für Mao das „revolutionäre Subjekt" im Grunde nicht in erster Linie das Proletariat, sondern aufgrund der besonderen Situation Chinas die Bauernschaft war – um den Vorwurf der Häresie zu vermeiden, spricht Mao allerdings immer vom Proletariat und der Bauernschaft – und da die Kuomintang vor allem in den großen Städten übermächtig war, die KPCh dort jedoch völlig aufgerieben zu werden drohte, konnte sich nach Maos Auffassung die KPCh nur halten und wachsen, wenn sie dort politisch arbeitete, wo die Kuomintang politisch und militärisch schwach war: Auf dem Land.

1928 befand sich Mao mit einer verhältnismäßig kleinen, den Kommunisten treu gebliebenen Truppe im Hunan-Kiangsi-Grenzgebiet und hatte dort begonnen, ein Stützpunktgebiet der Roten Armee aufzubauen und zu vergrößern.

In seiner im Oktober 1928 verfassten Schrift „Warum kann die Rote Macht bestehen" (Mao, h, :5) begründet Mao die Tatsache, dass es in China im Gegensatz zu imperialistischen Ländern oder andere Kolonialländer möglich ist, innerhalb eines von „Weißen" beherrschten Landes autonome „Rote" Gebiete zu etablieren vor allem mit der politischen Zersplitterung und relativen Schwäche der „Weißen" Macht:

„Dass innerhalb eines Landes ein kleines Gebiet oder mehrere kleine Gebiete der Roten Macht, auf allen Seiten von den Weißen Regimes umgeben, lange Zeit bestehen, ist bisher in keinem Land der Welt vorgekommen (….)

Denn eine derart seltsame Erscheinung muss von einer anderen seltsamen Erscheinung begleitet sein, nämlich von Kriegen innerhalb des weißen Machtbereichs.

Eines der Merkmale des halbkolonialen Chinas besteht darin, dass seit dem 1. Jahr der Republik (1912) die verschiedenen Cliquen der alten und neuen Militärmachthaber mit Unterstützung des Imperialismus sowie der einheimischen Kompradorenklasse und Feudalherrenklasse unausgesetzt gegeneinander Krieg führen (...)

Für das Entstehen dieses Phänomens gibt es zwei Ursachen, nämlich eine lokal begrenzte Agrarwirtschaft (keine einheitliche kapitalistische Wirtschaft) und die imperialistische Politik der Spaltung und Ausbeutung durch Schaffung von Einflußsphären." (Mao, h, :7)

Entgegen der klassischen, auch in Russland verfolgten Strategie der Kommunisten, nämlich bei Vorhandensein einer revolutionären Situation den Aufstand in den wichtigsten Städten unter Führung der Partei des Proletariats zu entfesseln, den alten Staatsapparat zu zerschlagen, die politische Macht zu ergreifen und dadurch auch die politische Bewegung auf dem Lande zu forcieren und in die gewünschten Bahnen zu lenken, verfolgte Mao von Anfang an eine andere, fast entgegen gesetzte Strategie, die sich aus der konkreten Situation ebenso wie aus den politischen Zielsetzungen der Revolution ableiten:

Da der Charakter der Revolution nach Maos Verständnis im wesentlichen bürgerlich-demokratisch war, die

Arbeiterklasse zahlenmäßig im Verhältnis zur Landbevölkerung eine untergeordnete Rolle spielte, da die aktuellen Probleme sich zudem auf dem Lande stellten, bestand für Mao die Strategie der Revolution in der **Mobilisierung der Bauernmassen.**

Die Devise der „Einkreisung der Städte durch das Land" ist Resultat der hier dargestellten Bedingungen, resultiert also ursprünglich aus der politisch wirtschaftlichen Rückständigkeit Chinas und aus einer Politik der Schwäche einer Partei, die daher auf die Bauernmassen orientiert war.

Für die KPCh galt es dort aktiv zu werden, wo sie selbst stark, die Kuomintang jedoch relativ schwach war. Auch hieraus ergab sich für die KPCh die Orientierung auf die Bauernmassen: Abseits der großen und mittleren Städte, der Eisenbahnen und Verkehrswege war die Kuomintang nicht mehr mit ihren „Sicherheitskräften" präsent, dort versickerte ihre Macht gewissermaßen in der Weite des nicht oder nur wenig erschlossenen Raumes.

Dort waren einzelne Vertreter der Kuomintang – kleine Polizei-Posten, einzelne Beamte usw. – leicht hinwegzufegen, wenn die Masse der Landbevölkerung in revolutionärer Stimmung war – und das war sie!

Maos politische Strategie war ebenso simpel wie erfolgreich: In diesen schwer zu kontrollierenden Räumen Stützpunkte schaffen, die Agrarrevolution forcieren, das heißt vor allem Landumverteilungen vornehmen und diese Gebiete mit Hilfe der zahlenmäßig wachsenden Roten Armee und lokalen Bauernabteilungen vor der Repression der Kuomintang schützen.

Bereits im Jahre 1928 bestand vor allem im unzugänglichen gebirgigen Gebiet der „fünf Djing", im Djinggang-Gebirge ein Stützpunktgebiet der Roten Macht, dass vollständig von der KPCh bzw. der Roten Armee kontrolliert wurde.

Für Mao war frühzeitig klar, dass diese Stützpunkte nur so lange sicher bestehen und sich weiter entwickeln konnten, wie die Kriege innerhalb der „Weißen" Machtgruppen andauerten und diese daran hinderten, konzentriert die Roten Gebiete einzukreisen und zu vernichten.

In „Der Kampf im Djinggang-Gebirge" nennt Mao fünf weitere Bedingungen für das Bestehen und die weitere Entwicklung der Roten Macht:

„1. Aktive Volksmassen 2. Eine feste Parteiorganisation 3. Eine genügend starke Rote Armee 4. Für militärische Operationen geeignete Geländeverhältnisse 5. Für die Versorgung ausreichende ökonomische Hilfsquellen" (Mao, i:17)

Mao war Realist genug um zu wissen, dass es nur eine Frage der Zeit sein würde, bis der weiße Terror massiv hereinbrechen würde.

Die Strategie und Taktik der Partei und der Roten Armee sollte nach Maos Auffassung die Situation im Lager des Feindes berücksichtigen: In einer Phase der Stabilisierung des Feindes sollten Kräfte konzentriert werden, abenteuerliche Vorstöße und Aufsplitterung der Kräfte sollte vermieden werden, um sich nicht zersplittert dem ohnehin überlegenen Feind auszusetzen, während in einer Phase der Instabilität des Feindes Vorstöße in neue Gebiete und die Durchführung agrarrevolutionärer Maßnahmen vorgenommen werden sollten. (Mao, i:18)

Bereits in seiner Auswertung der in den Stützpunktgebieten gemachten Erfahrungen im Jahre 1928 kommt Mao zu Resultaten, die im wesentlichen Leitgedanken seiner Militärtheorie und Praxis während des über 20 Jahre dauernden Krieges blieben:

„1. Eine selbständige Macht muss eine bewaffnete Macht sein. Wo das Gebiet dieser Macht auch liegen mag, es wird sofort vom Feind erobert, wenn es dort keine oder nicht genug bewaffnete Kräfte gibt." (Mao, i:26)

Eine besondere Erscheinung während des gesamten Befreiungskrieges ist die Tatsache, dass die Zeitweise sehr hohen Verluste – nach ungefähr einem Jahr der Kämpfe waren von den ursprünglichen Einheiten nur ca. ein Drittel (!) übrig geblieben (Mao, i:26) – durch gefangene Soldaten des Feindes ersetzt wurden.

Die Integration gefangener Soldaten und sogar von Offizieren unterer Dienstgrade in die Rote Armee war von 1928 bis ins Jahr 1949 eine oft entscheidende Möglichkeit, Verluste auszugleichen.

So ungewöhnlich diese Methode scheinen mag, so ist sie keineswegs neu, und Mao dürfte als Schüler Sun Tse´s die Anregungen von diesem übernommen haben.

In Kapitel II (Die Kriegführung) sagt Sun Tse nämlich unter Punkt 13: „Die gefangenen Soldaten behandele gut und sorge für sie. Das bedeutet, den Gegner zu besiegen und die eigenen Kräfte zu vermehren." (Sun Tse, 1972:52)

Im Jahre 1947, als die Kuomintang bereits völlig demoralisiert war und deren Offiziere sogar Waffen an die Rote Armee verkauften (Hanrahan, 1963:232), wurden 80 bis 90 % der gefangenen Kuomintang-Soldaten in die Rote Armee aufgenommen. (Mao, k:398)

Eine wichtige, wenn nicht entscheidende Rolle spielten dabei die relativ entwickelten demokratischen Strukturen innerhalb der Roten Armee: Im Gegensatz zur Kuomintang, deren Armeen aus Söldnern oder aus Zwangsrekrutierten bestanden und die äußerst rigoros behandelt wurden – Schikanen aller Art und Prügelstrafen waren an der Tagesordnung – beruhten die Rekrutierungen der Roten Armee vielfach auf deren Fähigkeiten, politisch zu überzeugen sowie auf dem bewussten Einsatz demokratischer Gepflogenheiten zur Untergrabung der Moral der feindlichen Truppen.

Die **verhältnismäßig** demokratischen Strukturen der Roten Armee mussten sich früher oder später herumsprechen, und in einem halbfeudalen Land wie das China der 20er und 30er Jahre des 20ten Jahrhunderts, in dem große Bevölkerungsteile aufgrund von Verelendung vagabundierten und bettelten, raubten oder sich als Söldner bei den vielen „Warlords" verdingten, waren gerade diese gesellschaftlichen Schichten – von Marx auch als „Lumpenproletariat" bezeichnet – durchaus nicht abgeneigt, sich einer Armee anzuschließen, die die zukünftige Verbesserung ihrer wirtschaftlichen und sozialen Situation, Demokratie und Befreiung von den verhassten feudalistischen Relikten und vom Imperialismus auf ihre Fahnen geschrieben hatte und die, das ist wohl das wichtigste, die Massen nicht auf die Zeit nach der Machtergreifung vertröstete, sondern mit der konkreten Umgestaltung von wirtschaftlichen und politischen

Strukturen an Ort und Stelle, also in den befreiten Gebieten ebenso wie in der Armee selbst bereits begonnen hatte.

Mao, der offenbar wie viele Marxisten Vorbehalte gegenüber „Lumpenproletarier" hatte, schreibt in Bezug auf die soziale Zusammensetzung der Roten Armee: „Die Rote Armee setzt sich zum Teil aus Arbeitern und Bauern zusammen sowie zum Teil aus **vagierenden Proletariern.**

Das Vorhandensein zu vieler vagierender Elemente in der Roten Armee ist natürlich nicht gut. Aber diese Menschen verstehen zu kämpfen, und da wir täglich im Kampf stehen und immer wieder bedeutende Verluste an Tote und Verwundete haben, ist es für uns nicht immer leicht, selbst unter ihnen Ergänzung zu finden. Der einzige Ausweg unter diesen Umständen besteht darin, die politische Schulung zu verstärken." (Mao, i:27)

Mao hat von Anfang an Demokratisierung als Teil der „psychologischen Kriegsführung" bewusst und erfolgreich eingesetzt, und bereits 1928 schreibt er: „In China braucht nicht nur das Volk die Demokratie, sondern ebenso die Armee. **Die demokratische Ordnung innerhalb der Armee ist eine wichtige Waffe für die Untergrabung der feudalen Söldnerarmeen.**" (Mao,i:30)

„Als die wirksamste Methode unserer Propaganda gegenüber den feindlichen Truppen haben sich die

Freilassung von Gefangenen und die ärztliche Behandlung von Verwundeten erwiesen. Sobald Soldaten, Battaillonskommandeure, Kompanie- und Zugführer des Feindes in unsere Gefangenschaft geraten sind, nehmen wir unter ihnen die Propaganda auf.

Dabei teilen wir sie in zwei Gruppen: In die eine kommen jene, die zu bleiben, in die andere jene, die zu gehen wünschen. Die letzteren entlassen wir, nachdem wir sie mit Reisespesen versehen haben. Das zerstört mit einem Schlag die Lügenpropaganda des Feindes, dass „die kommunistischen Banditen unterschiedslos alle töten." (Mao, i:33)

Offensichtlich wurden die vormals feindlichen Soldaten vollständig, das heißt auch ideologisch derart integriert, dass sie absolut zuverlässige Kämpfer für die Sache der Roten Macht wurden. Anders lässt sich die Tatsache nicht erklären, dass „einige der im Februar und März dieses Jahres gefangenen Soldaten(….) jetzt bereits Bataillonskommandeure sind." (Mao, i:28)

Angesichts der Tatsache, dass die Rote Armee in einem Zeitraum von über 20 Jahren einen Großteil ihrer Rekrutierungen aus den Beständen der feindlichen Truppen tätigte, ist die Bedeutung der hier dargestellten „psychologischen Kriegsführung" gar nicht hoch genug einzuschätzen. Allerdings hatte die Demokratie stets dort ihre Grenzen, wo sie mit der Partei-Disziplin kollidierte.

Die Versorgung der Roten Armee geschah fast ausschließlich durch Eintreibung von Lösegeldern der „örtlichen Despoten". (Mao,i:29)

Es entwickelte sich ein reger Handel zwischen Roter Armee und den lokalen Bauern und Händlern, und die Tatsache, dass die Rote Armee die Reichen zur Ader ließ, den armen Bauern und kleinen Händlern jedoch äußerst korrekt jeden Nagel und jedes Getreidekorn bezahlte – im Gegensatz zur Kuomintang, die einfach Steuern erhob, oftmals requirierte und jeden Widerstand mit Terror beantwortete – hat ganz sicher nicht unbeträchtlich zur Verankerung der Roten Armee in den Stützpunktgebieten beigetragen. (Vergleiche hierzu z. B. Mao, j: 482)

Die bewaffneten Kräfte der Stützpunktgebiete unterteilten sich in drei Kategorien:

„Rote Armee", „Rote Garden" und „Abteilung der Aufständischen".

Die „Abteilungen der Aufständischen" waren im Wesentlichen mit Lanzen und Schrotflinten bewaffnet (Mao,i:30), und entsprechend der geringen Reichweite dieser Waffen (Schrotflinte bis 50 m, Lanze noch erheblich darunter) und dem geringen Ausbildungsstandard der „Abteilungen der Aufständischen" kam diesen vor allem die Aufgabe zu, die Konterrevolution zu unterdrücken sowie der Schutz der neuen örtlichen Machtorgane.

Anfangs arbeiteten die „Abteilungen der Aufständischen" konspirativ, das heißt sie waren Zivilisten und beschränkten sich auf Partisanenaktivitäten und Propagandaarbeit, nach der Eroberung des jeweiligen Gebietes durch die Rote Armee arbeiteten diese Abteilungen offen. (Mao,i:31)

Die Bewaffnung der Roten Armee und der Roten Garden bestand vor allem aus fünfschüssigen Repetiergewehren (System Mauser K 98, meist Beutewaffen von der Kuomintang, die diese Waffen in Lizenz in China herstellen ließ. Diese China-Mauser werden (1986) gegenwärtig zu Spottpreisen auf dem privaten Deutschen Waffenmarkt angeboten. Die Verschlüsse tragen die Stempel der Kuomintang...

Außerdem verfügten beide Einheiten über neunschüssige Repetiergewehre, wie Mao berichtet. Vermutlich handelt es sich dabei um britische Lee Enfield Gewehre.

Daneben kamen vereinzelt Maschinengewehre zum Einsatz, obwohl diese zumal anfangs wohl eine untergeordnete Rolle gespielt haben dürften, da die Rote Armee, wie die meisten

„irregulären Truppen", unter chronischem Munitionsmangel litt.

Im Gegensatz zur Kuomintang, die auch aufgrund ausländischer Unterstützung relativ modern ausgerüstet war, verfügte die Rote Armee weder über Tanks oder andere gepanzerte Fahrzeuge noch über Kampfflugzeuge zur Luftunterstützung, selbst schwere Artillerie war anfangs natürlich nicht vorhanden, auch war der Ausbildungsstand und die Kampfkraft anfangs im Allgemeinen deutlich niedriger als die der Kuomintang-Truppen, da die ständigen Verluste der Roten Armee auch durch vormalige, nicht oder kaum ausgebildete Partisanen ergänzt wurden.

Im Ganzen gesehen war sich Mao der Schwächen der Roten Armee durchaus bewusst, und neben seiner ständigen Forderung nach Intensivierung der militärischen Ausbildung war sein Augenmerk vor allem auf ständige revolutionäre Offensive gerichtet, denn „wenn im Lager der Feudalherren und Militärmachthaber die Zwistigkeiten und Kriege nicht weitergehen, wenn sich die revolutionäre Situation im ganzen Land nicht weiter entwickelt, werden die kleinen Gebiete der selbstständigen Roten Macht unter einem äußerst starken wirtschaftlichen Druck leiden, und die Möglichkeit ihres längeren Bestehens wird fraglich werden." (Mao, i:37)

Die einige Jahre nach Erscheinen dieser hier zitierten Schrift Maos beginnenden „Einkreisungs- und Ausrottungs-Feldzüge" durch die Kuomintang, nachdem diese ihre halbfeudalen Konkurrenten zurückgedrängt hatte, bestätigten diese Befürchtungen Maos voll und ganz.

Es mag erstaunen, dass Mao, für den die „Politische Macht aus den Gewehrläufen kommt", sich entschieden gegen eine Politik wendet, die sich allein auf bewegliche Partisanentaktik stützt.

Für Mao hatte die Errichtung von Stützpunktgebieten, in denen kontinuierliche politische Arbeit geleistet werden konnte absoluten Vorrang vor rein militärischen Aktionen, die zwar vorübergehend spektakuläre Erfolge bringen mochten, seiner Meinung nach jedoch nicht der Konsolidierung der Revolution dienen konnte.

In seiner berühmten Schrift „Aus einem Funken kann ein Steppenbrand entstehen" (1930) betont Mao, dass „Die Politik der beweglichen Partisanenaktionen allein die Aufgabe der Beschleunigung des revolutionären Aufschwungs im ganzen Land nicht erfüllen kann." (Mao, I:72)

Mao betont dabei, dass nur die von ihm und seinen Genossen Tschuh-Teh und Fang-Dschi-Min verfolgte politische Linie, „die darauf abzielt, Stützpunktgebiete zu schaffen, systematisch die politische Macht zu errichten, die Agrarrevolution zu vertiefen, in einem umfassenden Prozess (…) die bewaffneten Kräfte des Volkes zu entwickeln, die politische Macht wellenförmig voranzutreiben usw." schließlich zum Sieg der Roten Macht führen kann. (Mao, I, :73)

Angesichts der zahlenmäßig absoluten Unterlegenheit seiner bewaffneten Kräfte ergibt sich für Mao eine Taktik, die er im über zwanzig Jahre andauernden Befreiungskrieg immer wieder mit Erfolg anwendete und in der eines der wesentlichen Erfolgsrezepte in taktischer Hinsicht bestand:

„Bei Anwendung einer richtigen Taktik – das heißt, wir kämpfen nur, wenn wir des Sieges sicher sind und unbedingt Gefangene und Beute machen werden, sonst lassen wir uns überhaupt auf keinen Kampf ein – können wir die Rote Armee nach und nach erweitern." (Mao, i:52)

Es ist klar, dass eine solche Strategie einen langwierigen Krieg bedingt, in dem die Zermürbung und Demoralisierung eine große Rolle und einzelne „Entscheidungsschlachten" eine untergeordnete Rolle spielen.

Partisanenkriegführung

Für Mao hat der Partisanenkrieg strategischen Bedeutung, vor allem so lange, wie die eigenen Kräfte dem Feind in konventioneller Hinsicht unterlegen sind. Auch Mao kennt die grundsätzlichen taktischen Erfordernisse der Guerilla:

- Dem Feind wird keine reguläre Schlacht geliefert, weil dieser dann seine militärische Überlegenheit ausspielen kann, man muss ihn durch „Nadelstiche" zermürben, ihn ins Leere laufen lassen, ihn zu dauernden und erfolglosen „Verfolgungsmärschen" veranlassen, die ihn ermüden und demoralisieren, seinen Verschleiß herbeiführen und ihn im Moment der Schwäche unverhofft überfallen und so weit wie möglich vernichten.

„Rückt der Feind vor, ziehen wir uns zurück; macht er Halt, beunruhigen wir ihn; ist er ermattet, schlagen wir zu; weicht er, verfolgen wir ihn." (Mao, I, :79)

So simpel und alt diese Regel ist – auch sie stammt von Sun Tse – so hat deren konsequente Befolgung durch die Rote Armee doch fast stets zum Erfolg geführt. (Vgl. auch Sun Tse a. a. O.:50, 68)

Eines der Geheimnisse des Erfolges und auch Voraussetzung für derartige Kleinkriegstaktik ist das Begreifen der Gesamtsituation nicht nur im militärischen Sinne; die notwendige Methode besteht nach Mao darin, „sich sowohl mit der Lage des Gegners als auch mit der eigenen Lage allseitig vertraut zu machen, die Gesetze, die das Handeln der beiden Seiten bestimmen, zu ermitteln und sie bei unseren eigenen Aktionen anzuwenden." (Mao, d,: 97)

Auch hier lässt sich Maos Studium der Schriften SUN-TSEs erkennen: Bei Sun-Tse (Kapitel 3 „Die Strategie des Angriffs" heißt es unter Punkt 8 und 9: „Es siegt derjenige, der Vorsicht übt und Unvorsichtigkeit des Gegners abwartet." Und: „Daher sagt man: Kennst Du den Gegner und kennst Du dich so magst du 100 Schlachten schlagen, ohne dass eine Gefahr besteht." (Sun-Tse; a. a. O.:56)

Entschieden polemisiert Mao daher gegen Hitzköpfe, die gegen den Feind rennen, ohne sich durch vorherige Aufklärung ein genaues Bild zu machen:

Sie „rennen sich daher unvermeidlich die Köpfe ein, eben weil sie nicht verstehen oder verstehen wollen, dass jeder militärische Plan auf der unerlässlichen Aufklärung sowie auf der sorgfältigen Überlegung der Situation der gegnerischen und der eignen Seite und der Wechselbeziehung zwischen beiden aufgebaut sein muss." (Mao, d, :98)

Hier ist der Ort darauf hinzuweisen, dass Mao zwar sehr belesen war, das heißt sich mit den maßgeblichen Kriegstheoretischen Schriften, von Sun-Tses „Dreizehn Geboten der Kriegskunst" über Clausewitz bis Engels, sich laut W. D. Jacobs (Jacobs, 1963,:263) auch mit T. E. Lawrence auseinandergesetzt hatte, gleichwohl auf dem Lernen und der Korrektur falscher Ansichten durch die Praxis bestand. **„Das Kriegsführen durch den Krieg selbst erlernen – das ist unsere Methode."**

Maos gesamte militärische Schriften sind keine Abstraktionen oder reine Theorien, sondern dienten neben der Auswertung konkreter Erfahrungen auch als Handlungsanweisungen und Schulungsmaterial für Parteikader und Kommandeure (Vgl. Haffner, a. a. O.:6), und als solche müssen sie verstanden werden:

Sie sind im noch wirtschaftlich unterentwickelten China der zwanziger und dreißiger Jahre des 20. Jahrhunderts für Revolutionäre verfasst, und Abstraktionen und Übertragungen auf andere Länder, andere Zeiten und andere Rahmenbedingungen sind daher m. E. wenn überhaupt nur sehr bedingt möglich.

Mao wäre wohl der letzte gewesen, der seine bewaffnete Revolution als generelle Methode kommunistischer Parteien, die Macht zu ergreifen - wohmöglich in den imperialistischen Metropolen - propagiert hätte, im Gegenteil: Stets ist er sich der Tatsache bewusst, dass nur die besonderen Bedingungen in China die illegale und verfolgte kommunistische Partei zwangen, den Weg des Bürgerkrieges zu gehen.

Wenngleich in China der Bürgerkrieg aus der Notwendigkeit für die Kommunisten, sich gegen die Vernichtungspolitik der Kuomintang zu wehren, resultierte und somit tatsächlich der nackten Selbsterhaltung diente, ist der Krieg in China doch stets auch Mittel gewesen, die Revolution voranzutreiben.

Paradoxerweise trug jedoch gerade die Tatsache, dass die Kuomintang den Bürgerkrieg institutionalisierte, die KPCh mit Hilfe der Roten Armee jedoch ein neues Ordnungssystem organisierte, als deren Störer nun die Kuomintang erschien, beträchtlich zum Prestigegewinn der Kommunisten bei:

Das größte Handicap einer kommunistischen Bewegung, nämlich dem Volk als mutwillige Zerstörerin der „Ruhe und Ordnung" (so unvollkommen diese auch immer sein mag) zu erscheinen, war durch die Politik der Stützpunktgebiete nun auf Seiten der Kuomintang: In den Stützpunktgebiete erschien die Kuomintang als terroristische, chaotische Organisation, die mutwillig die neue, für die armen Bauern vorteilhaftere Ordnung zerstörte; im Gegensatz zu vielen anderen revolutionären Bewegungen hatte die KPCh die Bedeutung dieser Tatsachen offenbar erkannt.

In Ländern, in denen eine Politik der revolutionären Konsolidierung durch Schaffung von Stützpunktgebieten nicht möglich erscheint, hält Mao eine andere revolutionäre Strategie für notwendig:

„Entsprechend diesen Besonderheiten besteht die Aufgabe der proletarischen Partei in den kapitalistischen Staaten darin, durch einen legalen Kampf während eines langen Zeitabschnittes die Arbeiter zu erziehen, Kräfte zu sammeln und so zum endgültigen Sturz des Kapitalismus zu rüsten. Dort geht es um einen langwierigen legalen Kampf, um die Ausnützung des Parlaments als Tribüne, um wirtschaftliche und politische Streiks, die Organisierung der Gewerkschaften und die Schulung der Arbeiter.

Die Formen der Organisation sind dort legal, die Formen des Kampfes unblutig (nicht militärisch). …**Solange die Bourgeoisie nicht wirklich versagt hat, solange die Mehrheit des Proletariats nicht von der Entschlossenheit durchdrungen ist, den bewaffneten Aufstand und den Bürgerkrieg zu führen, solange die Bauernmassen dem Proletariat nicht freiwillig zu helfen beginnen, soll man den bewaffneten Aufstand und den Bürgerkrieg nicht beginnen.**" (Mao, e,: 327, Hervorhebung durch den Verfasser).

Bereits an dieser Stelle kann gesagt werden, dass die in den „imperialistischen Metropolen" auf Mao sich berufenden kämpfenden Guerilla- und Terror-Gruppen dies, wie man sieht, zu Unrecht tun.

Mao als ideologische Legitimation für Guerilla in einer nicht-revolutionären Situation heranzuziehen heißt, Maos politische Theorie der Guerilla und der Revolution zu verzerren und zu verfälschen.

Die „Einkreisungs- und Ausrottungs-Feldzüge" der Kuomintang gegen die Kommunisten

Bis zum Jahre 1934 war es der KPCh gelungen, nahezu die gesamte Provinz Kiangsi mit immerhin mehreren Millionen Einwohnern unter die Kontrolle der Roten Macht zu bringen und in den Provinzen Fukien, Hunan, Honan, Hopeh, Anhui, Szetschuan und Schensi „Sowjets" einzurichten. (Dinegar, 1963:210)

Doch inzwischen hatte General Tschiang-Kai Schek seine Truppen gegen die Rote Armee konzentriert, und im Dezember 1930 begann die Kuomintang mit dem ersten „Einkreisungs- und Ausrottungs-Feldzug", dem vier weitere folgten und in denen er insgesamt mehr als 1,25 Millionen Soldaten einsetzte.

Diese „Einkreisungs- und Ausrottungsfeldzüge" Tschiang Kai-Scheks und die Gegenoperationen der Roten Armee bildeten die Hauptform des Bürgerkrieges im China der dreißiger Jahre. (Mao, d, :112)

Im ersten „Einkreisungs- und Ausrottungsfeldzug" (Dezember 1930/Januar 1931) wurden zwei Brigaden des Kuomintang-Kommandeurs Dschang Hui-Dsan sowie der Stab dessen Division zerschlagen, sämtliche 9000 Mann vernichtet sowie der Divisionskommandeur gefangen, was zur panikartigen Flucht der Truppen führte. (Mao, d, :114)

Beim zweiten „Einkreisungs- und Ausrottungs-Feldzug" (Mai 1931) standen den 200 000 „Weißen" Soldaten lediglich 30000 Rotarmisten gegenüber, die allerdings vier Monate Zeit zum Ausruhen gehabt hatten.

Trotz ihrer zahlenmäßigen großen Unterlegenheit erbeutete die Rote Armee in diesem Feldzug mehr als 20000 Gewehre und brachte den feindlichen Feldzug völlig zum Scheitern. (Vgl. Mao, d, :145)

Während des dritten „Einkreisungs- und Ausrottungs-Feldzuges" zählten die Kuomintang-Truppen 300 000 Mann unter dem Oberbefehl von General Tschiang Kai-Schek.

Im Gegensatz zu den ersten beiden Feldzügen, deren Strategie im „Schrittweisen Vorrücken und Ausbau der jeweiligen Stellungen" bestand, änderte Tschiang seine Strategie nun dahin gehend, „geradewegs zügig in die Tiefe vorzustürmen" in der Absicht, die Roten gegen den Gan-Fluss zu drücken und dort zu vernichten.

Die Rote Armee wich aus und versuchte, die Kuomintang-Truppen zu einem Vorstoß in ihr Stützpunktgebiet zu verleiten, um dort einzelne Truppenteile zu vernichten; dies gelang nicht, dennoch konnte die Rote Armee alle drei folgenden Gefechte durch Einkreisung einzelner feindlicher Truppenteile siegreich bestehen und wiederum mehr als 1000 Gewehre erbeuten.

Auch im vierten „Einkreisungs- und Ausrottungs-Feldzug" gelang es der Roten Armee, wiederum durch taktische Einkreisung einzelner Kuomintang-Divisionen zwei davon zu vernichten und wieder mehr als 10000 Gewehre zu erbeuten.

In seiner Schrift „Strategische Probleme des revolutionären Krieges in China" (1936 erstmals erschienen) hat Mao präzise die Prinzipien entwickelt, die die Behauptung der zahlenmäßig und auch hinsichtlich der Bewaffnung und Logistik haushoch unterlegenen Roten Armee gegen die Kuomintang ermöglichten:

Neben dem psychologischen Moment, das heißt der unterschiedlichen Motivation und Kampfmoral – hier überzeugte bis fanatische Kämpfer für die Revolution, dort Söldnermentalität – ist außerdem entscheidend

- Die Taktik, den Gegner in das eigene Stützpunktgebiet zu locken, wo die Rote Armee die volle Sympathie und Unterstützung der Bauernmassen in allen möglichen Formen genießt: Kundschaftswesen, Verpflegung und Partisanenunterstützung.

Es handelte sich bei der Taktik des Rückzuges in die Stützpunktgebiete um die Vorbereitung einer taktischen Offensive; Der Feind wurde also in ein für ihn in jeder Beziehung ungünstiges Gelände gelockt (Mao, d:139)

Die Gegenoffensive, das heißt der Beginn der eigentlichen Kampfhandlungen setzte dann ein, wenn der Gegner sich im Stützpunktgebiet befindet, wo er den Angriffen der Roten Armee ebenso wie denen der lokalen Partisaneneinheiten ausgesetzt ist.

Die strategische Einkreisung durch die Kuomintang wurde mit einem strategischen Rückzug beantwortet, gleichzeitig wird die Gegenoffensive dadurch eingeleitet, indem die Rote Armee ihrerseits beginnt, durch Lücken im Einkreisungsring durchzusickern oder durchzubrechen und so einzelne feindliche Divisionen ihrerseits einzukreisen und zu „vernichten".

Zum Gelingen derartiger Operationen hält Mao folgende Voraussetzungen für unerlässlich:

„1. Die Bevölkerung gewährt der Roten Armee aktive Unterstützung;

2. das Gelände ist für unsere Operationen vorteilhaft;

3. Alle Hauptkräfte in der Roten Armee sind konzentriert worden;

4. Die schwachen Stellen des Gegners sind ermittelt worden;

5. Der Gegner ist erschöpft und demoralisiert worden;

6. Der Gegner ist zu Fehlern verleitet worden;

Die erste Bedingung, nämlich die Unterstützung durch die Bevölkerung, ist für die Rote Armee die wichtigste von allen." (Mao, d:130; Hervorhebung vom Verfasser).

Das A und O erfolgreicher (Klein-) Kriegsführung ist es für Mao, durch die Gegenoffensive die Initiative an sich zu reißen und den Gegner so weit wie irgend möglich zur Passivität zu verurteilen, ihn möglichst zu einem **handlungsunfähigen Objekt** zu machen, dass es dann möglichst vollständig zu vernichten gilt.

„Um dieses Ziel zu erreichen, sind folgende Bedingungen erforderlich: Die Konzentration der Kräfte, der

Bewegungskrieg, der Krieg mit rascher Entscheidung und der Vernichtungskrieg." (Mao, d:152)

Es mag auf den ersten Blick erstaunen, dass gerade Mao, der immer wieder, von 1928 bis Ende der vierziger Jahre auf den notwendigen langen Charakter des chinesischen Volkskrieges hinweist, ja die Langwierigkeit als Bedingung des Sieges fordert: Um zu wachsen, braucht die Rote Armee Zeit, und um den Gegner zu zermürben, um die Kosten für ihn in die Höhe zu treiben und ihn langsam zu demoralisieren bedarf es ebenfalls einer längeren Zeitspanne – es mag also erstaunen, dass Mao hier den Krieg mit rascher Entscheidung fordert.

Dieses scheinbare Paradox löst sich jedoch auf, wenn man berücksichtigt, dass es sich nicht um rasche Entscheidungsschlachten im strategischen Sinne etwa nach dem deutschen „Blitzkriegs-Muster" handelt, sondern um rasche Entscheidungsschlachten in operativer und taktischer Hinsicht.

Mao hat die Notwendigkeit rascher Entscheidungsschlachten auch folgendermaßen begründet:

1. Die Rote Armee hat keine Hilfsquellen hinsichtlich des Waffenbestandes und vor allem des Munitionsnachschubes, kann sich also schon deshalb nicht auf lange Gefechte einlassen.

2. Die Rote Armee verfügt nach der Konzentration ihrer Hauptkräfte in der Phase der taktischen Gegenoffensive im Gegensatz zum Gegner nur über einen starken Truppenverband, der die von ihm eingekreiste feindliche Abteilung rasch vernichten muss, um sich sofort dem nächsten feindlichen Truppenteil zuwenden zu können.

3. Wenn die Rote Armee in der einzelnen Schlacht nicht zu einer raschen Entscheidung kommt, können die nicht allzu weit entfernten anderen Truppenteile des Feindes dem von der Roten Armee gerade eingekreisten zu Hilfe kommen, und die taktische Überlegenheit der Roten Armee verwandelt sich dann wieder in eine absolute, das heißt auch taktische Unterlegenheit (Mao, d,:166)

Der fünfte „Einkreisungs- und Ausrottungs-Feldzug" und der" lange Marsch"

Der Fünfte „Einkreisungs- und Ausrottungs-Feldzug" der Kuomintang gegen die Rote Armee begann im Oktober 1933 mit dem Einsatz von 900 000 Soldaten unter dem Kommando von General Tschiang Kai-Schek im Gebiet von Fukien-Kiangsi.

Die „reguläre" Rote Armee zählte etwa 180 000 Kämpfer, hinzu kamen etwa 200 000 Partisanen, die schlecht ausgerüstet waren – sie besaßen nur ca. 100 000 Gewehre –

und infolge unzureichender Ausbildung wenig geeignet für reguläre Kriegführung waren. (Dinegar, a. a. O.:211)

Die Kuomintang Truppen waren insgesamt gut ausgerüstet, sie verfügten über gepanzerte Fahrzeuge und Luftunterstützung, während die Rote Armee nicht einmal schwere Artillerie besaß. (Dinegar, a. a. O.:211)

In diesem Feldzug änderte General Tschiang Kai-Schek seine Strategie offenbar aufgrund der Beratung durch den deutschen General von Seeckt:

Er ging nun dazu über, den Feind zu erdrücken. Vermittelst befestigter Blockhäuser und einer wahren Feuerwalze wurde ein eiserner Ring um die Rote Armee geschlossen, deren Führung die neue Kuomintang-Strategie zu spät durchschaute und den Fehler beging, sich nach bewährter Methode ins Stützpunktgebiet zurückzuziehen, statt unverzüglich auszubrechen.

Hauptmann Dinegar (US-Marine-Infanterie) schreibt:

„Das Gebiet wurde buchstäblich verbrannt und wenn nötig entvölkert. Die Kuomintang gibt zu, dass allein in diesem Feldzug mindestens eine Million Bauern umgebracht wurden, um die wirtschaftliche und psychologische Blockade Maos wirksam zu machen. Diese neue Politik war auch von Erfolg.

Sie engte nicht nur die Beweglichkeit Maos ein, sondern terrorisierte darüber hinaus die Bauern in solchem Ausmaß, dass sie trotz aller Sympathien die Roten nicht mehr versorgten und mit ihnen auch nicht zusammenarbeiteten. Das war an sich schon schlimm genug; darüber hinaus zwang diese Politik die Roten, die Bauern nun genau so auszubeuten, wie die Kuomintang es tat – was einen großen Teil des Glaubens der Bauern an die guten Absichten der Roten zerstörte." (Dinegar, a. a. O.:211)

Im August hatte die Rote Armee mehr als 80 000 Mann verloren, und laut dem damaligen Kommandeur des 1. Armeekorps Tschu En-Lei verlor die Rote Armee in einer einzigen dieser langandauernden Belagerungen mehr als 60000 Mann. (Dinegar, a. a. O.:212)

Es war genau das eingetreten, was Mao später in seiner Auswertung dieser Ereignisse zu Recht als gefährlich charakterisierte: Der Roten Armee war die Initiative entrissen worden, weil sie ihre Bewegungsfähigkeit nahezu völlig verloren hatte, sie befand sich nun in einem **defensiven Stellungskrieg** gegen einen Gegner, der gerade in dieser Kriegsform aufgrund zahlenmäßiger, logistischer, ausbildungsbedingter und waffenbedingter Überlegenheit die Rote Armee früher oder später vollständig aufreiben konnte.

Das Schlimmste war, dass die Rote Armee sich nun nicht zurückziehen konnte, auch die bewegliche Taktik war verunmöglicht worden; zudem begann die Versorgung der Rotarmisten ein ernstes Problem zu werden, da die terroristische Taktik der Kuomintang gegenüber den Bauernmassen dazu führte, dass diese es nicht mehr wagen konnten, die Rote Armee in irgendeiner Weise zu unterstützen.

Um neue Beweglichkeit und die Initiative wieder zu erlangen, musste die Rote Armee zu aller erst den engmaschigen, befestigten Belagerungsring der Kuomintang durchbrechen, sie musste zuerst einmal, koste es was es wolle, **ausbrechen.**

Ende August 1934 trafen sich Mao und Tschu-Teh sowie weitere Kommandeure der Roten Armee, um die Lage zu besprechen, und es wurde beschlossen, auszubrechen und sich zurückzuziehen.

Dieser „strategische Rückzug" sollte dazu dienen, die Rote Armee vor der völligen Vernichtung durch die Kuomintang zu bewahren und ihr ermöglichen, später die Initiative erneut an sich zu reißen.

Das gesamte Versorgungsarsenal wurde aufgelöst; teilweise wurden Versorgungsgüter vergraben oder vernichtet, ein großer Teil wurde auch mitgenommen, was sich später als großer Fehler erwies, da das umfangreiche Material die Bewegungsfähigkeit der Roten Armee sehr einschränkte und deshalb unterwegs doch fortgeworfen werden musste.

Die 8. Route (-Marsch) Armee unter Maos Führung marschierte von Jütschün nach Jutu, wo sie sich mit anderen Truppenteilen zu einer Armee von 90 000 bis 100 000 Mann vereinigte. (Dinegar, a. a. O.:214)

Da nur nachts marschiert wurde und bedeckter Himmel und mondlose Nächte die Luftaufklärung der Kuomintang verhinderte, merkte die Kuomintang-Führung nicht, was vor sich ging.

Die von der Roten Armee geräumten Stellungen wurden vorübergehend von lokalen Partisanentruppen ersetzt, um den Gegner zu täuschen.

Um ganz sicher zu gehen, dass das Täuschungsmanöver, das heißt der Beginn des strategischen Rückzuges unbemerkt von der Kuomintang gelingen würde, wurden zwei „Ablenkungskolonnen" gebildet.

Die Partisanenkolonne unter Fang Tschi-Minh übte im nordöstlichen Kiangsi Druck auf den Feind aus; sie wurde nach Erfüllung ihrer Aufgabe von der Kuomintang vollständig aufgerieben.

Die zweite Partisanengruppe unter Han-Jing setzte sich in den Bergen südlich der Grenze von Fukien und Tschekiang fest; dieser Gruppe gelang es später, sich selbständig nach Schensi durchzukämpfen, wo sie nach einigen Jahren eintraf. (Dinegar, a. a. O.:215)

Mao und Tschu-Teh bedienten sich im fünften „Einkreisungs- und Ausrottungs-Feldzug" der Kuomintang also kleiner Guerilla-Einheiten, die die große Haupt-Armee durch Täuschung und Ablenkung des Gegners abschirmten.
Am 16. Oktober 1934 begann der „Lange Marsch", und in den sechs darauffolgenden Wochen wurden vier Verteidigungslinien der Kuomintang durchstoßen, von denen jede mit betonierten MG-Nestern und Blockhäusern befestigt war.

Insgesamt wurden in den ersten 38 Tagen neun Schlachten geschlagen, die der Roten Armee 25 000 Mann kosteten. Maos 8. Route-Armee marschierte geradewegs nordwestlich auf Szetschuan, um mit den Truppen Hsu Hsiang-Tschiens zusammenzustoßen.

Dieses Ziel wurde von Tschiang Kai-Schek jedoch durchschaut, weil die rote Armee diesmal auf ihre Methode der Täuschung des Gegners verzichtete; die Kuomintang konnte der Roten Armee daher 110 Regimenter in den Weg werfen und ausgetüftelte Straßensperren errichten.

Nur die Tatsache, dass das Oberkommando der Roten Armee zu diesem Zeitpunkt demoralisiert und kopflos gewesen sein muss kann erklären, warum Mao und Tschu-Teh zu Anfang des Langen Marsches nicht ihre altbewährte Taktik der Zerstreuung – Konzentration – Zerstreuung anwandten. (Vgl. hierzu auch Dinegar, a. a. O.:216)

Am 20. Juni 1935 erreichten sie den Nordwesten von Szetschuan, nachdem sie eine wahre Odyssee hinter sich hatten. Dort trafen sie sich mit der 50 000 Mann starken 4. Front-Arme unter dem Kommando von Hsu Hsiang-Tschien und Tschang Kuo-Tao.

Nahezu die Hälfte der Truppen, ungefähr 50 000 Mann waren unterwegs getötet oder verwundet worden.

Während des gesamten „Langen Marsches" leistete die Rote Armee politische Arbeit, soweit ihr dies möglich war: wo möglich, wurden die Bauern bewaffnet, die lokalen Großgrundbesitzer enteignet, Besitzurkunden vernichtet und das Land neu aufgeteilt. (Dinegar, a. a. O.: 221)

Der „Lange Marsch", die größte Absetz- und Ausweichbewegung einer Guerilla-Armee in der Geschichte – die Rote Armee legte dabei eine Strecke von über 10 000 km zurück , und zwar zu Fuß! – brachte ihren Soldaten und Kommandeuren viele später wertvolle Erfahrungen; doch auch die Verluste waren beträchtlich: Es mussten ja nicht nur die alten Stützpunktgebiete aufgegeben und die dort lebende Zivilbevölkerung der Rache der Kuomintang schutzlos preisgegeben werden, auch die Rote Armee hatte riesige Verluste.

Von den 130 000 Mann, die den langen Marsch begonnen hatten, kamen nur ca. 30 000 ans Ziel, das heisst in die Provinz Schensi. (Haffner, a. a. O.:11)

Dinegar nennt etwas andere Zahlen, aber ein ähnliches Verhältnis: 100 000 : 20 000 (Dinegar, a. a. O.: 224)

Entgegen anderen geschichtlichen und politischen Persönlichkeiten war Mao durchaus imstande, eigene Handlungen **selbstkritisch** zu reflektieren und gemachte Fehler offen zuzugeben.

So äußerte er sich später kritisch über die Ereignisse, die zum „Langen Marsch" führten: „Wir planten nicht organisch; wir hatten den Feldzug nicht richtig durchdacht. Das Oberkommando des Feindes hatte seine Strategie weitsichtig angelegt: wir dachten nur an das, was vor unserer Nase lag. (….) Wir gerieten in Panik und kämpften töricht." (Dinegar a. a. O.:214)

Andererseits war Mao nie bereit, die Folgen des fünften „Einkreisungs- und Ausrottungs-Feldzuges" als vollständige Niederlage anzusehen; So schreibt er anlässlich einer

Auswertung der Ereignisse in „Strategische Probleme des revolutionären Krieges in China": „Was ist eine Niederlage der Roten Armee? Nur wenn eine Gegenoperation völlig gescheitert ist, kann man das, strategisch gesehen, als eine Niederlage bezeichnen, aber auch dann lediglich als eine teilweise und zeitweilige Niederlage. Denn eine totale Niederlage im Bürgerkrieg würde bedeuten, dass die Rote Armee restlos vernichtet ist, was jedoch niemals der Fall war." (Mao, d, :114)

Der chinesisch-japanische Krieg

Der japanische Imperialismus nutzte die Tatsache, dass in Südchina der Bürgerkrieg tobte aus, um seit 1931 fortlaufend Stücke von Nordchina abzureißen, ohne dass dem nennenswerter Widerstand seitens der Kuomintang entgegen gesetzt worden wäre: Tschiang Kai-Schek wollte erst mit dem Feind im Innern fertig werden.

Dass Mao nicht nur die Bedeutung der nationalen Frage für ein halbkoloniales Land wie China richtig einschätzte, sondern auch sehr kaltblütig an die vor ihm liegenden Aufgaben heranging, zeigt sich vor allem anhand der Tatsache, dass er mit seiner Rest-Armee von ungefähr 40000 Mann Japan den Krieg erklärte und den Todfeind der Roten

Armee, die Kuomintang unter Führung von General Tschiang Kai-Schek nach dem Sianfu-Zwischenfall zwang, ein Bündnis mit den Kommunisten einzugehen, eine „Einheitsfront" zu bilden.

Mao war sogar bereit, sich formell der Kuomintang unterzuordnen, war jedoch nicht so dumm, der Auflösung seiner eigenen Truppen in der Kuomintang-Armee zuzustimmen.

Dieses Bündnis verschaffte der Roten Armee nicht nur eine Atempause, sondern auch Sympathien bei Teilen derjenigen Kreise, die die Kommunisten bisher mit Misstrauen betrachtet hatten.

Indem Mao die sozialrevolutionäre Kriegführung durch den nationalrevolutionären / antiimperialistischen Aspekt erweiterte, erschloss er den Einflussmöglichkeiten der Partei auch Bevölkerungsteile, die den sozialrevolutionären Ambitionen der KPCh bisher ablehnend oder bestenfalls gleichgültig gegenüber standen.

Der chinesisch-japanische Krieg brach offiziell im Juni 1937 aus, und soweit er Japan und die Kuomintang betraf, war er ein konventioneller Krieg.

In einem konventionell geführten Krieg ist in der Regel derjenigen überlegen, der über die weiter entwickelte

Ökonomie, die größeren ökonomischen Resourcen, die bessere, modernere Ausrüstung und über die besser ausgebildeten Soldaten verfügt – in allem war Japan der Kuomintang überlegen; Im Verlauf des Krieges wurden drei Viertel des chinesischen Territoriums durch die Japaner besetzt und die Kuomintang in den äußersten Süden zurückgedrängt – damit war das Terrain frei für den Partisanenkampf der Roten Armee und der chinesischen Bauernmassen gegen den japanischen Imperialismus.

Der Partisanenkrieg gegen Japan (1. Phase)

Auch im Falle Japans resultierte die Strategie Maos aus der Analyse der konkreten Bedingungen im eigenen und gegnerischen Lager, und zwar sowohl in subjektiver als auch in objektiver Hinsicht.

In seiner im Mai 1938 verfassten Schrift „Strategische Probleme des Partisanenkrieges gegen die japanische Aggression" beginnt Mao daher mit der Fragestellung, warum der Partisanenkrieg in diesem nationalen Krieg strategische Bedeutung erlangt, obwohl seiner eigenen Meinung nach die reguläre Kriegführung die Hauptrolle und der Partisanenkrieg eine Hilfsrolle im „Widerstandskrieg gegen die japanische Aggression" spielt. (Mao, c, : 179)

Die Notwendigkeit der Partisanenkriegführung ergibt sich für Mao aus dem Umstand, dass Japan ein kleines, aber starkes Land, (siehe oben!) ist, dass ein großes, aber schwaches Land angreift.

Eine wesentliche Grundlage seiner Strategie bildet auch hier die von Sun-Tse übernommene Devise, die Schwäche des Gegners herbeizuführen und sie so weit möglich auszunutzen.

Im VII Gebot der Kriegskunst heißt es bei Sun-Tse:

„13. Am Morgen hat man frischen Mut, am Tage lässt er nach, und am Abend denkt man an die Rückkehr ins Lager. Daher weicht der, der den Krieg geschickt führt, dem Gegner aus, solange dieser frischen Mutes ist, und führt seinen Stoß, wenn er träge ist oder an die Rückkehr ins Lager denkt. Das ist die Lenkung des Mutes.

14. Herrscht Ordnung beim Gegner, so warte auf Unordnung. Ist er ruhig, so warte man auf Verwirrung. Das ist die Lenkung des Herzens.

15. Ist der Gegner nahe, so warte, bis er fern ist; ist er kraftvoll, so warte, bis er erschöpft ist." (Sun-Tse, a. a. O.: 68)

Die Überlegenheit der japanischen Armee, das heißt deren bessere Ausrüstung und höhere Ausbildungsstandard der japanischen Soldaten konnte nur dort wirksam werden, wo man der japanischen Armee Gelegenheit bot, diese einzusetzen, sich ihr also in einer regulären Schlacht stellt.

Die Kuomintang tat dies, und da sie schlechter ausgebildet war und sich zudem in der Defensive befand, wurde sie geschlagen und in den Süden Chinas zurückgedrängt.

In seiner bereits 1938 verfassten Schrift „Über den langwierigen Krieg" hat Mao seine Strategie gegen Japan entwickelt, die sich aus seiner (realistischen) Analyse der eigenen konkreten Situation und der des Gegners gewissermaßen „zwangsläufig" ergab und in der er Exakt den Verlauf des Widerstandskrieges gegen Japan bestimmt, seine Stadien und seine jeweiligen konkreten Formen.

Bemerkenswert ist gerade diese Schrift aus mehreren Gründen:

Zum einen aufgrund ihrer ganzen Zielrichtung, in der Propagierung eines **langwierigen** Krieges.

Auch hinsichtlich der Tatsache, dass diese Schrift zugleich theoretische Herleitung einer konkreten politisch-militärischen Strategie, Handlungsanweisung für Kommandeure und sich Post festum bewahrheitende **Prognose** des Kriegsverlaufes ist, **hebt sie aus üblichen militärischen Schriften deutlich heraus.**

Nach Mao muss der chinesisch-japanische Krieg drei Etappen durchlaufen:

„Die erste Etappe wird die Etappe des strategischen Angriffs des Gegners und unsere strategische Verteidigung sein, die zweite Etappe die strategische Konsolidierung des Gegners und unsere Vorbereitung zur Gegenoffensive, die dritte die Etappe unserer strategischen Gegenoffensive und des strategischen Rückzuges des Gegners." (Mao, b, :253)

Der strategische Angriff des Gegners

Aufgrund seiner imperialistischen Natur und seiner militärischen Überlegenheit überfällt Japan China, Japan hat also die Initiative und vermag aufgrund der Schwäche der chinesischen Kräfte – Kuomintang und Rote Armee – weit ins Landesinnere vorzudringen und alle wichtigen Punkte – Städte, Eisenbahnen, Straßen, Produktionsanlagen usw. – zu besetzen.

Da der Feind, das heißt Japan in dieser Phase überlegen ist, kann er nicht offen angegriffen werden, man muss ihm große Teile des chinesischen Territoriums vorerst opfern, denn für Mao ist, ganz analog zu dem von ihm oft betonte Prinzip der „Selbsterhaltung und der Vernichtung der Kräfte des Feindes" die Selbsterhaltung und das Wachstum seiner Truppen wichtiger als vorübergehende Behauptung oder Gewinn von Territorium.

Behauptung oder Gewinn von Territorium können **Resultat** der eigenen Stärke sein, die jedoch erst gewonnen werden muss.

Es ist unverkennbar, dass Mao aus den gemachten Fehlern während des fünften „Einkreisungs- und Ausrottungs-Feldzuges" durch die Kuomintang gelernt hat: Eben weil die Rote Armee zu lange versucht hatte, ihr Stützpunktgebiet zu halten, obwohl die kräftemäßigen Voraussetzungen dazu fehlten, hatte sie die für sie katastrophalen Konsequenzen zu tragen gehabt…

Wenngleich die Rote Armee während der ersten Phase des chinesisch-japanischen Krieges sich nach Maos Auffassung strategisch in einer Defensivposition befand oder, wie Mao es auch ausdrückte, „auf den inneren Linien" operierte, konnte und musste sie auf operativ-taktischer Ebene die Initiative ergreifen, das heißt dem Feind pausenlos durch bewegliche Partisanenkriegführung zusetzen, einzelne feindliche Truppenteile möglichst vollständig zerschlagen.

Die angewandte Taktik war dabei im Wesentlichen die selbe, wie sie mit Erfolg gegen die ersten 4 „Einkreisungs- und Ausrottungs-Feldzüge der Kuomintang angewendet wurde.

Diese gemachten Erfahrungen finden in Maos Schrift „Strategische Probleme des Partisanenkrieges gegen die japanische Aggression" unverkennbar ihren Niederschlag:

„Es ist möglich und notwendig, offensive Aktionen in operativer und taktischer Hinsicht im Rahmen der strategischen Defensive durchzuführen, Schlachten oder Gefechte mit rascher Entscheidung im Rahmen eines strategisch langwierigen Krieges und operative oder taktische Aktionen auf den äußeren Linien im Rahmen strategischer Operationen auf den inneren Linien auszutragen. **Das ist der strategische Kurs, der im ganzen Widerstandskrieg eingehalten werden muss. Er gilt sowohl für die reguläre Kriegführung wie für den Partisanenkrieg.**" (Mao, c, :184)

Genau dieser strategische Kurs war auch für den Erfolg, das heißt die sukzessive Ausweitung der Stützpunktgebiete vor und während der vier „Einkreisungs- und Ausrottungs-Feldzüge" verantwortlich und bewahrte die Kommunisten vor der Vernichtung durch die Kuomintang; ein Abweichen von diesem Kurs, also die nicht rechtzeitige Preisgabe von Stützpunktgebieten wurde der Roten Armee während des fünften „Einkreisungs- und Ausrottungs-Feldzuges" zum Verhängnis.

Es ist also kein Wunder, dass Mao, durch diese teuer erkaufte Erfahrung reicher, fortan die Fähigkeit einer militärisch unterlegenen Armee **„wegzugehen"**, wenn die Situation dies erfordert, als elementare Bedingung für den endlichen Sieg propagierte.

So schreibt er in „Strategische Probleme des Partisanenkrieges gegen die japanische Aggression":

„Die Fähigkeit, wegzugehen, ist das hervorstechendste Merkmal der Partisaneneinheiten. Das Weggehen ist die Hauptmethode, um aus einer passiven Lage herauszukommen und die Initiative zurückzugewinnen." (Mao,c,:189)

Zur konkreten Durchführung von „offensiven Aktionen im Rahmen der Defensive, von Kampfhandlungen mit rascher Entscheidung im Rahmen eines langwierigen Krieges und von Aktionen auf den äußeren Kampflinien im Rahmen von Aktionen auf den Inneren Linien" nennt Mao nochmals notwendige Vorgehensweise und Bedingungen:

„1. Die grundlegende Richtlinie des Partisanenkrieges muss jedoch der Angriff sein, der viel offensiver ist als der der regulären Kriegführung. Obendrein muss dieser Angriff die Form einer Überraschungsaktion haben." (Mao, c, :185)

2. Bei der Beunruhigung des Gegners, bei seiner Bindung und bei Störaktionen sowie bei der Arbeit unter den Massen – bei all diesen Partisanenaktivitäten gilt das Prinzip der Auflockerung der Kräfte.

3. Ist jedoch die Aufgabe gestellt, eine feindliche Einheit zu vernichten oder einen feindlichen Angriff zu zerschlagen, gilt

das umgekehrte Prinzip: „Konzentriert eine große Kraft, um eine kleine feindliche Truppe zu schlagen." (Mao,c:186)

In der gleichen Schrift schreibt Mao weiter oben:

„... ich bin nicht gegen zwei oder mehr Operationsrichtungen; aber zu einer und derselben Zeit darf es nur eine Hauptrichtung geben. Die chinesische Rote Armee, die als eine schwache und kleine Streitmacht auf dem Schauplatz des Bürgerkrieges erschienen war, hat seither ihrem starken Gegner wiederholt Niederlagen beigebracht, und diese Kriegserfolge, die die Welt in Erstaunen versetzten, gründeten sich in hohem Masse auf dem konzentrierten Einsatz ihrer Kräfte. ...Wenn wir sagen: „einer gegen zehn, zehn gegen hundert", so bezieht sich diese Formel auf die Strategie, auf den Krieg als Ganzes und auf die Gesamtheit des Kräfteverhältnisses zwischen dem Feind und uns; (...) Das ist aber nicht in Bezug auf die operativen oder taktischen Aktionen gemeint, hier dürfen wir uns niemals so verhalten.

Sei es in der Gegenoffensive, sei es beim Angriff – wir müssen immer starke Kräfte konzentrieren, um gegen einen Teil der feindlichen Kräfte einen Schlag zu führen." Und weiter: „**Unsere Strategie ist: Einer gegen zehn, unsere Taktik: Zehn gegen einen.**" (Mao,d,:153f) (Hervorhebung von mir).

Auch hier ist Maos Lehrmeister Sun-Tse zu erkennen, der im VI. Gebot unter **Regel Nr. 7** sagt: „Wenn ich dem Gegner also ein Verhalten zeige, ohne darauf zu beharren, so bewahre ich meine Unversehrtheit und zersplittere den Gegner. Durch diese Schonung werde ich eine geschlossene Kraft sein. Hat sich aber der Gegner geteilt, wird er zehn Teile bilden. Dann werde ich mit zehnfacher Macht seine Einheit angreifen: Unserer werden viele sein, der Feinde dagegen wenige. Wenn jemand es versteht, mit der Masse seinen Schlag gegen eine Minderzahl zu führen, hat er nur gegen wenige zu kämpfen, und es ist leicht, sie zu besiegen." (Sun-Tse, a. a. O.:63)

Nach diesen Prinzipien verfuhr die Rote Armee tatsächlich während des gesamten Befreiungskrieges gegen Japan, immer war sie bemüht, mindestens eine dreifache, möglichst aber eine vier-, fünf- oder sechsfache taktische Überlegenheit gegenüber dem Feind herzustellen.

4. Die Langwierigkeit ist eine weitere Bedingung des schließlichen Erfolges der Roten Armee gewesen: Die Rote Armee war anfangs schwach, brauchte also Zeit zum Wachsen, auch um die notwendige politische Arbeit in den Stützpunktgebieten entfalten zu können. Außerdem spielte die Langwierigkeit des Krieges auch hinsichtlich der internationalen Lage eine große Rolle in Maos Strategie, da der beginnende zweite Weltkrieg aufgrund der damit

einhergehenden Zersplitterung der japanischen Truppen damit zu deren Schwächung beitragen musste.

Maos Kalkül, durch die Langwierigkeit des Krieges eine innere Zersetzung im Lager des Feindes herbeizuführen bis hin zu einem Volksaufstand der fortschrittlichen, antiimperialistischen und demokratischen Kräfte in Japan ist jedoch nur in bescheidenen Ansätzen aufgegangen: Meist wird die Wirksamkeit der ideologischen Indoktrination in Verbindung mit totaler Kontrolle und skrupellosem Terror diktatorischer oder halbfaschistischer Staatsapparate unterschätzt: So richtig es ist, dass staatlicher Terror eine revolutionäre oppositionelle Flut, also eine in der Offensive befindliche demokratische oder kommunistische Bewegung meist nur forciert anstatt schwächt – die Geschichte kennt eine Reihe von Beispiele hierfür – so scheint dies nicht für eine Situation zutreffend zu sein, wo die Linke und die demokratischen Kräfte sich in der **Defensive** befinden, ohne wie die chinesische Rote Armee die Möglichkeit zu haben, einen „strategischen Rückzug" antreten zu können:

Weder in Hitler-Deutschland noch in Franco-Spanien hat sich ein wirklich bedeutsamer Widerstand bilden können, nachdem erst einmal die Linke eine Niederlage erlitten hatte; selbst Mussolinis Sturz wurde wahrscheinlich erst durch die auftretenden Differenzen innerhalb des rechten Machtblocks und durch die Tatsache, dass der italienische

Faschismus weniger total und weniger tiefgehend als es vor allem der deutsche Faschismus war, ermöglicht.

Allerdings hat Mao auch nicht auf äußere Einflüsse – internationale Lage, Zerwürfnisse innerhalb des japanischen Imperialismus usw. – gewartet, diese vielmehr als argumentative Stütze für seine Überzeugung, dass die Rote Armee schließlich siegen könne, wenn sie sich nur genug Zeit nähme, benutzt.

Frühzeitig erkannte Mao die elementaren Schwächen Japans, wie sie ähnlich auch für die deutsche Wehrmacht negativ in Erscheinung traten:

„Der japanische Imperialismus weist jedoch zwei grundlegende Schwächen auf: Erstens mangelt es ihm an Streitkräften, und zweitens führt er den Krieg auf fremden Boden." (Mao, c:187)

Die Konsequenz des für ein von Japan besetztes, im Verhältnis zur japanischen Truppenstärke viel zu großes Gebiet war, dass nur die zentralen Punkte besetzt werden konnten, während das Hinterland sich weitgehend außerhalb der Kontrolle der japanischen Streitkräfte befand.

Eine ähnliche Situation, wie sie bereits für die Kuomintang zutraf, nur dass es im Gegensatz zum Krieg zwischen

Kommunisten und Kuomintang kaum einen Chinesen gab, der die Japaner freiwillig unterstützt hätte.

Das von den Japanern nicht oder nur mit unverhältnismäßigem Aufwand zu Kontrollierende Hinterland wurde sofort von den Kommunisten als Operationsfeld mit Beschlag belegt, und zugleich begann die KPCh mit antijapanischer Propaganda, der Bildung lokaler Milizen und Partisaneneinheiten und von Stützpunktgebieten nach erprobtem Muster.

Nicht zufällig drängen sich hier Parallelen zum russischen Partisanenkrieg gegen die deutsche Wehrmacht auf: Hier wie dort hatten die Besatzer ein viel zu großes Gebiet zu kontrollieren, was sich die Guerillas jeweils zunutze zu machen wussten...

Diesmal war die Situation für die Kommunisten bedeutend günstiger: **Indem die KPCh an die nationalen Gefühle der Chinesen anknüpfte, indem sie den antiimperialistischen Kampf gegen die japanische Aggression propagierte und so nationalen und sozialrevolutionären Kampf miteinander verband, indem die KPCh sich als die entschlossenste Kraft gegen den brutalen japanischen Imperialismus darzustellen wusste, gewann die KPCh laufend an Prestige und Zulauf,** und in den sich langsam aber sicher ausdehnenden „Befreiten Gebieten" und den

Partisanenstützpunktgebieten konnte sie immer neue Kämpfer rekrutieren und so ihre Verluste mehr als ausgleichen.

So wuchsen die 8. Route-Armee unter dem Kommando Maos und die neue 4. Armee von 40 000 Mann im Jahre 1937 bis zum Kapitulationsjahr der Japaner 1945 auf mehr als eine Millionen Mann – ein beachtliches Resultat!

Partisanenkrieg und Bewegungskrieg

Das Charakteristikum des Bewegungskrieges in der letzten Phase des chinesischen Befreiungskrieges ist die Tatsache, dass für ihn im Wesentlichen die gleichen operativen und taktischen Prinzipien wie für den Partisanenkrieg galten; für Mao war der Partisanenkrieg die Vorstufe des „regulären" Bewegungskrieges.

Entgegen verbreiteter Auffassungen spielte der eigentliche Partisanenkrieg, also vor allem die Irregularität und Klandestinität keineswegs jene entscheidende Rolle, wie sie heute vielfach behauptet wird – zumindest nicht in „objektiver" Hinsicht. (Vgl. hierzu Hanrahan, a. a. O.: 233)

Dies wird deutlich, wenn man sich einige Zahlen vor Augen führt: Im Jahre 1947 beispielsweise, als der Bürgerkrieg zwischen der KPCh und der Kuomintang wieder in vollem

Gange war, betrug die zahlenmäßige Stärke der Kuomintang-Truppen ungefähr 3 700 000 Mann. (laut Mao, k: 395)

Derartige, noch dazu hervorragend ausgerüstete Armeen – nach Hanrahan (a. a. O.:231) waren etwa 20 Divisionen der Kuomintang ganz oder teilweise von den Amerikanern ausgerüstet worden – können nicht binnen weniger Jahre allein durch Kleinkriegsaktionen vernichtet werden, dazu bedarf es der Maßenschlachten , dem massiven Einsatz regulärer Truppen.

Derart große Kuomintang-Truppen hätten analog des fünften „Einkreisungs- und Ausrottungs-Feldzuges" die kommunistisch kontrollierten Stützpunktgebiete einzeln einkreisen und vernichten oder aber die Rote Armee zum „strategischen Rückzug" zwingen können, wenn diese auf der ausschließlichen Anwendung des Partisanenkrieges beharrt hätte.

Die besondere Fähigkeit Maos bestand gerade darin, zu entsprechender Zeit und am entsprechenden Ort die jeweils der Situation am besten entsprechende Strategie und Taktik anzuwenden, und das war in der letzten Phase, der strategischen Gegenoffensive der Roten Armee gegen die Kuomintang der Bewegungskrieg mit regulären Truppeneinheiten. (Vgl. Hanrahan, a. a. O.:233)

Allerdings: Erstens erhielten die regulären Rotarmisten weiterhin Unterstützung durch lokale Partisanengruppen – was vor allem hinsichtlich der Aufklärung und der Ablenkung und Täuschung des Gegners nach wie vor eine elementare Rolle in Maos Kriegführung spielte – und zweitens wurden auch aus regulären Einheiten immer wieder bei Bedarf Partisaneneinheiten gebildet.

Schließlich war der Partisanenkrieg auch ein notwendiges Stadium, um zur höheren Form der regulären Kriegführung zu gelangen.

Der Erfolg der Roten Armee basierte m. E. in erster Linie nicht darauf, dass sie eine Guerilla-Armee war – ihre größten Vernichtungsschlachten gewann die Rote Armee als weitgehend reguläre Truppe – sondern im Vorhandensein objektiver Voraussetzungen und der subjektiven Fähigkeiten der Parteikader und Kommandeure, durch realistische Analyse der jeweils konkreten Situation im richtigen Moment die richtigen Entscheidungen zu treffen – hier half ihnen ganz sicher die sehr langjährige und oftmals schmerzhafte Erfahrung.

Ermöglicht wurde dies alles nicht zuletzt durch die Fähigkeit Maos, Traditionelles mit Neuem zu verbinden – zum Beispiel Karl Marx und Sun-Tse – in militärischer Hinsicht oft unkonventionell und unberechenbar zu handeln, gemachte

Erfahrungen selbstkritisch anzuwenden, Brauchbares weiter zu entwickeln und sich aber vom Ballast militärischer Traditionen zu befreien.

Auch die chinesischen Befreiungskriege gegen die Japaner zeigen, dass es in der Geschichte oftmals nicht allein die „objektiven" Bedingungen sind, die den geschichtlichen Prozess bestimmen, diese lediglich den großen Rahmen stecken, innerhalb dessen aber **Individuen** bestimmend sind; dass es an bestimmten Wendepunkten **Persönlichkeiten** bedarf, die den geschichtlichen Möglichkeiten zum Durchbruch verhelfen. Geschichte hat eben nichts gemein mit pedantischem Schematismus, sondern ist ein lebendiger Prozess, der immer von sehr lebendigen menschlichen Subjekten bestimmt wird – allerdings natürlich immer innerhalb eines Zeitgeschichtlichen Rahmens.

Zusammenfassung

Der über zwanzig Jahre währende Volkskrieg der KPCh gegen die Kuomintang und dann gegen die Japaner, der wahrscheinlich ähnlich viele Menschen in das politische Geschehen hineinzog und **ähnlich viele Menschenleben kostete wie der gesamte 1. Weltkrieg (so Sebastian Haffner, a. a. O.: 9), ist das erste geschichtliche Beispiel einer kommunistisch geführten TotalGuerilla gegen**

imperialistische Ausbeutung und Unterdrückung sowie gegen den inneren „Klassenfeind".

Festzuhalten bleibt, dass es sich dabei **primär nicht** um einen Revolutionskrieg zur Errichtung der „Diktatur des Proletariats" und dem unmittelbar angestrebten Aufbau des Sozialismus handelte, sondern nach dem eigenen damaligen Selbstverständnis der KPCh die **Zielsetzung** vielmehr **„bürgerlich-demokratisch"** war, allerdings unter der Führung der kommunistischen Partei Chinas, was der chinesischen Revolution ihr charakteristisches Gepräge gab.

Die Strategie der KPCh resultierte aus einer insgesamt gesehen durchaus realistischen Analyse der chinesischen Gesellschaft des 20. Jahrhunderts – unbeschadet einiger mythologischer Begleiterscheinungen.

Diese enge Verbindung von Gesellschaftsanalyse und deren praktische Anwendung in politisch-militärischer Hinsicht ist m. E. neben dem Vorhandensein „objektiver" Bedingungen als wesentlich für den Erfolg der KPCh und der Roten Armee unter der Führung Mao Tse-Tungs anzusehen.

Folgende Charakteristika zeichnen den gesamten chinesischen Befreiungskrieg – den Bürgerkrieg ebenso wie den anti-japanischen Befreiungskrieg – aus:

1. Das von Mao stets oben angestellte Prinzip der politischen Arbeit (Agitation und Propaganda) und der Verankerung in den Massen; in keiner seiner Schriften versäumt Mao es, die Notwendigkeit der Massenmobilisierung und der Gewinnung der Massen für die Ziele der kommunistischen Partei, das heißt die antiimperialistische Revolution, immer wieder zu betonen.

Für Mao ist dies ebenso Ziel wie politische Voraussetzung für den Erfolg der chinesischen Revolution, und Maos Konzept der Stützpunktgebiete, in denen die Partei konkret politisch arbeitete, ebenso Maos öfter betonte Ablehnung „umherschweifender Rebellenhaufen" ist nicht zuletzt Resultat der Einsicht, dass die chinesische Revolution in erster Linie eine politische und nicht allein eine militärische Aufgabe darstellte.

2. Errichtung einer roten Gegenmacht in Form von Stützpunktgebieten, die nicht nur als logistische und militärische Basis der Roten Armee von entscheidender Bedeutung waren, sondern auch als Fundament für die Konsolidierung der Revolution, ebenso für die wellenförmige Verbreitung eine elementare Rolle spielten.

3. Die Existenz der kommunistischen Partei war ein entscheidender Faktor in einem Prozess, dessen Ziel auch in der Etablierung einer zentralen Staatsgewalt zur

Überwindung der nationalen Zersplitterung und Schwäche gesehen wurde.

Auch hinsichtlich ihrer Bedeutung als organisierende, zentralisierende, kontrollierende und disziplinierende, aber auch Impulse gebende Instanz war die Funktion der Partei im revolutionären Prozess von elementarer Bedeutung.

4. Strategische verfolgte die Partei und die Rote Armee eine Politik, bei der die „Selbsterhaltung und die Vernichtung des Feindes" obersten Vorrang vor Territorialgewinne hatten; die Auffassung Maos, dass aus Stärke auch die Möglichkeit lokaler Expansion resultiert, nicht aber (vorübergehender) Gebietsgewinn per se schon Stärke bedeutet und den Verlust größerer Truppenkontingente rechtfertigt, war Richtschnur der maoistische Strategie: Die Ergreifung oder Wiedergewinnung der Initiative als Voraussetzung der Schlagkraft der Armee setzte die Fähigkeit und Bereitschaft der roten Truppen voraus, „wegzugehen", das heißt den Gegner gegebenenfalls vorübergehend ins eigene Stützpunktgebiet auch unter Preisgabe ökonomischer und anderer Vorteile hereinzulassen als Bedingung dafür, ihn in einem für ihn ungünstigen Gebiet zu zermürben, zu demoralisieren und ihn mit Unterstützung der Landbevölkerung desto leichter vernichten zu können.

Der von Mao stets propagierte „Vernichtungskrieg" resultierte aus der Erkenntnis, dass die Kuomintang ebenso wie die Japaner Gegner waren, die nicht eher ruhen würden, bis die Kommunisten als deren jeweilige Hauptwidersacher völlig ausgerottet waren.

„Katzen befreunden sich mit Katzen, nirgendwo auf der Welt befreunden sich Katzen mit Mäusen." (Mao).

5. Die fast stets angewendete Taktik, den Feind in das eigene Stützpunktgebiet zu locken, ihn hier durch die die regulären Einheiten unterstützenden Partisanengruppen zu irritieren, ihn mit Nadelstichen zu sinnlosen weil erfolglosen Verfolgungsmärschen zu reizen, durch Scheinangriffe in ständiger Alarmbereitschaft zu halten, den Feind dadurch schließlich zu ermüden, zu zermürben, zu demoralisieren und schließlich den ermüdeten und demoralisierten Feind im günstigen Moment überraschend zu überfallen und zu vernichten, diese Taktik setzte eine weitgehende Sympathie, Unterstützung und Verankerung der Armee und Partei in der Landbevölkerung voraus, der sich die Kommunisten durch revolutionäre Maßnahmen, in erster Linie durch Enteignung des Großgrundbesitzes und der Umverteilung von Land an die arme Bauernschaft immer aufs Neue versichern konnten.

Des Weiteren setzte diese Taktik äußerste Beweglichkeit voraus, und die langjährige Partisanenpraxis war es, die die außerordentliche Beweglichkeit der Roten Armee auch in der letzten Phase des Befreiungskampfes, als die roten Truppen zu einem Massenheer geworden waren, ermöglichte und dazu beitrug, diese zahlenmäßig nun sehr großen Truppenverbände je nach Bedarf zu konzentrieren und zu zerstreuen.

6. Wie in allen Guerillakriegen war auch im Chinesischen Krieg die permanente Offensive, das ständige Bemühen, die Initiative zu behalten oder sie an sich zu reißen, eine Bedingung des Erfolges.

7. Entgegen verbreiteter Auffassungen war es nicht die Guerilla als isolierte Methode, quasi als „Geheimrezept", die die Rote Armee nach sehr langwierigen Kämpfen schließlich zum Sieg führte, sondern die flexible Anwendung unterschiedlicher militärischer Strategien und Taktiken je nach den Erfordernissen der Situation, wobei m. E. die Guerilla eher hinsichtlich ihrer politischen Implikationen, ihrer Bedeutung als politisch-militärischer Form der Selbsterhaltung und des allmählichen Wachstums der lange Zeit völlig unterlegenen Roten Armee eine Rolle spielte als hinsichtlich ihres Vernichtungspotentials: Mao selbst hat sich nicht nur gelegentlich geradezu abfällig über die Guerilla

geäußert, sondern sie ausdrücklich als Form des Krieges militärisch unterlegener Kräfte bezeichnet.

Maos Prognose, dass in der Endphase des Kampfes, nämlich der „Strategischen Offensive" der Roten Armee die Guerilla zwar keineswegs verschwinden, gleichwohl als Hauptkampfform in den Hintergrund treten müsse zugunsten des regulären Bewegungskrieges, hat sich ebenfalls voll bestätigt.

8. Obgleich man von der Roten Armee vor allem in der letzten Phase des Krieges gegen die Kuomintang von einer „regulären" Truppe sprechen muss, unterscheidet sie einige charakteristische Merkmale von anderen „Regulären": Vor allem ist dies die Tatsache, dass entsprechend den Forderungen Maos für die reguläre Armee die gleichen taktischen Prinzipien wie für die Partisanengruppen galten; auch die enge Verzahnung zwischen Partisanengruppen und regulären Streitkräften lässt es sinnvoll erscheinen, „regulär" in Anführungszeichen zu setzen; dies auch deshalb, weil Angehörige der Partisanenabteilungen ggf. in die reguläre Armee versetzt wurden oder umgekehrt bei Bedarf aus einzelnen regulären Einheiten der Roten Armee vorübergehend, das heißt für einzelne Vorhaben, aber auch für einen längeren Zeitraum, vor allem zum Aufbau neuer lokaler Partisaneneinheiten, Partisanengruppen gebildet wurden.

9. Das Erfolgsrezept der Roten Armee in taktischer Hinsicht beruht zu einem beträchtlichen Teil auf der „Künstlichen" Herstellung eines Kräfteverhältnisses, dass es der Roten Armee ermöglichte, aus den meisten Gefechten siegreich und mit erheblich geringeren Verlusten als die Gegenseite hervorzugehen: **Strategisch eins zu zehn, taktisch zehn zu eins, das war eines der wesentlichen militärischen Grundsätze der Roten Armee.**

Die Herstellung einer taktischen Überlegenheit bei bestehender strategischer Unterlegenheit durch geschicktes Manövrieren ist natürlich keine Erfindung von Mao gewesen, sie kennzeichnet mehr oder weniger jede erfolgreiche Guerilla.

10. Nur der Vollständigkeit halber sei noch darauf hingewiesen, dass entsprechend geeignetes Terrain eine grundlegende Voraussetzung für den chinesischen Partisanenkrieg bildete – Mao hat darauf wiederholt hingewiesen.

Mao hat eine wichtige Tatsache nur am Rande erwähnt, weil sie für ihn selbstverständlich gewesen ist und auch kein Problem darstellte, die im späteren Zusammenhang jedoch wichtig ist: Mao hat den chinesischen Befreiungskrieg aus den konkreten Bedingungen Chinas der zwanziger, dreißiger und vierziger Jahre des zwanzigsten Jahrhunderts abgeleitet, und diese, von Mao immer wieder neu analysierten **konkreten Verhältnisse** haben auch die konkreten Menschen hervorgebracht, die den chinesischen Volkskrieg, **einen der blutigsten und verlustreichsten Kriege im 20. Jahrhundert führten**: Die Kämpfer der Roten Armee und der lokalen Partisanenabteilungen waren in der Mehrzahl zwar keine Proletarier, wohl aber Menschen, die buchstäblich **„nichts zu verlieren hatten als ihre Ketten"**.

Die verarmten und verschuldeten Bauern, Landarbeiter, Tagelöhner, Vagabunden, Arbeiter, Räuber und ehemalige Kuomintang-Soldaten – sie alle hatten nichts zu verlieren als ihre Ketten, sie hatten tatsächlich „eine Welt zu gewinnen", wie es im Kommunistischen Manifest heißt.

Nur Revolutionäre vom Schlage eines Mao Tse-Tung oder aber Menschen, die ihr Leben lang große Entbehrungen und physische Belastungen gewohnt waren, konnten einen derart totalen, brutalen, langwierigen und blutigen Volkskrieg wie den gegen die Kuomintang und die Japaner überhaupt führen, ohne früher oder später Sinn und Zweck des ganzen Unternehmens in Frage zu stellen.

Nüchterne Zahlen und verbale Beschreibungen vermögen wohl nur unvollkommen das Elend, dass seiner Zeit in China geherrscht haben muss darzustellen, dass die chinesischen Bauern schließlich veranlasste, sich in Scharen unter dem

Banner der KPCh und der Roten Armee zu sammeln, und „reinen Tisch mit dem Bedränger", dem inneren und dem äußeren Feind zu machen.

Kapitel 12 Guerilla in Lateinamerika

Politisch-ökonomische Bedingungen der Guerilla

Schon Karl Marx hat der kolonialen Ausbeutung der „Dritten Welt" für die Entstehung und Expansion des europäischen Kapitalismus eine maßgebliche Rolle zugeschrieben:

„Die Entdeckung der Gold- und Silberländer in Amerika, die Ausrottung, Versklavung und Vergrabung der eingeborenen Bevölkerung in die Bergwerke, die beginnende Eroberung und Ausplünderung von Ostindien, die Verwandlung von Afrika in ein Gehege zur Handelsjagd auf Schwarzhäute bezeichnen die Morgenröte der kapitalistischen Produktionsära. Diese idyllischen Prozesse sind Hauptmomente der ursprünglichen Akkumulation." (Marx, a, 1979:779)

Neuere, marxistisch und auch nicht-marxistisch orientierte Untersuchungen haben die Bedeutung der Ausplünderung der „Dritten Welt" für die ursprüngliche kapitalistische Akkumulation, d. h. die Anhäufung von Kapital zur Gründung von Unternehmen durchaus bestätigt.

Der (marxistsch orientierte) Wirtschaftswissenschaftler Ernest Mandel hat den Wert der durch direkten Raub, Sklavenhandel und „regulärem" Handel der aus den Ländern der „Dritten Welt" in die europäischen Metropolen verbrachten Vermögen zusammengerechnet, und er kommt in einem Zeitraum von 1500 bis 1750 zu einem Betrag von über 1 Milliarde Goldpfund, das ist „mehr als der Wert des gesamten Anlagekapitals in allen europäischen Industrieunternehmen um das Jahr 1800". (Mandel, 1972:77)

Die Millionenfach verübten Gräueltaten und Massenmorde an den Menschen in Lateinamerika haben leider eine sehr reale ökonomische Grundlage: Lateinamerika diente und dient noch heute als Rohstoffreservoir, Absatzmarkt der Industrieländer, Quelle billigster Arbeitskräfte, Anlagefeld für „überschäumendes" Kapital usw.: Unbestreitbar haben lateinamerikanische Länder neben anderen Regionen in der Welt nicht nur eine große Rolle für die ursprüngliche Akkumulation des Kapitals in Europa und die Expansion des europäischen und später auch des US-amerikanischen

Kapitals gespielt, sondern sind auch heute noch Quelle von „Extra-Profiten" aller Art.

Wo derart extreme Ausbeutungsverhältnisse herrschten, da regte sich Widerstand, und die immer wieder behauptete „Apathie" der Indios widerspricht den geschichtlichen Tatsachen.

Immer wieder gab es in Lateinamerika lokale Rebellionen unter maßgeblicher Beteiligung der Indios, und dies nicht erst seit Ende des 2. Weltkrieges: Berühmtestes Beispiel ist wohl der 1780/81 durch den Inka und Sprössling eines alten Inka-Geschlechts , Tupaq Amaru angeführte größte Indianeraufstand in Peru, der nach anfänglichen Erfolgen schließlich mit der Gefangennahme und öffentlichen Vierteilung Tupaq Amarus in Cuzco, der ehemaligen Inka-Hauptstadt, endete. (Vgl. hierzu und folgendem Galeano, 1983,:56 ff ; Allemann, 1974,:318)

Der Kolonialismus und später der Imperialismus rief in Lateinamerika die entsprechende Reaktion in Gestalt des Nationalismus hervor, und die Befreiungskriege der lateinamerikanischen Länder, angeführt meist von den Sprösslingen wohlhabender kreolischer Großgrundbesitzer wie Simon Bolivar, wurden mehr oder weniger ausschließlich mit dem Ziel der nationalen Befreiung von den „Mutterländern", anfangs vor allem von Spanien, geführt.

Die meisten dieser Befreiungskämpfe wurden konventionell ausgefochten, denn den Befreiern wie Simon Bolivar, die selbst Teil der herrschenden Klasse waren, ging es primär **nicht** um eine Umgestaltung der wirtschaftlichen Strukturen zugunsten der armen Bauern und Landarbeitern, also vor allem der indianischen Bevölkerung.

Einer der wenigen Ausnahmen in der Reihe der antikolonialen Befreier bildet offenbar General Artigas aus Uruguay, der abwechselnd gegen die Spanier, Argentinier und Portugiesen für ein souveränes Uruguay kämpfte und der als fast einziger auch soziale Umgestaltungen der wirtschaftlichen Grundlagen, vor allem eine Agrarreform – das Land denen, die es bebauen! – im Auge hatte. (Allemann, a. a. O.:318)

Doch auch der mexikanische Priester Morelos gab die Parole aus: „Alle Reichen, alle Adeligen und alle führenden Funktionäre sind als Feinde zu behandeln."

Doch schließlich wurde auch er und seine Aufständischen besiegt und erschossen. (Galeano, a. a. O.:58)

Nachdem Lateinamerika formal unabhängig war, bildeten sich Strukturen heraus, wie sie teilweise bis heute in Ansätzen für nahezu alle Länder des lateinamerikanischen Kontinents mehr oder weniger kennzeichnend sind:

- Extreme Weltmarktabhängigkeit, die durch Exportproduktion gekennzeichnet ist. Die Ungleichzeitigkeit der Entwicklung im internationalen Maßstab hat zu einer internationalen Arbeitsteilung auf mehreren Ebenen geführt.

Die reichen Industrieländer Europas und Nordamerikas beziehen Rohstoffe, Agrarprodukte, Halbfertigwaren u. anderes zu Billigpreisen aus den armen Ländern Lateinamerikas. Um eine möglichst hohe Profitrate zu erzielen, wurden die Löhne in Lateinamerika durch eine Reihe zum Teil sogar terroristischer Maßnahmen niedrig gehalten.

So oft auch die Militärdiktaturen wechseln mochten und sich ein liberales Mäntelchen umhängten, das Prinzip der Staatsgewalt ist teilweise bis heute immer das gleiche geblieben: Der Schutz der Besitzenden vor den Besitzlosen, die Niederhaltung der Bevölkerungsmehrheit durch eine bewaffnete Bevölkerungsminderheit, die aber die Staatsgewalt auf ihrer Seite hat....

Ein fataler Teufelskreis hat zur „Entwicklung der Unterentwicklung" geführt: Um möglichst hohe Profite zu erzielen, kommen die von Karl Marx im „Kapital" gezeigten Mechanismen zur Anwendung: Einerseits erfolgt eine erhebliche Überausbeutung der Arbeitskraft, da der Preis der Ware Arbeitskraft mit Hilfe auch diktatorischer

Maßnahmen so niedrig gehalten wird, dass er deutlich unter dem für technische Innovationen liegt.

Diese Überausbeutung wird ermöglicht durch rigide, autoritäre und diktatorische Regierungsmethoden, die ihrerseits notwendige Innovationen und das Entstehen eines breiten Innenmarktes verhindern:

Gewerkschaften werden gewaltsam unterdrückt und können ohnehin nur bedingt wirksam werden, weil nicht nur eine große „Industrielle Reservearmee" sondern auch eine große „relative Überbevölkerung" besteht, die, weil sie von der Lohnarbeit völlig ausgegrenzt und nicht organisiert ist, aufgrund ihrer extremen Verelendung sehr leicht als „Streikbrecher" eingesetzt werden kann.

Allerdings sind es oft gerade diese Bevölkerungsschichten, die in einer revolutionären Situation die entschlossensten Kämpfer stellen und ein permanentes revolutionäres Potential darstellen.

Aufgrund dieser politischen Strukturen und der daraus resultierenden unzureichenden Möglichkeit, höhere Löhne und damit wachsende Kaufkraft zur Entstehung eines breiten inneren Marktes und eines entsprechenden Mittelstandes zu erreichen, bleibt die Wirtschaft auf den **Export** orientiert und somit nicht nur extrem Weltmarktabhängig und damit Krisenanfällig, sondern es wird auch eine in gewissem Masse notwendige „Autozentrierte Entwicklung" verunmöglichst, die im Gegensatz zu rein Exportorientierter Monokultur stände.

Die Einführung modernerer Produktionsmethoden, um den Fall der Preise von Rohstoffen und Agrarerzeugnissen auf dem Weltmarkt auszugleichen, hat andererseits vor allem auf dem Land die Arbeitslosigkeit und Verelendung großer Bevölkerungsteile verstärkt, vernichtete und vernichtet laufend die landwirtschaftliche Subsistenzwirtschaft und treibt die Kleinstbauern und Saisonarbeiter in die städtischen Slums, wo sie meist vergeblich nach einer geregelten Arbeit suchen.

Zudem sind der Modernisierung dort Grenzen gesetzt, wo die herrschenden Oligarchien nicht an umfassender **Bildung** der Volksmassen interessiert sein können: Nicht von ungefähr beginnen in Lateinamerika die meisten Revolten und Revolutionen an den Universitäten!

Ein wesentlicher Bestandteil des Programms aller erfolgreichen Befreiungsbewegungen in Lateinamerika zielte deshalb m. E. zu Recht auf den Bildungssektor, vor allem in Gestalt breiter Alphabetisierungskampagnen, um die intellektuellen Voraussetzungen für eine breite Beteiligung des Volkes an wirtschaftlichen und politischen Entscheidungsprozessen zu schaffen.

Die Probleme, vor denen nahezu das gesamte Lateinamerika steht, resultieren also letztlich aus zwei miteinander in Zusammenhang stehenden Strukturen: Dem Imperialismus, das heißt der vielfältigen Ausbeutung und politischen Einflussnahme auf die armen durch die reichen Länder, sowie durch die innergesellschaftlichen Strukturen, die mittlerweile oftmals eine relative Autonomie gewonnen haben: Solange die Wirtschaft und Politik der lateinamerikanischen Länder bestimmt wird durch die Interessen einer zahlenmäßig relativ kleinen, aber skrupellosen herrschenden Klasse, die ihre eigene Bevölkerung ausplündert und sich dadurch bereichert, solange besteht kaum eine Hoffnung, dass der „Entwicklung der Unterentwicklung" Einhalt geboten werden kann.

Zusammenfassend kann gesagt werden: Die wirtschaftlichen und politischen Probleme Lateinamerikas erscheinen unter den gegebenen Bedingungen, das heißt der imperialistischen Umklammerung sowie aufgrund der innergesellschaftlichen extremen Klassendifferenzierung und der damit in Zusammenhang stehenden politischen Strukturen als nur schwer lösbar.

Dies sind die politisch-ökonomischen **Rahmenbedingungen,** von denen nahezu alle lateinamerikanischen Befreiungsbewegungen ausgehen mußten, sie mußten gewissermaßen einen „Zweifrontenkrieg" führen: Gegen den

Imperialismus, das heißt die Ausbeutung und Beherrschung durch ausländische Konzerne und Staaten sowie gegen den inneren Feind der Demokratie und Selbstbestimmung des ganzen Volkes, die **herrschende Oberschicht** im eigenen Land, die oftmals ein Bollwerk gegen jede Form gesellschaftlicher Modernisierung darstellt.

Wenn sie diese Probleme lösen wollen, müssen Befreiungsbewegungen oder demokratische Bewegungen also ebenso antiimperialistisch/nationalistisch wie sozialrevolutionär sein – wenn sie es nicht sind, werden sie keine wirkliche Befreiung und Erneuerung erreichen können.

Aus den hier umrissenen Problemen ergibt sich, dass die Probleme der Lateinamerikanischen Länder mit der Machtergreifung einer demokratischen Bewegung **nicht** gelöst sind, wenn sie denn tatsächlich Erfolg haben sollten, sondern erst **beginnen:** Damit sind erst die Voraussetzungen für einen längeren Emanzipationsprozess mit ungewissem Ausgang geschaffen!

Kapitel 13 Lateinamerika und die Linke

Die Gründung kommunistischer und sozialistischer Parteien in den Ländern Lateinamerikas im Laufe der zwanziger und dreißiger Jahre des 20. Jahrhunderts resultiert nicht nur aus der allmählichen Entstehung eines wenn auch zahlenmäßig vergleichsweise unbedeutenden industriellen Proletariats und den damit in Zusammenhang stehenden Interessengegensätzen auch in Lateinamerika, sondern ist auch im Zusammenhang mit der siegreichen russischen Oktoberrevolution, der Gründung der **„Kommunistischen Internationale" (KI)** und ihrem anfänglich großen Prestige in der „Dritten Welt" zu sehen.

Da die (stalinistische) Kommunistische Internationale/Komintern als „Weltpartei des Proletariats" verstanden wurde und ihren nationalen Sektionen verbindlich die von diesen zu verfolgende Politik oktroyieren konnte, quasi zeitweise als zentrale Befehlsinstanz fungierte, ist die Ausrichtung der verschiedenen Kommunistischen Parteien auf die jeweilige „Generallinie" keineswegs erstaunlich.

Die Stalinisierung, die in Sowjetrussland zur Beseitigung der gesamten Opposition, der linken wie der rechten Parteiflügel der SDAPR führte, setzte sich in der Kommunistischen Internationale fort und erfasste schließlich auch die kommunistischen Parteien Lateinamerikas, wenn auch zum Teil mit Verspätung.

Auch in Lateinamerika erfolgte der Ausschluss von „Trotzkisten" und die immer straffere Ausrichtung auf die Direktiven der Kommunistischen Internationale, für die jedoch ihrerseits zunehmend die geopolitischen Interessen alleine der Sowjetunion, dem „Bollwerk des Sozialismus" zur politischen Leitlinie wurde, während das Ziel der Weltrevolution zunehmend in den Hintergrund trat gemäß der stalinistischen Doktrin des „Sozialismus in einem Lande".

Statt **eigenständige Analysen der Ist-Situation im eigenen Land vorzunehmen anhand der konkreten gesellschaftlichen Situation,** wurden die Kommunistischen Parteien auch in Lateinamerika mehr und mehr, bewusst oder unbewusst quasi zum verlängerten Arm der Außenpolitischen Interessen der Sowjetunion und übernahmen deren schematische Theorie der „bürgerlich-demokratischen Revolution", die in den Ländern Lateinamerikas auf der Tagesordnung stehe.

Die von der Kommunistischen Internationale Mitte der dreißiger Jahre propagierte und von den lateinamerikanischen kommunistischen Parteien übernommene Ausrichtung auf die „Volksfront", das heißt einem Klassenbündnis zwischen dem Proletariat und der

Bauernschaft sowie dem „fortschrittlichen Teil der nationalen Bourgeoisie" gegen Faschismus und Feudalismus war schon dort umstritten und führte schließlich zum Hegemonieverlust der Linken, wo es tatsächlich so etwas gab wie einen relativ fortschrittlichen Teil der Bourgeoisie (Spanien, Frankreich).

In Lateinamerika, wo es bis auf wenige Ausnahmen nie eine echte nationale Bourgeoisie analog zu den europäischen und nordamerikanischen Zentren gegeben hat, das Bürgertum als „Kompradoren-Bourgeoisie" eine eher parasitäre Rolle gespielt hat, indem sie als Vermittlungs-Instanz und williges Werkzeug der Ausbeutung durch fremde Länder fungierte, ist ein Bündnis zwischen dem Proletariat und dieser durch und durch parasitären und Korrupten, auch nach kapitalistischen Maßstäben völlig reaktionären Machtcliquen eigentlich politisch wenig zielführend.

Diese **Volksfrontpolitik** der Sowjetunion und der stalinistischen Kommunistischen Internationale ist im Zusammenhang mit der zunehmenden Bedrohung der Sowjetunion durch das faschistische Deutschland der 30er und 40er Jahre zu sehen sowie dem Bemühen der stalinistischen Sowjetregierung, einen Pakt auch mit den vormals als imperialistisch eingestuften Regierungen gegen die Hitler-Mussolini-Franco-Koalition zu schließen.

Die Politik der Kommunistischen Internationale sollte also die Interessen der stalinistischen Sowjetmacht im internationalen Maßstab befördern.

Dass die Volksfront-Orientierung **nicht** Produkt einer **revolutionären Strategie** war, sondern sich den nationalen und **geopolitischen Interessen der Sowjetunion** verdankt, wird auch daran deutlich, dass nicht, wie es einer immanenten Logik entsprochen hätte, eine Volksfront aus Arbeitern, Bauern und Deklassierten angestrebt wurde, sondern eine „Volksfront" mit jenen Kräften, die dem einfachen Volk entfremdet waren und eine diesbezüglich sehr zweifelhafte Rolle spielten.

Doch für die Kommunistische Internationale hatte das Bündnis einer möglichst breiten Anti-Hitler-Koalition absoluten Vorrang vor revolutionären Prozessen mit unsicherem Ausgang: Dies zeigt sich nicht nur im Falle Spaniens, wo die demokratisch-republikanische Revolution dieser Koalition geopfert wurde, auch für Lateinamerika galt diese Politik als verbindlich.

So **kritisiert** etwa Carlos Lamarca, ein Führer der chilenischen KP der dreißiger Jahre, im Jahre 1938 die **Trotzkisten, weil sie trotz der von der Sowjetunion angestrebten Koalition mit dem angloamerikanischen**

Imperialismus gegen Hitler nicht auf den Klassenkampf verzichten wollen:

„Die Trotzkisten nutzen das legitime Hassgefühl des Volkes gegen den Imperialismus, um den Angriff auf den englischen und den Yankee-Imperialismus zu konzentrieren, die in Chile das größte Investitionsvolumen haben. Dies ist ein Moment der Hilfe für das Eindringen und die Vorherrschaft der faschistischen Regierungen... (Ross, RH 6:32)

Besonders deutlich werden die Folgen dieser fatalen Politik am Beispiel Kubas, wo die Kommunistische Partei (PSP) seit 1943 sogar an der Regierung der völlig korrupten und diktatorisch regierenden US-Marionette Batista teilnahm.

Als Gegenleistung wurde die kubanische KP legalisiert und ihr bescheidener Spielraum in ihrer zu dieser Zeit rein gewerkschaftlichen Propaganda-Arbeit im Proletariat eingeräumt.

Aus dieser, anfangs geopolitisch bedingten **seltsamen Interessenskoalition zwischen extrem reaktionärer, imperialistisch kontrollierter Marionetten-Regierung und einer kommunistischen Partei erwuchsen also auch soziale „Perspektivenverschränkungen".**

Ähnliche Probleme, wie hier am kubanischen Beispiel geschildert, gab es – wenn auch in abgemilderter Form –

nicht nur in Kuba, sondern überall dort, wo die Kommunistischen oder sozialistischen Parteien aufgrund wirklicher oder vermeintlicher taktischer Erfordernisse ihren politischen Standpunkt anpassten oder bis zur Unkenntlichkeit relativierten.

Kapitel 14 Kuba

Kurze Chronologie der kubanischen Geschichte

1511 Eingliederung Kubas in das spanische Kolonialsystem. Entwicklung einer von Spanien politisch und ökonomisch abhängigen Kolonialgesellschaft, spanischer Handelsknotenpunkt und Versorgungsbasis.

Bis ins 18. Jahrhundert hinein extensive exportorientierte Viehwirtschaft in Latifundien (Export von Häuten), daneben kleinbäuerliche Tabakwirtschaft.

19. Jahrhundert Aufschwung der Zuckerwirtschaft. Durchsetzung der monokulturellen Zuckerproduktion in Plantagen, basierend auf der Ausbeutung von Sklavenarbeit.

1868 erster Aufstand gegen Spanien. Am 10.10.1868 rufen die Republikaner die Unabhängigkeit aus und setzen eine republikanische Regierung in Bayamo ein.

Es folgt ein zehnjähriger Guerillakrieg gegen die Spanier mit Waffenhilfe durch die USA, bei dem ca. 50 000 Kubaner und ca. 208 000 Spanier ihr Leben lassen.

1878 „Frieden von Zanjon", der zur Vertretung Kubas in den spanischen Cortes und zur schrittweisen Abschaffung der Sklaverei führt.

Es folgt eine Wirtschaftskrise aufgrund der Abschaffung des Vorzugszolls für Zucker aus Kuba in den USA, die zu einem erneuten Aufstand unter M. Gomez, A. Macco und J. Marti führt.

Der Aufstand wird mit einer spanischen Armee von 200 000 Mann unter dem Kommando von Generalkapitän Weyler blutig niedergeschlagen.

1897 unter dem liberalen Madrider Kabinett von P. M. Sugasta wird Weyler zurückgerufen und Kuba weitergehende Autonomie gewährt.

1898 Im Pariser Frieden vom 10.12.1898 fällt Kuba an die USA, nachdem diese die spanische Flotte besiegt hatte. Die USA setzen eine Militärverwaltung ein.

1901 folgt das „Platt Amendment", ein in der kubanischen Verfassung verankertes Abkommen, dass den USA Interventionsrechte auf Kuba bei inneren Unruhen einräumt.

20.05.1902 Übergabe der Regierung an den ersten Präsidenten T. E. Palma durch den US-General L. Wood.

1906 Empörung der Liberalen gegen Palma. Die USA greifen mit Hilfe von Marineinfanterie ein. An die Stelle Palmas tritt zuerst der US-Kriegsminister W. Taft, dann Oberst Ch. Magoon.

1909 Übernahme der Regierung durch J. M. Gomez nach Rückzug der US-Truppen.

1913 Militärische Intervention der USA aufgrund erneuter Unruhen, die Regierung übernimmt der Konservative M. G. Menocal. Die Regierung ist von den USA abhängig.

1917 Revolution unter J. M. Gomez gegen seinen konservativen Nachfolger M. G. Menocal (1913-1921), die USA intervenieren erneut militärisch.

Der Zuckeranbau bringt wachsende Gewinne bis zur Wirtschaftsdepression Ende der zwanziger Jahre. Ein Tag nach den USA Kriegserklärung an Deutschland.

1925-1933 Präsident Machado y Morales. Die Feindschaft gegen ausländisches Kapital wächst, und dies und das diktatorische Regime Machados führt zur Revolution.

1933 Sturz Machados. Tatsächlicher Machthaber wird der neue Oberbefehlshaber der Armee, der ehemalige Unteroffizier und nunmehrige General F. Batista y Zaldivar, der 1934 die Erhebung C. Mendietas zum Präsidenten durchsetzt.

19.5.1934 Ein Vertrag zwischen Kuba und den USA führt zur Aufhebung des „Platt Amendment".

1940 Batista wird zum Präsidenten gewählt. Es werden soziale und wirtschaftliche Reformen durchgeführt.

1944 Batista verliert die Präsidentschaftswahl an R. Grau San Martin.

1948 Die Präsidentschaftswahlen gewinnt C. Prio Socarras.

1952 Batista putscht sich mit Hilfe des Militärs erneut an die Macht.

11.11.1954 (Manipulierte) Wahlen bestätigen Batista erneut im Amt, die Opposition formiert sich, wird jedoch blutig unterdrückt.

Der Sturm auf die Moncada-Kaserne durch Fidel Castro und Kameraden scheitert.

1956 Beginn des Guerilla-Krieges unter Führung von Fidel Castro („Bewegung des 26. Juli").

1.1.1959 Nach dreijährigem Guerilla-Krieg und einem Generalstreik marschieren Fidel Castros Truppen in La Habana ein, Diktator Batista ist geflohen.

Die kubanische demokratische Bewegung

Die berühmte Feststellung von Karl Marx, dass man ebenso wenig eine „Umwälzungsepoche aus ihrem Bewusstsein beurteilen" kann wie man „das, was ein Individuum ist, nach dem beurteilt, was es sich selbst dünkt" (Marx,b, 1975:9), hat sich auch am Beispiel der kubanischen Revolution bestätigt:

Kaum eine Revolution ist in so kurzer Zeit so mythologisiert und fetischisiert worden wie die kubanische, und es sei bereits hier gesagt, dass die von der „Bewegung des 26. Juli" von **Fidel Castro** angeführte Revolution keineswegs – wie allgemein behauptet wird – eine **sozialistische** Revolution war, wenn man den Begriff „sozialistisch" im marxistischen Sinne gebraucht.

Der Sozialismus nach marxistischer Definition setzt das planmäßige, bewusste Handeln der Akteure auf das Ziel des Sozialismus voraus, er bedeutet die bewusste geplante Ersetzung der „Anarchie des Marktes" durch eine demokratisch kontrollierte Planwirtschaft.

Agens dieses revolutionären Prozesses laut der marxistischen Theorie ist die Klasse der lohnabhängig Beschäftigten („Proletariat"), die in der entwickelten kapitalistischen Gesellschaft die übergroße Mehrheit der

Bevölkerung darstellt und aufgrund ihrer Funktion im gesellschaftlichen Produktionsprozess zur Übernahme der Kontrolle und Leitung der Produktion als „revolutionäres Subjekt" dazu prädestiniert ist.

Eine sozialistische Revolution **ohne** Proletariat als **hegemoniale Klasse** oder gar eine „unbewusste" sozialistische Revolution ist also per defenitionem ausgeschlossen.

Wenn die „kubanische Führung selbst erst 1961 erkannte, eine sozialistische Revolution gemacht zu haben" (so Hubermann/Sweezy, 1979,:11), dann heißt das nichts anderes, als das es sich keinesfalls um eine **sozialistische** Revolution im marxistischen Sinne gehandelt haben konnte. Das schließt allerdings keineswegs eine weitere Entwicklung zu einer „sozialistischen Gesellschaft" entsprechend der marxistischen Theorie nicht aus.

Weder ihrer sozialen, das heißt klassenmäßigen (schichtspezifischen) Zusammensetzung nach, noch hinsichtlich ihrer politischen Zielsetzungen war die „Bewegung des 26. Juli" ursprünglich sozialistisch, es handelte sich vielmehr um ein **Klassenbündnis von Intellektuellen, Arbeitern, Bauern, Deklassierten sowie – zeitweise – sogar einem Bündnis mit Teilen der herrschenden Klasse;** so soll der von Batista gestürzte

Präsident Socarraz, selbst ein Werkzeug des Imperialismus und völlig korrupt, Castro anfangs finanziell zwecks Waffenbeschaffung unterstützt haben. (Vgl. hierzu Allemann, 1974:61 ff)

Auch hinsichtlich ihrer Ziele war die Bewegung des 26. Juli **nicht** sozialistisch:

Es ging ihr **nicht** um die „Diktatur des Proletariats" nach marxistischem Vorbild, sondern um

- die Beseitigung des blutigen Batista-Regimes

- die Wiederherstellung bzw. Weiterentwicklung der Demokratie

- die Herstellung der nationalen Souveränität

- eine maßvolle Landreform.

Auf den ersten Blick gesehen handelt es sich also um eine Revolution mit Zielen wie sie theoretisch auch von rein **bürgerlichen bzw. kleinbürgerlichen** Bewegungen hätten formuliert werden können.

Die Eigentümlichkeit der kubanischen Revolution bestand jedoch gerade darin, dass die Ziele der „Bewegung des 26. Juli", die theoretisch die Programmatik einer bürgerlichen Bewegung hätten sein können, aufgrund der spezifischen Bedingungen des vom Imperialismus kontrollierten Landes eine ausgesprochen antikapitalistische Dynamik in Gang setzte.

Dies hat sicher viele Ursachen, dennoch müssen zwei Punkte besonders herausgestellt werden:

Zum einen ist dies die unbestreitbare Tatsache der absoluten **wirtschaftlichen und politischen Kontrolle Kubas durch die USA.**

Monokultur und Handel mit Zucker, Ergebnis der Interessen der Kolonialmächte bzw. später des Imperialismus, stellte an sich bereits eine erhebliche **Abhängigkeit** von den USA dar, weil die USA **nahezu den gesamten Zucker abnahmen** und im Gegenzug Kuba exklusiv mit Importwaren belieferte.

Die extreme Abhängigkeit Kubas vor der Revolution wird deutlich, wenn man bedenkt, dass vor der Revolution nordamerikanische Unternehmen allein durch ihren an Zucker gekoppelten Besitz „**mehr als 13% des Grundeigentums der Nation**" kontrollierten.

Die Relationen werden jedoch erst dann richtig sichtbar, wenn man berücksichtigt, dass nur **ca. 50% des Landes landwirtschaftlich genutzt werden kann.** (Nohlen, 1984:350 ff)

Der Konzentrationsgrad der Landwirtschaft war sehr hoch, denn „4000 Eigentümer besaßen 57% des Grundeigentums".

Faktisch befanden sich die Zuckerrohrplantagen „zum großen Teil im Besitz ausländischer Gesellschaften." (aus Mires, 1978:92)

Eigentum an den Zuckerzentralen	1939	1953
Kubanisch	56%	114
US-amerikanisch	66 %	41%
Anderes	51%	6 %

(Aus: Mires, a. a. O.:56)

Allemann nennt folgende Zahlen: 1939 entfallen im Zuckerrohranbau und der darauf begründeten Zuckerindustrie nur 22% auf kubanische Unternehmen, 1958 waren es 62 % (Allemann, a. a. O.:64)

Daraus leitet Allemann fälschlich die zunehmende angebliche Unabhängigkeit Kubas vom US-Imperialismus ab, verschweigt dabei aber zweierlei:

Zum einen, dass die „kubanischen Zuckerbesitzer (....) ohnehin als lokale Repräsentanten des nordamerikanischen Kapitals auftraten (Mires, a. a. O.:56), zum anderen die

Tatsache, dass lediglich ein **Formenwandel im US-Engagement auf Kuba stattfand, nämlich eine relative Verschiebung vom Zucker in den industriellen Sektor.**

Diese wirtschaftlichen Prozesse können folgendermaßen zusammengefasst werden:

„1. Verlegung von Finanzkapital und Technologie aus den landwirtschaftlichen Zweigen in die Industrie

2. abhängige industrielle Entwicklung mit zunehmender Beteiligung der einheimischen Bourgeoisie

3. Die Finanzapparate des Staates wurden in den Dienst dieser Wirtschaftspolitik gestellt.

4. Verschärfung des monopolistischen und fremdbestimmten Charakters der kubanischen Wirtschaft." (Aus: Mires, a. a. O.:57)

Es ist eine gar nicht zu bestreitende Tatsache, dass die USA stets ihren vollen politischen und notfalls auch militärischen Einfluss in die Waagschale geworfen haben, um dieses System der Ausbeutung abzusichern:

Symptomatisch hierfür ist nicht nur das sogenannte „Platt-Amendment", dass den USA offiziell Interventionsrechte in die kubanische Innenpolitik einräumte, sondern auch die ganz direkten militärischen Interventionen von US-Truppen auf Kuba.

Hinsichtlich seiner grundlegenden Ziele und Prinzipien unterschied sich der US-Imperialismus im vorrevolutionären Kuba nicht wesentlich von seinem Vorgehen in anderen Ländern der sogenannten Dritten Welt.

Auch für den Züricher Wirtschaftswissenschaftler Tim Guldimann resultiert die Politik der USA aus wirtschaftlichen, das heißt imperialistischen Ausbeutungsinteressen, die die USA durchaus mit westeuropäischen Ländern und Japan teilen.

Die USA haben „im Interesse aller anderen Industrieländer die Rolle des Ordnungshüters übernommen. (...) die „Pax Americana" garantiert „Law and Order" für das europäische und japanische Kapital in Lateinamerika. Der Imperialismus richtet sich auf sämtliche Aspekte einer abhängigen Gesellschaft: Politik, Wirtschaft, Wissenschaft, Erziehungswesen, Militär, Kultur etc. Seine Ziele sind die Vertiefung der Abhängigkeit, die Verhinderung von Opposition sowie die kulturelle und ideologische Indoktrination, besonders der Eliten (Militär, Studenten). Scheitert diese Politik, so schreitet das Zentrum zu seinem letzten Mittel, der militärischen Intervention (Guatemala, Kuba, Dominikanische Republik). Die Armee der USA intervenierte in den letzten 200 Jahren neunzigmal in Lateinamerika." (Guldimann, 1975:146)

Die Bedeutung der US-imperialistischen Kontrolle Kubas vor der Revolution machen auch folgende Zahlen deutlich:

1958 produzierten 13 US-Zuckergesellschaften 40% des Zuckers; US-Kapital kontrollierte 36% der Ländereien, 90% des Bergbaus sowie die gesamte Energieversorgung. **Gewinn-Transfers** in die USA verhinderten neben dem extremen Luxus-Konsum der kubanischen Oligarchie eine **eigenständige Entwicklung**. (Aus Nohlen, a. a. O.:351)

Die Abhängigkeit des vorrevolutionären Kuba vom US-Imperialismus bestimmte auch den Charakter der kubanischen Revolution, die, obwohl nicht genuin sozialistisch, auch **keine** reine „bürgerlich-demokratische Revolution" war: Die Tatsache, dass die wichtigsten Bereiche des materiellen Lebens nahezu vollständig, andere zu einem beträchtlichen Teil der nationalen kubanischen Kontrolle entzogen war und nicht nur die wirtschaftlichen, sondern auch die politischen Probleme sich nur lösen ließen, wenn Kuba seine nationale Souveränität , das heißt auch seine volle politische Selbstbestimmung erlangte, - was wiederum die wirtschaftliche Selbstbestimmung voraussetzte,- stellte die kubanische Revolution vor zwei grundsätzliche Alternativen: Entweder US-Kapital unangetastet lassen, sich damit das Wohlwollen der US-Administration zu erhalten, aber auch ein Abhängigkeitsverhältnis fortzusetzen, dass nicht nur zu extremen wirtschaftlichen Deformationen geführt hatte, sondern auch eine wirkliche Demokratisierung verhindert hatte; oder aber zu erkennen, dass eine echte Demokratisierung und Selbstbestimmung für das kubanische Volk nur über den Weg einer offenen Konfrontation mit US-amerikanischen Interessen möglich war.

Wie wir wissen, beschritten die Mitglieder der „Bewegung des 26. Juli" unter Führung Castros den zweiten Weg, und zwar natürlich auch **gegen Widerstände** aus den eigenen Reihen des „26. Juli".

Die kubanische Revolution erhielt durch die Konfrontation mit dem US-Imperialismus eine **starke nationalistisch-antiimperialistische Komponente,** deren weitreichende sozialökonomische und politische Folgen Fidel Castro vor allem Anfangs – im Gegensatz zu seinem Bruder Raul Castro oder Ernesto „Che" Guevara – **möglicherweise nicht klar gewesen sind.**

Nach dem Sieg der „Bewegung des 26. Juli" stellte sich nämlich konkret die Frage, wie mit dem verstaatlichten Grundbesitz und der verstaatlichten Industrie nun zu verfahren sei; auch hier ergaben sich zwei Alternativen: Die Übernahme dieser Wirtschaftsbereiche durch den Staat, der ja ein Klassenbündnis zwischen Proletariat, Bauernschaft, Landarbeiter, Intellektuellen und „Marginalisierten" darstellte und vom 26. Juli repräsentiert wurde.

Allerdings fällt auf, dass der kubanische Staat sich bis in die siebziger Jahre hinein durch das weitgehende Fehlen institutionalisierter Formen auszeichnet.

Die zweite Alternative wäre die Übergabe der Industrie an die „nationale Bourgeoisie" gewesen.

Doch eine echte nationale Bourgeoisie, die die notwendige Sachkenntnis, Risikobereitschaft, Initiative, Kreativität und, last but not least den „Geist des Kapitalismus" in sich gehabt hätte, **war nicht vorhanden.**

Es existierte lediglich eine Clique von Menschen, die, völlig korrupt und skrupellos, sich am Elend der kubanischen Bevölkerung bereichert hatte, die aus der Hauptstadt Havanna einen Selbstbedienungsladen und ein Bordell gemacht hatten und sich vorsichtshalber bereits ins Ausland abgesetzt hatte.

Es blieb den kubanischen Revolutionären eigentlich nur die Möglichkeit, - wollte sie nicht Verrat an ihrer eigenen Revolution üben – die Leitung der Wirtschaft selbst zu übernehmen.

Damit handelte es sich jedoch nicht mehr um eine kapitalistische „freie Marktwirtschaft", sondern um eine – anfangs nur teilweise – staatlich gelenkte und kontrollierte Wirtschaft.

Gleichwohl war sie dennoch **nicht** sozialistisch, weil sich die Wirtschaft nicht in den Händen der „assoziierten unmittelbaren Produzenten", also dem Proletariat befand, sondern unter der Kontrolle einer mit dem Proletariat **nicht** identischen Gruppe, eben der „Bewegung des 26. Juli" stand, die der Lateinamerika-Kenner Fernando Mires als eine „Klassenpluralistische Bewegung" charakterisiert. (Mires, a. a. O.: 113 ff)

Der kubanische Widerstand gegen die Batista-Diktatur

Als Batista sich im Jahre 1952 zum zweiten Mal an die Macht putschte, richtete sich dieser Putsch gegen die völlig korrupte Regierung unter Prio Socarraz und stieß deshalb zwar anfangs auf keinen nennenswerten Widerstand, aber auch nicht auf Beifall, da Batistas politische „Eigenheiten" bereits in einem nicht gerade guten Ruf standen.

Indem Batista die politischen Spielregeln verletzte, das heißt an die Stelle wenn auch manipulierter Wahlen die offen **gewaltsame Aktion**, das Recht des Stärkeren setzte, leitete **er selbst** einen Prozess ein, **an dessen Ende sein Sturz durch die „Bewegung des 26. Juli" stand,** die ihrerseits eigene Spielregeln, nämlich die bewaffnete Guerilla, ins Spiel gebracht hatte.

Der politische Weg Fidel Castros begann keineswegs mit der Guerilla, die Guerilla war lediglich eine Etappe in seinem Weg von einem jungen Rechtsanwalt, der aus Empörung über die Ungerechtigkeiten des Batista-Regimes „als einsamer Don Quichote der bürgerlichen Justiz mit einem Bündel juristischer Dokumente vor dem obersten Gericht von La Habana (trat), um die Bestrafung Batistas wegen der Verletzung der Verfassung zu fordern." (Fernando Mires).

Castros öffentliche politische Tätigkeit während der Batista-Diktatur begann also damit, dass er „auf legale Weise die demokratische Illegalität der Diktatur" darlegte, nämlich in Form einer Anklage, die hier auszugsweise wiedergegeben sei:

„Die Logik sagt mir: Wenn es Gerichte gibt, muss Batista bestraft werden; umgekehrt: Wenn er nicht bestraft wird, wenn er weiter Staatschef, Präsident, Premierminister, Senator, Zivil und Militärchef, Herr der Exekutive und der Legislative, Herr über Leben und Güter der Bürger bleibt, existieren diese Gerichte schon nicht mehr, hat er diese beseitigt? Ist dies die schreckliche Wahrheit? Wenn es so ist, mögen es die Herren Richter sagen, ihre Toga auszuziehen und ihr Amt niederlegen. Es wäre schlecht, diese Wahrheit zu verschweigen und zu resignieren vor einer tragischen, absurden, unlogischen Realität ohne Normen, ohne Sinn, ohne Ruhm, Ehre und Gerechtigkeit." (zitiert aus Mires, a. a. O. :51)

Manche mögen aus dieser Geste Castros lediglich **bürgerlichen Idealismus** sehen, Tatsache ist jedoch: Diese Anklage war ebenso bedeutsamer Bestandteil der politischen Auseinandersetzungen auf Kuba, war ebenso Teil des revolutionären Prozesses wie Castros – militärisch gescheiterter – Angriff auf die Moncada-Kaserne am 26. Juli

1953, den die „offiziellen" Kommunisten der PSP als putschistisch und abenteuerlich verurteilten.

Wenngleich der Angriff auf die Moncada – Kaserne nicht zu dem von Castro und seinen Kameraden erhofften Volksaufstand führte, war auch diese Aktion **geeignet, sein Prestige in der demokratischen kubanischen Bewegung, seine Glaubwürdigkeit als revolutionärer Demokrat – oder demokratischer Revolutionär – auf Kuba zu festigen.**

Castros „naive" politische Aktivität war es, die ihm ein derartiges politisches Prestige verschaffte, dass es Batista sich nicht leisten konnte, den jungen Rechtsanwalt nach dem gescheiterten Sturm auf die Moncada-Kaserne kurzerhand niedermetzeln oder „verschwinden" zu lassen – wie so viele andere Oppositionelle -, sondern Batista zwang, ihn lediglich auszuweisen.

Und im Ausland begann Fidel Castro nun, wie heute allgemein bekannt ist, unverzüglich mit der **Vorbereitung der Guerilla.**

Die „**Klassenpluralistische Zusammensetzung**" (Mires) der Bewegung des 26. Juli war aus heutiger Sicht sicher eine **Grundbedingung des Erfolges**, und diese verdankt sich nicht zuletzt der Fähigkeit Castros, sehr unterschiedliche Klassen und Schichten miteinander zu vereinigen.

Natürlich traf dieser Umstand zusammen mit der zunehmenden gesellschaftlichen Konfrontation zwischen einer kleinen pro-Batista-Minderheit und einer großen Contra-Batista-Mehrheit.

Castro und Batista ergänzten sich auf eigentümliche Weise: Batista lieferte – natürlich ungewollt – die objektiven Voraussetzungen, Castro wusste sie für die Revolution subjektiv, das heißt organisatorisch umzusetzen. Fernando Mires beschreibt es so: „Batista hat also wie seinerzeit Machado den Zusammenschluss bewirkt zwischen denen, die die Gegenwart verändern wollten, denen, die von der Zukunft träumten und auch denen, die Heimweh nach der Vergangenheit hatten." (Mires, a. a. O.:50)

Tatsächlich kann man also den Beginn der kubanischen Revolution deutlich früher datieren als den Beginn des bewaffneten Kampfes: Die antiimperialistische kubanische Revolution begann eigentlich schon im Kampf gegen die Spanier, man kann ihren Beginn auf das Jahr 1868 datieren. Einen Höhepunkt erreichte sie zweifellos mit der Machtergreifung der Bewegung des 26. Juli unter Führung Fidel Castros - meiner Meinung nach ist sie bis heute noch nicht vollendet, da Fidel Castro leider, und nach ihm sein Bruder Roul ebenso, durch die Macht korrumpiert wurde und inzwischen selbst ein Hindernis für die Befreiung Kubas geworden ist ...

Vielmehr sind es gerade die Ereignisse nach der Machtergreifung der Bewegung des 26. Juli, also die wirtschaftlichen, sozialen, politischen und kulturellen Umstrukturierungen, die bis heute noch keineswegs abgeschlossen sind.

Anmerkung: **Dies habe ich 1986 geschrieben, aber es gilt immer noch:** Die Wirtschaft, Politik und das soziale Leben warten immer noch auf überfällige Reformen, vor allem die **politische Teilhabe und die Verwirklichung der Demokratie** steht immer noch auf der Tagesordnung!

Als die Granma auf Kuba landete, verfügte die Bewegung des 26. Juli bereits über eine **breite politische Verankerung** in der Bevölkerung, hatte ein **breites Netz lockerer politischer Beziehungen aufgebaut und brauchte der Bevölkerung nicht mehr groß erklären, warum sie nunmehr den einzigen Ausweg im bewaffneten Kampf sah und diesen jetzt begonnen hatte.**

Im konkreten kubanischen Fall bestand das Problem für die Revolutionäre nicht darin, den armen Bauern die Legitimität des bewaffneten Kampfes zu beweisen, sondern die **Wirksamkeit** dieser „revolutionären Interventionsmethode".

Castro brauchte der Bevölkerung nicht mehr erklären, **warum** er zu den Waffen gegriffen hatte, weil jeder politisch interessierter Kubaner Fidel Castros politischen Kampf gegen

Batista verfolgt hatte und wusste, was die „Bewegung des 26. Juli" wollte – soweit die Bewegung sich selbst davon ein konkretes Bild machen konnte.

Doch ebenso wenig, wie die kubanische Revolution eine proletarische Revolution war, war sie ein Bauernkrieg entsprechend dem chinesischen oder vietnamesischen Befreiungskrieg.

So richtig es ist, dass der „26. Juli" große Unterstützung durch die armen Bauern und Landarbeiter erhielt und auch viele Campesinos mitkämpften, so darf doch nicht übersehen werden, dass die Rekrutierung von Intellektuellen aus den Städten, auch von Arbeitern und Freiberuflern neben den bäuerlichen Kombattanten eine sehr große Rolle spielte und gegenüber den Bauern offenbar sogar die Mehrzahl der Kämpfer stellte.

Hinzu kommt, dass die politische Bewegung in den Städten, in erster Linie in Havanna, stets eine ungleich größere Rolle spielte als etwa in China oder Vietnam. (Vgl. Allemann, a. a. O.:72; Mires a. a. O. :94 ff)

Mit Mires könnte man von einer „**Demokratischen Volksrevolution mit nationalem/antiimperialistischen Charakter**" sprechen, in ihren Verlaufsformen handelte es sich um eine ländliche Kaderguerilla, die aus einer städtischen Klassenpluralistischen Bewegung hervorging und mit dem vielfältigen - ökonomischen, politischen, militärischen – Widerstand in den Städten verbunden war.

Strategie und Taktik der kubanischen Guerilla

In seiner Schrift „Was ist ein Guerillero", zuerst erschienen in „Revolucion", dem Organ des „26. Juli" im Februar 1959, hat Ernesto „Che" Guevara die wichtigsten Prinzipien, auf der die kubanische Guerilla seiner Ansicht nach beruhte, genannt; besonders wichtig ist diese Schrift deshalb, weil sie aufgrund ihres **Erscheinungszeitpunktes** als besonders **authentisches Dokument** anzusehen ist. Dort heißt es:
„...Der Guerillakrieg ist nicht wie man glaubt, ein winziger Krieg, der Krieg einer kleinen Gruppe gegen eine starke Armee; der Guerillakrieg ist vielmehr der Kampf des ganzen Volkes gegen die herrschende Unterdrückung. Der Guerillero ist die bewaffnete Avantgarde des Volkes; alle Einwohner eines Gebietes oder eines Landes bilden seine Armee. Darauf beruht die Stärke des Guerilleros, sein Sieg, früher oder später, gegen jede Macht, die versucht, ihn zu unterdrücken; das heißt: Die Grundlage der Guerilla ist das Volk.

Es ist nicht denkbar, das kleine bewaffnete Gruppen, so beweglich sie auch sein und so genau sie das Gebiet auch kennen mögen, die organisierte Verfolgung einer gutausgerüsteten Armee überleben könnten, ohne diese starke Hilfe."

(Guevara, a, 1959, 1972,: 16 ff, Hervorhebung von mir)

Hier hat „Che" Guevara selbst die Grundlage des Guerillakampfes bis zur Machtergreifung des „26. Juli" dokumentiert: Die Guerilla ist lediglich der bewaffnete Arm, die **bewaffnete Avantgarde eines bereits revolutionär gestimmten Volkes, sie ist keineswegs die kleine gesellschaftliche Minderheit, die eine weit überlegene Armee angreift – jedenfalls nicht im politischen Sinne – sie ist, politisch gesehen, Teil einer revolutionär gestimmten Mehrheit des Volkes.**

Vom rein militärischen Standpunkt aus ist sie anfangs allerdings genau das, was Che Guevara hier bewusst verneint: „Der Krieg einer kleinen Gruppe gegen eine große Armee" – die Gruppe war anfangs sogar so klein, dass die nach der Landung der Granma auf Kuba und der fast vollständigen Zerschlagung durch die Regierungstruppen zu Beginn ihrer Aktionen nicht einmal zwei Dutzend Kämpfer zählte.

In **Guevaras späteren Schriften** tritt der sozialökonomisch-politische Kontext der kubanischen Guerilla allerdings mehr und mehr in den Hintergrund, indem er in seinen späteren Schriften die rein militärischen Aspekte in den Vordergrund stellt und damit meines Erachtens die ursprünglich komplexe

Guevaristische Revolutinstheorie um wesentliche Inhalte reduziert.

Wie wir noch sehen werden, hatte dies auch politische Gründe.

In seinen ersten Schriften zur Guerilla betont Che Guevara jedoch ständig die Notwendigkeit, die Mehrheit des Volkes hinter sich zu haben. Dies impliziert dann allerdings einen langwierigen politischen Prozess der Radikalisierung der Massen und **relativiert die Guerilla als revolutionäre Methode zwangsläufig.**

In „Der Guerillakrieg" sagt Che Guevara: „Es ist wichtig festzustellen, dass der Guerillakrieg ein Kampf der Massen, ein Kampf des Volkes ist; dass die Guerilla der bewaffnete Kern, die kämpfende Avantgarde des Volkes ist, ihre Stärke gründet sich auf die Massen." (Guevara, a. a. O.:25)

Die beiden kubanischen Revolutionäre Simon Torres und Julio Aronde betonen in ihrer Kritik an Debray, dass auch in der politischen Strategie des „26. Juli" die „militärische Linie der Politischen untergeordnet wurde."

Nach Torres/Aronde erklärt sich die Guerilla auch aus der politischen Situation auf dem Lande, die sie wie folgt zusammenfassen:

„1. Das Fehlen besonderer ideologischer Anstrengungen seitens der Imperialisten, der Bourgeoisie und der Kirche.

2. Fehlen eines organisierten Kampfes um eigenes Land, der die Existenz festumrissener politischer Programme bedeutet hätte.

3. Direkte Konfrontation Armee – Bauern, in der die Soldaten die Großgrundbesitzer schützten (Herrschaft mit der Machete und durch Landvertreibung, also durch Gewalt gegen die Bauernmassen.)

Nur unter diesen Verhältnissen war die politische Aktion nicht unerlässlich: sie konnte mit dem Gewehr geführt werden und durchbrach die Unterwerfung des Bauern unter die Herrschaft des Bourgeois, die brutal personifiziert erschien in der „Guardia Rural" (Landgendarmerie).

Der politische Kampf hatte bereits die Form direkter Zusammenstöße zwischen der Armee und der Landbevölkerung angenommen. Unter solchen Umständen stellt das Gewehr selbst einen Ausgleich für die fehlende politische Aktivität dar und ist in der Tat das einzige Mittel zur Veränderung der Machtverhältnisse in diesem Bereich der Gesellschaft." (Aus: Torres/Aronde, 1979,: 40)

Hier wird ganz deutlich: Die Konflikte waren vorhanden, unter den gegebenen Verhältnissen war die Guerilla die einzig noch mögliche Form der Austragung der Konflikte in der kubanischen Situation, die in jeder Beziehung revolutionär war.

Auffallend ist die häufige Hervorhebung der Rolle der Bauernschaft, die nachträglich oft dahingehend (miss-)interpretiert worden ist, der kubanische Guerillakrieg sei ein Bauernkrieg a la China gewesen – was er sicher nicht war.

Die Hervorhebung der Rolle der Landbevölkerung hat natürlich sehr reale Bezüge, andererseits resultiert sie m. E. auch aus dem Bemühen, die traditionellen – Moskauorientierten – Kommunisten zu beeinflussen: Man muss dabei berücksichtigen, dass die Aktivitäten der meisten Kommunistischen Parteien sich auf die städtische Bevölkerung konzentrierten, während in den meisten Fällen die Kommunisten auf dem Lande kaum nennenswert aktiv wurden.

Bekannteste Ausnahme dieser Regel ist der unter dem Kommunisten Farabundi Marti Anfang der dreißiger Jahre in El Salvador geführte Volksaufstand, der allerdings blutig niedergeschlagen wurde und über 50 000 Tote kostete.

Guevara spricht auch genau dieses Versäumnis an, wenn er im „Guerillakrieg" sagt: Die 3. Lehre (...) verdient die Aufmerksamkeit derer, die sich von dogmatischen Auffassungen leiten lassen, den Kampf der Massen in den

Städten konzentrieren wollen und dabei völlig die **gewaltige Rolle der Bauern im Leben aller unterentwickelten Länder Amerikas vergessen.**" (Guevara, b, :24)

Aufgrund der Tatsache, dass die Widerstandskämpfer in den Städten zu leicht von den Repressionskräften vernichtet werden können, muss der Guerillero dort kämpfen, wo er sich verbergen kann, er muss daher in „landwirtschaftlichen und wenig besiedelten Gebieten seine Aktivitäten vornehmen." (Guevara, b, :26)

Dabei ist das A und O die Unterstützung der lokalen Bevölkerung, in erster Linie also der Bauern:

– sie versorgen die Guerilla mit Lebensmitteln

- sie verschaffen ihm die Informationsgrundlagen für seine Überraschungsangriffe.

Nicht nur die Tatsache, daß Ernesto „Che" Guevara seine Schrift über den Guerrillero und die Guerilla mit ihren Ursprüngen aus dem Volk und ihrer Verbundenheit mit dem revolutionären Willen des Volkes beginnt, sondern auch der Umstand, dass er hier **keineswegs die militärischen Aspekte** in den Vordergrund stellt, sondern sich auf den **politischen** Ausgangspunkt der Guerilla, nämlich das Volk bezieht, zeigt, dass für Che Guevara zu diesem Zeitpunkt die Guerilla nicht mehr und nicht weniger ist als eine revolutionäre Methode eines revolutionär gestimmten Volkes zu einem bestimmten Zeitpunkt in einem bestimmten Lande; **von der Guerilla als einer quasi universellen revolutionären Methode für den gesamten lateinamerikanischen Kontinent ist hier (noch) nicht die Rede.**

Auch Guevaras Schrift „Der Guerillakrieg" (1960) beginnt mit den sozialpolitischen Ursprüngen der Guerilla, wobei auch Che – wie vor ihm Engels und Mao (Vgl. Kapitel 3 und Kapitel 11) die **Bedeutung der Legalität** und vor allem die Bedeutung der **Verletzung der demokratischen Legalität** durch den Staat als wichtige Voraussetzung der Guerilla hervorhebt:

„In der Tat wird der Frieden doch gerade durch die Kräfte der Unterdrückung verletzt, die sich in unrechtmäßiger Weise an der Macht halten. Unter diesen Bedingungen wächst die Unzufriedenheit des Volkes, es geht zu immer entschlosseneren Kampfformen über; sein revolutionärer Elan nimmt zu, um schließlich im aktiven Widerstand zu münden, der zu einem bestimmten Zeitpunkt zum Ausbruch des offenen Kampfes führt und **der letzten Endes von den Machthabern selbst provoziert wird.**" (Guevara, b, : 24)

Wie wichtig anfangs nach Guevaras Auffassung die demokratische Legalität oder selbst die demokratische Schein-Legalität war, zeigt seine Skepsis gegenüber der

Guerilla dort, wo die Legalität der herrschenden Macht noch nicht völlig erschüttert ist und von den Massen noch nicht einmütig in Frage gestellt wird: **„Dort, wo eine Regierung auf mehr oder weniger demokratische Weise an die Macht gelangt ist, mit oder ohne Wahlfälschung (!), und wo wenigstens dem Anschein nach die verfassungsmäßige Gesetzlichkeit gewahrt wird, entsteht keine Guerillabewegung, weil die Möglichkeiten des legalen Kampfes noch nicht beseitigt sind."** (Guevara, b, :24)

Für Guevara reicht es nicht – **dies änderte sich später allerdings!** – aufs Land zu gehen und mit der Guerilla zu beginnen, vielmehr muss die Unterstützung der Guerilla durch die Bevölkerung gewonnen werden, indem der Guerillero politisch agiert, das heißt die Revolution auf dem Lande vorantreibt.

Indem der Revolutionär sich als Agrarrevolutionär betätigt, verwirklicht er die Interessen der Bauernmassen, die im Kuba der fünfziger Jahre tatsächlich revolutionär sind, und festigt so seine gesellschaftliche Basis, er sichert sich die Unterstützung der örtlichen Bevölkerung, die Ernesto Che Guevara als „Bedingung sin qua non" bezeichnet. (Guevara,b,: 25)

Guevara schreibt weiter: „Da aber in den landwirtschaftlichen Gebieten der Kampf des Volkes um seine Rechte, vor allem um die Veränderung der bestehenden Verhältnisse in der Bodennutzung geführt wird, tritt der Guerillero vor allen Dingen als Kämpfer für die Landreform auf. Er unterstütz den Wunsch der breiten Masse der Bauern, uneingeschränkter Herr ihrer Produktionsmittel, ihres Bodens, ihres Viehbestandes und all dessen zu werden, was sie in vielen langen Jahren erstrebt haben und das für sie die Lebensgrundlage bedeutet." (Guevara, b,: 25)

Viele bereits von Mao genannten Prinzipien der Guerilla lassen sich bei Ernesto „Che" Guevara wiederfinden:

1. Für Guevara ist die Guerilla lediglich eine besondere Form des Krieges; mit der Guerilla alleine lässt sich der Krieg nicht gewinnen, früher oder später geht die Guerilla in einen regulären Krieg über. (Guevara,b, : 27,28,29)

2. Ähnlich wie Mao fordert auch Che Guevara, sich auf Kampfhandlungen nur dort einzulassen, wo der Erfolg von Anfang an gewährleistet ist. (Guevara,b: 28)

3. Der Krieg ist ein Vernichtungskrieg, das heißt dass es nicht genügt, den Feind nur in die Flucht zu schlagen, man muss seinen Abteilungen vernichtende Schläge beibringen. (Guevara,b: 28,29)

Dies schon allein deshalb, da „die Versorgung der Guerilla mit Waffen im Wesentlichen auf Kosten der Bewaffnung des Feindes erfolgen muss." (Guevara, b:30)

Gleichwohl werden Gefangene ärztlich versorgt und so weit möglich freigelassen – ganz im Gegensatz zur Praxis der Regierungstruppen, die gefangene Guerilleros fast stets sofort töteten.

Eine Ausnahme macht Guevara bei berüchtigten brutalen Elementen und Folterknechte, mit denen kurzer Prozess gemacht wurde. (Guevara, b:40)

4. „Für eine richtige Strategie des Guerillakrieges ist es unerlässlich, die Tätigkeit des Feindes umfassend zu analysieren." (Guevara,b: 30) Auch hier erkennen wir unschwer Mao und Sun-Tse wieder.

5. Ähnlich wie bei Mao gibt es auch bei Ernesto Che Guevara mehrere Phasen, die die Guerilla durchläuft, und wie bei Mao hat auch für Guevara die **erste Phase einen defensiven Charakter**, hier „besteht die Hauptaufgabe der Guerilla darin, der Vernichtung durch den Gegner unter allen Umständen zu entgehen." (Guevara,b: 31)

Dies geschieht durch den Rückzug in unwegsames, der Guerilla genau bekanntes, dem Gegner jedoch fremdes Gelände, wo dem Feind Hinterhalte gelegt werden können.

Der Rückzug beinhaltet also **taktisch die Offensive**, deren Erfolg aus der

6. **Überraschung des Gegners** resultiert.

7. Die Guerilla bezieht für den Feind unzugängliche Stellungen – die durch Verminung und Hinterhalte abgesichert werden – und beginnt den Feind durch anfänglich kleine Aktionen zu zermürben.

Dabei spielt vor allem die Zerstörung feindlicher Verbindungen und die Liquidierung von Verbindungsleuten eine wichtige Rolle.

8. Guevara ist sich durchaus der Notwendigkeit bewusst, die städtische Widerstandsbewegung zu unterstützen und mit ihr koordiniert zusammen zu arbeiten, er ist weit davon entfernt, die Guerilla als Universalrezept zu propagieren, wenn er schreibt:

„Später kann man dann mit den organisierten Massen in den Arbeitergebieten zusammenarbeiten, wobei das Ergebnis dieser Zusammenarbeit der **Generalstreik** sein muss. Der Streik ist im Bürgerkrieg ein überaus wichtiger Faktor." (Guevara,b: 32)

Dies unterscheidet die frühe Guevaristische Guerillakonzeption von der Maos.

Die Prinzipien der kubanischen Guerilla lassen sich also folgendermaßen zusammenfassen:

Die Guerilla bezieht ein Reduit, wo sie anfänglich aufgrund ihrer geringen Kräfte nur bescheidene Aktionen vornimmt. (Überfälle auf kleine Polizeiposten und Kasernen, Legen von Hinterhalten für die die Guerilla verfolgenden Truppen.)

Die Guerilla nimmt Kontakt mit der örtlichen Landbevölkerung auf, treibt Propaganda und führt die Agrarreform in ihren Basisgebieten so weit wie möglich durch.

Die Guerilla demonstriert ihre wachsende Macht durch zunehmend kühnere Angriffe auf die Armee; die Bevölkerung beginnt in der Guerilla einen zunehmend ernst zu nehmenden Machtfaktor zu sehen, der ihre Interessen besser zu vertreten verspricht und unterstützt zunehmend die Guerilla.

Die Guerilla wächst kontinuierlich, es werden „Marschsäulen" gebildet, die einen neuen „Focus" in einem anderen Landesteil bilden, und der gleiche Prozess beginnt von vorne, nur jetzt unter günstigeren Bedingungen, da die Guerilla jetzt bekannt ist. (Guevara hat diese Vorgehensweise mit einem Bienenstock verglichen).

Schließlich bestehen im ganzen Land Guerillabasen, laufend wurde außerdem die Koordination mit der städtischen Widerstandsbewegung verbessert, die ihrerseits immer kühnere Aktionen -Sabotage, Streiks, Attentate - auf verhasste Vertreter der alten Ordnung usw. vornimmt.

Schließlich ist die Regierungsarmee derart **demoralisiert** und die Guerillaarmee so schlagkräftig geworden, dass der letzte Schlag gegen das verhasste Regime geführt werden kann.

Die Taktik der kubanischen Guerilla

Ähnlich wie bereits im chinesischen Bürgerkrieg der Kuomintang gegen die Kommunisten bestand die hauptsächliche Vorgehensweise des anfangs natürlich haushoch überlegenen Gegners in dem Versuch von „Einkreisungs- und Vernichtungsfeldzügen", und dementsprechend ist für Guevara ebenso wie für Mao die erste Phase des Guerillakrieges im Wesentlichen durch das Bemühen der Guerilla gekennzeichnet, dieser Einkreisung zu entgehen; die erste Phase besteht also für die Guerilla in der **strategischen Defensive**, die aber von **taktischen Offensiven** begleitet sein muss sowie dem Wachstum und der laufenden qualitativen Verbesserung der Guerilla-Streitkräfte. Wesentliche Voraussetzung hierfür ist die Beweglichkeit. (Guevara, b,: 34)

Die Beweglichkeit ist jedoch nicht nur hinsichtlich des Rückzuges von Bedeutung, sondern auch in Bezug auf die „Gegeneinkreisung": Der Feind wird seinerseits umzingelt und wechselnd aus verschiedenen Richtungen unter Feuer genommen, und zwar jeweils dort, wo er seine Kräfte nicht konzentriert hat. (Guevara,b:34)

Mehrfach weist Guevara auf die Notwendigkeit hin, mit der Munition sparsam zu sein, weil sich nicht nur aus taktischen Gründen – schwerere Ortung der Guerilleros – sondern auch aus naheliegenden logistischen Gründen die Bevorzugung gezielter Einzelschüsse ergibt. (Guevara,b:35)

In diesem Zusammenhang wendet Che Guevara sich ausdrücklich gegen „Sabotage als Terror", worunter er offenbar Bombenattentate gegen feindliche Objekte in stark von unbeteiligten Zivilisten frequentierten Örtlichkeiten versteht, weil dies zum Tode völlig Unschuldiger führen kann und der Guerilla und der revolutionären Bewegung mehr schadet als nützt. (Guevara,b: 36,37)

Für Che Guevara ist Terror nur dann legitim, wenn er sich ganz gezielt gegen einen einzelnen, allgemein besonders verhassten Vertreter des Regimes richtet, „der durch seine Grausamkeit oder besondere Verdienste bei der Durchführung von Repressalien und anderes berüchtigt ist." (Guevara, b:37)

Guevara nennt als schwächste Punkte des Feindes, gegen die sich die Aktionen vor allem Anfangs zu richten haben, die Transportmittel wie Straßen und Eisenbahnen; dort sollen Hinterhalte und Minen gelegt werden.

Es soll hier nicht weiter ins Detail gegangen werden, **denn ganz offensichtlich stellt die kubanische Guerilla keineswegs etwas grundlegend Neues dar** – wie hin und wieder behauptet worden ist – **sondern in taktischer Hinsicht die geschickte und flexible Anwendung einer alten und erprobten Methode der Kleinkriegsführung.**

Als Fazit kann zusammenfassend gesagt werden: Nicht die Methode an sich war es, die die kubanische Guerilla auszeichnet – in dieser Hinsicht war sie gewissermaßen „konventionell" – sondern ihr Zusammenhang mit konkreten wirtschaftlichen, sozialen und politischen Kämpfen, aber auch ihre entschlossene und -damals - integre Führung – Guevara, Castro, Cienfuegos und andere – ließen sie zu einem Meilenstein der lateinamerikanischen Revolutionsgeschichte werden.

Kapitel 15

Kuba und die lateinamerikanische Revolution

Wie bereits weiter oben festgestellt, war die kubanische Revolution weder eine proletarische Revolution im klassischen Sinne, also keineswegs eine Revolution unter proletarischer Hegemonie etwa vergleichbar der Russischen Oktoberrevolution oder entsprechend der orthodoxen marxistischen Theorie, die ja in erster Linie eine Theorie der sozialistischen Revolution in kapitalistisch voll entwickelten Ländern ist; auch war sie, wie bereits oben festgestellt wurde, keine klassische Bauernrevolution nach dem Muster der chinesischen oder der vietnamesischen Revolution (Vgl. hierzu: Mires, a. a. O.:91 ff; Allemann, a. a. O.: 70/72; Torres/Aronde, a. a. O.: 40)

Kennzeichnend für die kubanische Revolution war vielmehr die Tatsache, dass nahezu alle in Frage kommenden Klassen und Schichten mehr oder weniger involviert waren: Revolutionär-demokratische Intelligenz – Fidel Castro selbst ist der bekannteste Vertreter dieser Schicht – Arbeiterklasse, Marginalisierte und Unterbeschäftigte auf dem Lande und in der Stadt, die Bauernschaft und vorübergehend sogar Teile der alten Oligarchie, soweit sie mit der Batista-Diktatur in Widerspruch geraten war.

Man kann daher also mit einem gewissen Recht von einer **demokratisch-antiimperialistischen Volksrevolution** sprechen.

Wenn der bewaffnete Kampf der „Bewegung des 26. Juli" heute vielfach als eigenständige Methode der sozialistischen Revolution in der „Dritten Welt" erscheint, so ist dies meines Erachtens **Ergebnis eines Missverständnisses**, das das Produkt mehrerer miteinander in Verbindung stehender Faktoren ist, auf deren wichtigste Aspekte nachfolgend hingewiesen werden soll.

Aufgrund der Tatsache, dass Kubas ökonomische Strukturen ganz wesentlich durch die wirtschaftlichen Verflechtungen vor allem mit den USA gekennzeichnet waren, gleichzeitig Kuba ähnlich den meisten Ländern Lateinamerikas nicht über eine „nationale Bourgeoisie" verfügte, die fähig und willens gewesen wäre, den Aufbau einer unabhängigen, den Bedürfnissen der kubanischen Bevölkerungsmehrheit entsprechenden nationalen Produktion zu organisieren – dieser „mangelnde Wille" und diese „Unfähigkeit" der nationalen kubanischen Bourgeoisie ist natürlich nicht subjektiv bedingt, sondern wie dargestellt Spezifikum der Bourgeoisien der meisten Länder der „Dritten Welt" und Resultat des Imperialismus; diese Eigenarten der Bourgeoisien sind geradezu Bestandteil und Bedingung „abhängiger Entwicklung".

Aufgrund dieser Tatsachen waren die kubanischen Revolutionäre gewissermaßen zwangsläufig genötigt, die als notwendig erkannten Umstrukturierungen und die völlig neue Reorganisation der kubanischen Produktionsverhältnisse selbst in die Hand zu nehmen.

Dieser Zwang schließt natürlich nicht aus, dass dies genau das war, was etwa Ernesto Che Guevara oder Raul Castro sich von Anfang an gewünscht hätten.

Vor allem der Imperialismus selbst war es also, der die Notwendigkeit der Agrarreform, die Nationalisierung von Boden, des Kommunikationsnetzes und der Energieversorgung und schließlich auch der Industrie gleichfalls gewissermaßen zwangsläufig auf die Tagesordnung setzte.

Allerdings sollte man hier nicht in eine „Buchhaltermentalität", in **einen ökonomischen Determinismus** verfallen, der diese politischen Prozesse ausschließlich als Ergebnis „objektiver Gesetzmäßigkeiten" begreift und die **handelnden Subjekte lediglich als willenlos Ausführende eines „objektiven geschichtlichen Prozesses"** begreift: Auch nach der Machtergreifung der „Bewegung des 26. Juli" wäre durchaus denkbar – und zumindest bequemer – gewesen, dass die Bewegung sich dem vielfältigen wirtschaftlichen, politischen und militärischen Druck der USA gebeugt hätte, lediglich die politische Führung ausgewechselt und es bei einigen oberflächlichen Reformen belassen hätte. (Vgl. hierzu A. G. Frank: 1979:20)

Es kann durchaus als erwiesen angesehen werden, dass jene Teile der alten Oligarchie, die etwas gegen Batista, aber nichts gegen das System, dass die Batista Diktatur hervorbrachte, hatten, genau dies glaubten, als sie wie der Ex-Regierungschef Socarraz anfangs der „Bewegung des 26. Juli" Waffenhilfe zukommen ließen.

Entscheidend für die weitere Entwicklung Kubas bis heute ist die **Entwicklung Fidel Castros nach der Revolution von einem radikalen Demokraten zu einem Marxisten**, allerdings einem ebenso pragmatischen wie unorthodoxen Marxisten.

Wenn man den Begriff „sozialistisch" in seiner marxistischen Bedeutung anwendet – und nur so ergibt er einen Sinn – ist klar, dass die Proklamierung Kubas als „sozialistisch" und gar „kommunistisch" durch Castro im Jahre 1961 lediglich eine **Willenserklärung** sein konnte, aber nicht das Ergebnis vorangegangener ökonomischer, sozialer und politischer Prozesse ist.

Diese politische Absichtserklärung, die auch gegen innere Widerstände von Teilen der „Bewegung des 26. Juli" durchgesetzt wurde, ist deshalb noch lange nicht ohne

Bedeutung für die weitere nationale Entwicklung Kubas, sondern hat natürlich die gesamte Entwicklung dieser Insel bis heute entscheidend mitbestimmt.

Gleichwohl ist auch dieses plötzliche Bekenntnis zum Sozialismus und zum „Sozialistischen Lager" – unter Beibehaltung spezifischer kubanischer Besonderheiten – nicht einfach Resultat eines „sozialistischen Voluntarismus", sondern auch das Ergebnis der internationalen Politik, konkreter: Die zunehmende Hinwendung zur Sowjetunion mit all ihren positiven und überwiegend negativen Folgen steht im Zusammenhang mit der Destabilisierungs-, Einkreisungs- und Blockadepolitik der USA.

Nachdem den maßgeblichen politischen Kreisen in den USA verhältnismäßig spät klar geworden war, dass die „Bewegung des 26. Juli" es keineswegs mit der Beseitigung der alten Oligarchie bewenden lassen würde, sondern die Nationalisierung der ausländischen, das heißt in erster Linie der US-amerikanischen Enklaven-Wirtschaft in Angriff nahm, begann die US-Administration mit einer Blockade- und Konfrontationspolitik, die mit der Invasion US-amerikanischer Söldner in der „Schweinebucht" im Jahre 1961 ihren vorläufigen Höhepunkt erreichte.

Die von der US-Regierung verordnete Wirtschaftsblockade, an der sich auch andere Länder beteiligten, war umfassend und trieb die kubanische Führung in die – anfangs keineswegs allzu offenen - Arme der Sowjetunion.

Indem Kuba sich offen zum „sozialistischen Lager" bekannte, zwang es die Sowjetunion, die bis dahin Lateinamerika stillschweigend als US-amerikanische Einflußsphäre anerkannt hatte, Kuba entsprechend seinen schwierigen Bedingungen zu unterstützen. (Vgl. hierzu Mires, a. a. O.:108)

Die Blockade-Politik und militärische Bedrohung durch die USA hatte jedoch weitreichende Folgen: Zumindest anfangs konnte und wollte die kubanische Führung sich nicht einzig und allein auf die weit entfernte Sowjetunion stützen, dies vor allem aus zwei Gründen: Zum einen bedeutete dies zwangsläufig die Gefahr der Fremdbestimmung oder zumindest der Einflussnahme der Sowjetunion auf die innergesellschaftliche kubanische Entwicklung – keine attraktive Perspektive für eine nicht nur demokratische, sondern auch nationalistische Bewegung wie den „26. Juli".

Hinsichtlich einer massiven UA-amerikanischen Intervention bestand ja zudem keinerlei wirkliche Garantie, dass die Sowjetunion Kuba nicht wie eine heiße Kartoffel fallen lassen würde, denn eine solche Situation hätte auf direktem Wege in den Dritten Weltkrieg führen können.

Vor allem Mitte der sechziger Jahre war die kubanische Führung daher bemüht, die revolutionäre Bewegung auf dem lateinamerikanischen Kontinent zu unterstützen: Die von Ernesto Che Guevara propagierten „Schaffen wir zwei, drei, viele Vietnam" waren, in die Tat umgesetzt, nicht nur dazu geeignet, den US-Imperialismus in einen Mehrfrontenkrieg zu zersplittern und damit entscheidend zu schwächen, einmal ganz abgesehen von der Entlastung der Vietkong; die vermittels des Guerillakrieges intendierte Befreiung weiterer lateinamerikanischer Länder von der imperialistischen Umklammerung hätte der kubanischen Revolution vor allem langfristig nicht zuletzt in wirtschaftlicher Hinsicht neue Perspektiven eröffnet: Auch die kubanische Regierung hat gewusst, dass die" Revolution keine Insel ist" (Mires), das heißt der Aufbau des Sozialismus in einem isolierten Land, zumal auf einer total eingekreisten Insel mit Mono-Produktion und damals gerade 7 Millionen Einwohnern unrealistisch gewesen wäre – erst die Verbindung Kubas mit einem befreiten lateinamerikanischen Kontinent hätte die Möglichkeit eröffnet, langfristig eine Absichtserklärung zur Realität werden zu lassen.

In diesem Zusammenhang ist auch die Schrift des jungen französischen Doktors der Philosophie, Regis Debrays „Revolution in der Revolution?" zu sehen, die eine weitere Verallgemeinerung – und meines Erachtens auch

Reduzierung – Che Guevaras Guerilla-Konzeption darstellt, wobei jedoch Che´s anfängliche Prämissen, nämlich das die **Guerilla eine Kampfmethode aber kein revolutionäres Universalrezept ist,** zugunsten eine geradezu militaristisch anmutenden Konzeption verschwinden, in dem der bewaffnete Focus alles ist und das Volk tendenziell zum Statisten verkommt. (Eine gute Darstellung der Zusammenhänge findet sich bei BERNER, 1969:29 ff)

Im Januar 1966 tagte in Havanna die Trikontinentale, und hier wurde auch die regionale lateinamerikanische Guerilla-Organisation OLAS auf Initiative Castros gegründet, deren „Hauptfunktion darin bestehen sollte, die revolutionären Bewegungen des Subkontinentes zu koordinieren, zu unterstützen und dort, wo es nötig schien, mit neuem Schwung zu erfüllen. Darüber hinaus verfolgte er (gemeint ist Fidel Castro, E.R) die Absicht, sich in Gestalt der Guerilla-Internationale ein zuverlässiges Instrument für eine eigene Regionalpolitik zu schaffen, mit dessen Hilfe er vor allem den Widerstand der meisten kommunistischen Traditionsparteien Lateinamerikas gegen den kubanischen Führungsanspruch zu überwinden hoffte." (Berner, a. a. O.:70)

Dies ist im Zusammenhang damit zu sehen, dass „die KPdSU immer nachdrücklicher die Haltung jener kommunistischen Parteien Lateinamerikas, die für sich selbst den bewaffneten

Kampf ablehnten oder nur als eine von vielen möglichen Kampfformen gelten lassen wollten" unterstützten. (Berner, a. a. O.:71)

Es handelte sich letztlich also um eine Kollision zwischen den nationalen kubanischen Interessen, die in der lokalen Ausbreitung der Revolution lagen – was die traditionellen, zum Teil verkrusteten politischen Strukturen in Bewegung bringen musste – **und den geopolitischen Interessen der Sowjetunion, die sich zu diesem Zeitpunkt keineswegs ein zweites oder gar drittes Kuba leisten konnten oder wollten.** (Vgl. hierzu Hubermann/Sweezy a. a. O. und Mires, F., a. a. O.)

Dies wird auch in einem Prawda-Artikel bestätigt, dass „die oberste internationalistische Pflicht der sozialistischen Länder der Aufbau des Sozialismus innerhalb der eigenen Grenzen sei und das deshalb „andere Abteilungen des Befreiungskampfes" in der „Dritten Welt" von der Sowjetunion aktive, direkte Hilfe nicht zu erwarten hätten." (Erschienen in der Prawda, Moskau 27.10.1965, zitiert bei Berner, a. a. O.:)

Der Gründungsbeschluss der OLAS im Januar 1966 wurde „gegen die Stimmen aller kommunistischen Partei-Delegierten (mit Ausnahme der kubanischen) gefasst." (Berner, a. a.O.:1971)

Die Erstveröffentlichung, große Verbreitung und Verwendung von Debray´s Schrift „Revolution in der Revolution?" als Schulungsmaterial in Kuba spricht für die These Berners, dass es sich bei dieser Schrift um eine von Fidel Castro lancierte, zumindest gebilligte Arbeit handelte.

Offenbar ist auch die Rückkehr Guevaras aus Kongo-Brazzaville, die Vorbereitung und Durchführung der Guerilla in Bolivien unter dem Kommando von Ernesto Che Guevara nicht lediglich Ausdruck eines „kleinbürgerlichen Abenteurertums", sondern musss im zeitlichen und politischen Zusammenhang mit der OLAS-Gründung und den politisch-strategischen Zielen der kubanischen Führung im lateinamerikanischen Maßstab gesehen werden.

Der von Ernesto Che Guevara in Havanna zurückgelassene Aufruf zum allgemeinen Guerilla-Aufstand: „Schaffen, wir zwei, drei, viele Vietnam"" ist also auch im Zusammenhang mit der sowjetischen Außenpolitik und der Politik der übrigen lateinamerikanischen Kommunistischen Parteien zu sehen: „Dabei handelt es sich allem Anschein nach um den Plan, gestützt auf die OLAS-Internationale, die Ende 1965 eingeleitete sowjetischen Goodwill-Politik gegenüber den Castro-feindlichen lateinamerikanischen Regierungen zu durchkreuzen, die revolutionäre Linke des Kontinents unter der Führung Castros zu einer Einheitsfront zusammen zu fassen und die kommunistischen Parteien vor die Alternative zu stellen, sich entweder in diese Front einzureihen oder aber – wie seiner Zeit in Kuba – von der Entwicklung überrollt zu werden. (Berner, a. a. O.:72)

In diesem Rahmen können nicht alle Faktoren erörtert werden, die zur zunehmenden Annäherung Kubas an die Sowjetunion geführt haben; **es wird aber deutlich, dass zwischen den strategisch-politischen Konzeptionen Fidel Castros der 60er Jahre und der Politik Moskaus und der Moskauorientierten Lateinamerikanischen Kommunistischen Parteien ganz erhebliche Differenzen bestanden, die nicht zuletzt auch auf der theoretischen und ideologischen Ebene ihren Ausdruck fanden.**

Die überprononcierte Ausrichtung auf die Guerilla nicht nur in den späteren Schriften Ernesto Che Guevaras, sondern weit mehr noch in den Schriften des französischen Theoretikers Regis Debray – der wiederum zumindest ein Stückweit als Sprachrohr Castros angesehen werden kann – entsprach also auch dem Bedürfnis der kubanischen Führung, die Unterschiede des kubanischen Revolutionsmodells gegenüber allen übrigen, in Lateinamerika bereits bekannten Doktrinen herauszuarbeiten und daraus konkrete Forderungen abzuleiten, „deren Erfüllung vor allem von den **kommunistischen Traditionsparteien einen radikale Bruch mit ihren überlieferten Aktions- und**

Organisationsprinzipien verlangte. (....) Man musste versuchen, auf diese Weise die verschiedenartigen internationalen Bindungen der revolutionären Kräfte an außeramerikanische Leitinstanzen zu lockern, um ihre **ideologische Neuausrichtung** auf ein amerikanisches Leitungszentrum zu ermöglichen. Dazu wiederum war es notwendig, den kubanischen Führungsanspruch und die Kampfziele aller OLAS-Mitgliederorganisationen auf einen gemeinsamen ideologischen Nenner zu bringen. Das aber sind genau die politischen Absichten, zu denen sich Debray in „Revolution in der Revolution?" (...) bekennt." (Berner, a. a. O.:72)

Tatsächlich gelang es der kubanischen Führung, mit Hilfe dieser militärischen und propagandistischen Maßnahmen in den meisten Ländern des lateinamerikanischen Kontinents eine **Umorientierung von Teilen der Linken auf die Guerilla zu erreichen – mit unterschiedlichen, aber ganz überwiegend negativen Ergebnissen.**

Kapitel 16

Das Scheitern der Landguerilla in Lateinamerika

Im Zusammenhang mit dem spektakulären Sieg der kubanischen Guerilla entstanden im Laufe der sechziger Jahre in nahezu allen Ländern Lateinamerikas Guerilla-Fronten, die sich an der von Guevara und Debray entwickelten Guerilla-Theorie orientierten und versuchten, die sozialistische Revolution mit Hilfe der Guerilla auszulösen und voranzutreiben.

Trotz ihrer teilweise spektakulären Anfangserfolge erlitten diese Bewegungen allesamt Niederlagen und wurden mehr oder weniger vollständig zerschlagen. (Vgl. hierzu Thomas Borges, Taz-Journal:43; Allemann, a. a. O.:115 ff)

Ohne die Ursachen hierfür im Detail erörtern zu wollen, sollen doch einige Hypothesen für das Scheitern der Guerilla angeführt werden:

Wenngleich in Venezuela, Bolivien, Guatemala oder Peru – um nur einige Beispiele zu nennen – die rein ökonomischen Widersprüche keineswegs geringer als im vorrevolutionären Kuba waren, so zeigen gerade die zahlreichen gescheiterten Aufstandsversuche der revolutionären Linken dieser Länder, dass ökonomische Unterentwicklung und Fremdbestimmung durch den Imperialismus, extreme Klassendifferenzierung und politische Instabilität keineswegs **immer** mit einer **revolutionären Situation gleichbedeutend sein müssen:** Revolutionen werden von Menschen gemacht, sie sind also nicht einfach Resultat „objektiver Bedingungen".

Wesentliche Bedingungen sozialer Revolutionen sind erfahrungsgemäß nicht nur das Vorhandensein gravierender wirtschaftlicher Krisen, sondern auch damit in Zusammenhang stehende **soziale Auflösungserscheinungen** und vor allem eine erhebliche **Instabilität der „Herrschenden Klasse"**, das heißt ihre fraktionelle Zersplitterung, die Desorganisation ihres politischen Apparates, der Zerfall des ideologischen „Überbaus" allgemein und last but not least hinsichtlich ihrer Minimalziele eine homogene Opposition mit zentralen Führungsinstanzen, die entsprechende attraktive politische Alternativen anbieten kann und möglichst auch über eine populäre Persönlichkeit mit integrativen Fähigkeiten verfügt.

Während jedoch in Kuba der Großteil der Bevölkerung zumindest in der Frage der politischen Machtausübung, d. h. konkret in Bezug auf die Batista-Diktatur durch eine gemeinsame politische Perspektivenverschränkung in ideeller Hinsicht und in Gestalt der „Bewegung des 26. Juli" auch in lockerer organisatorischer Hinsicht eine relativ geschlossene Einheit bildete, die Guerilla also das

„organische" Resultat eines politischen Vereinheitlichungsprozesses war, so fehlte dies bei der Mehrzahl der Guerilla-Fronten des Lateinamerikanischen Kontinents.

Die Guerilla in Venezuela beispielsweise richtete sich gegen eine populistische Regierung (**Action Democratica – AD**), die beträchtlichen Rückhalt in der Bevölkerung hatte und keineswegs isoliert und demoralisiert war.

Ähnliches gilt auch für die **populistische APRA** in Peru, an deren Beispiel sich der Führer der AD, Romulo Betancourt, orientierte. (Vergleiche hierzu Allemann, a. a. O.: S. 122 (h) Die Guerilla war nicht gegen ein „illegales", allgemein verhasstes diktatorisches Regime, dem das Volk nur mit Waffengewalt begegnen kann gerichtet, sondern wird quasi zum **Mittel der Provokation**, die die herrschende Klasse zur **Selbstentlarvung** ihres hinter der friedlichen Maske verborgenen brutalen und aggressiven Charakters verleiten soll.

Tatsächlich scheint diese Überlegung für alle sich mehr oder weniger an der kubanischen Revolution orientierenden Guerilla-Fronten eine maßgebliche Rolle gespielt zu haben – **mit fatalen Folgen!**

Nun erschien die Guerilla großen Teilen der Bevölkerung nämlich nicht – wie seiner Zeit in Kuba – als notwendiges

Instrument zur Eroberung von Freiheit und Demokratie, sondern quasi als Störenfried, der die zumindest partiell vorhandenen Möglichkeiten der politischen Artikulation und Partizipation, überhaupt die allgemeine Bewegungsfreiheit der Bevölkerung einengte, weil die natürlich nicht ausbleibenden **staatlichen Repressionsmaßnahmen vor allem das Leben der Zivilbevölkerung noch unbequemer machten.**

Mit Hilfe einer mehr oder weniger geschickten Anwendung brutaler staatlicher und später auch staatlich gelenkter und / oder unterstützter „privater" Repression in Kombination mit begrenzten Reformen oder auch Schein-Reformen gelang es den meisten Regierungen nach einer kürzeren oder längeren Phase der Niederlagen schließlich, die Guerilla zunehmend zu isolieren; oft war sie es ohnehin aufgrund ihrer sozialen Zusammensetzung. **Die Guerilla wurde so ihrer sozialen Basis entfremdet, sodann in die reine Defensive gedrängt und konnte so zerschlagen werden.**

Das klägliche Scheitern der peruanischen Guerilla ist ein klassisches Beispiel, wie die gegen eine populistische Regierung kämpfende Guerilla durch eine geschickte Kombination massiver Repression und partieller Reformen isoliert und zerschlagen wurde.

Allerdings hat dies nicht das „Wiederauferstehen" der Guerilla in Gestalt von „Sendero Luminoso" (Leuchtender Pfad, maoistisch) verhindern können, die weder theoretisch noch praktisch mit der guevaristischen Guerilla der sechziger Jahre identisch ist und bislang (1986) lokal beschränkt auf die Provinz Ayacucho geblieben ist.

Das Scheitern auch der bolivianischen Guerilla unter Che Guevaras Führung ist ebenfalls notwendiges Resultat einer Strategie, die nahezu völlig losgelöst von den konkreten politischen Bewegungen Boliviens verfolgt wurde, die gewissermaßen die konsequente Anwendung von Debray´s „Revolution in der Revolution?" darstellte. (Vergleiche hierzu auch Allemann, a. a. O.: 214 ff)

Im Jahre 1979 gelang es der nikaraguanischen Befreiungsbewegung FSLN, den US-protegierten Diktator Anastasio Somoza zu stürzen und die Macht zu ergreifen, wobei das Vorgehen der FSLN viele Parallelen aufweist mit dem der „ Bewegung des 26. Juli" seinerzeit auf Kuba.

Die späteren Erfolge und die Machteroberung der sandinistischen Befreiungsfront FSLN in Nikaragua, deren Gründung Anfang der sechziger Jahre tatsächlich mit der siegreichen kubanischen Revolution in Zusammenhang steht, beruht jedoch keineswegs auf der Anwendung der von Guevara seinerzeit propagierten „Focus-Strategie", sondern umgekehrt – laut Thomas Borge, einem führenden FSLN-Mitglied – auf einer politisch-militärischen Strategie, die auf der **politischen** Mobilisierung vor allem der Bauern und Arbeiter beruhte.

Die zuvor verfolgte Castristisch-Guevaristische militärisch orientierte Strategie hatte zuvor zur fast völligen Zerschlagung der FSLN geführt.

Erst die Hinwendung zu den konkreten Problemen der Bauern, Arbeitern und armen Landbevölkerung schuf die Voraussetzungen für den militärischen Erfolg der FSLN in Nikaragua. (Vgl. hierzu Thomas Borges, a.a.O.: 43)

Zusammenfassend lässt sich sagen, das der nikaraguanische Befreiungskampf weniger mit der vor allem von Debray (als Sprachrohr der späten Guevaristisch-castristischen Auffassungen) propagierten Form einer „Avantgarde-Guerilla" ohne revolutionären Massenorganisation, aber viel mit der politischen Situation im vorrevolutionären Kuba und dem Verlauf des dortigen Befreiungskampfes gemeinsam hatte: Beide Länder blicken auf eine lange revolutionäre Vergangenheit/Tradition zurück, beide sind in extremer Weise Opfer des Imperialismus gewesen, in beiden hatte ein US-protegierter Diktator die Macht ursupiert usw. usf.

Es ist also deutlich geworden, das die Reduzierung der Guerilla auf ihre militärisch-technische Komponente und

Optionen, auf die Handlungsoption einer sehr kleinen politischen Minderheit, ohne wirklichen Bezug zum konkreten Stand der politischen Entwicklung in der Bevölkerung, das heißt zum politischen Bewusstsein großer Bevölkerungsteile, letztendlich über Erfolg oder Mißerfolg jeder revolutionären Bewegung entscheidet.

Fazit: Diese einseitige Orientierung auf das späte Revolutionsmodell Che Guevaras, der damit kläglich in Bolivien gescheitert ist, die für nahezu die gesamte Entwicklung in den sechziger und siebiziger Jahre in Lateinamerika kennzeichnend ist, hat die radikale Linke Lateinamerikas in eine politische Sackgasse geführt.

Die Guerilla der sechziger und siebziger Jahre in Lateinamerika, die das späte Guevaristische Modell verfolgen – von der die meisten heute (1986) offenbar wieder abgerückt sind – zeigt die Differenz zwischen Guerilla als reine militärische Taktik im Gegensatz zum Volkskrieg auf und rückt sie tendenziell wieder in die Nähe des Krieges einer vergangenen Epoche, als der Kleinkrieg die von professionellen Militärs geführte besondere Form des Krieges war – wenn jetzt auch mit völlig anderen Zielsetzungen.

Damit hatte sich die Guerilla-Armee in der Tendenz zumindest in einem Aspekt dem Charakter der regulären

Armeen, nämlich eine „dem Volk halb entfremdete Kaste" zu sein (Lenin), angenähert.

Das Scheitern dieser Form der Guerilla war damit also vorprogrammiert.

Kapitel 17
Das Konzept Stadtguerilla

Lateinamerika

a. Brasilien

Auch die brasilianische Gesellschaftsstruktur ist durch die wirtschaftlichen, politischen und sozialen Prozesse gekennzeichnet, wie sie bereits weiter oben geschildert worden sind; ohne diese Bedingungen erneut zu erörtern, sollen doch die wesentlichen Aspekte nochmals kurz zusammengefasst werden:

Die brasilianische Geschichte ist gekennzeichnet durch eine lange Reihe lokaler und überregionaler Aufstände gegen die Kolonialmächte, welche fast ausschließlich unter der Führung der „liberalen Intelligenz" ausgefochten wurden, die sich vor allem an den französischen Enzyklopädisten und der französischen Revolution orientierte. (Vergleiche hierzu und zu folgendem: M. M. Alves, 1971, :10 ff; C. Detrez, 1971,:34 ff; Allemann a. a. O., : 25 ff; Nohlen a. a. O.,: 97 – 102; Füchtner, 1982,: 189 ff)

Lange Zeit stellte Brasilien trotz seiner formalen Unabhängigkeit keine Nation im klassischen Sinne, sondern eher ein eigenartiges Konglomerat „quasi autonomer regionaler Oligarchien" dar, und erst unter der Diktatur von Getulio Vargas begann sich die brasilianische Nation tatsächlich zu konstituieren.

Vargas Nachfolger Juscelino Kubitschek (1956 -1961) verlegte nicht zuletzt aus diesem Grunde, das heißt um das lange vernachlässigte Hinterland in den nationalen Kreislauf einzubeziehen, die Regierungshauptstadt mit Namen „Brasilia" ins Landesinnere. Diese quasi aus dem Nichts herausgestampfte neue Regierungsmetropole stellte ein sehr kostspieliges Unternehmen dar und trug sicher nicht unerheblich zur nachhaltigen Zerrüttung der brasilianischen Staatsfinanzen bei.

Als 1961 Joao Goulart zum Präsidenten gewählt wurde, war dies der Beginn einer Ära (1961 -1964), die schließlich zur offenen Diktatur der Militärs in Brasilien führte.

Goulart schaffte sich nach dem Vorbild Perons mit Unterstützung von bedeutenden Teilen der

Gewerkschaftsbewegung eine eigene „Hausmacht", die in der **PTB** ihren politisch-organisatorischen Niederschlag fand und eine quasi progressivere Spielart des „Getulismus", das heißt eine Fortsetzung der Politik Vargas mit liberalen Aspekten darstellte.

Doch diese Politik stellte sich bald als zielloses Schwanken zwischen opportunistischer Anpassung an die Oligarchie und ebenso opportunistischer Anpassung an die Linke in Form von pseudo-revolutionärem Vokabular heraus, wie dies vielfach für den lateinamerikanischen Populismus kennzeichnend ist.

Diese ambivalente Politik setzte, gerade weil Goulart das machiavellistische Geschick Getulio Vargas' offenbar fehlte, einen Radikalisierungsprozeß in der Linken ebenso wie in der Rechten in Bewegung: Bei der Linken, vor allem der **kommunistischen Partei Brasiliens (PCB)** weckte Goulart Hoffnungen auf eine durchgreifende Reform, vor allem „durch ein nur halb ernst gemeintes Spiel mit einer entscheidenden Agrar-Reform", die in Brasilien ebenso Not tat wie in den übrigen Ländern Lateinamerikas und die „er doch weder erfüllen konnte noch wollte". (Allemann, a. a. O.: 280)

Goularts gelegentlicher Flirt mit der Linken, sein, wenn auch nicht ganz ernst gemeintes Gerede von durchgreifenden

Reformen **verschreckte andererseits die Oligarchie und vor allem die Militärs, auf die sich Goulart letztlich stützte.**

Diese ambivalente Politik weckte offenbar auf der Linken wie auf der Rechten den Eindruck, Brasilien treibe einer sozialen Revolution entgegen: Die Rechte, verschreckt durch Goularts Verbindungen zur Arbeiterklasse, die zum Teil seine soziale Basis darstellte und durch seine Verbindungen bis hinein in die Reihen der Kommunisten, sahen vor sich das Schreckgespenst einer „kalten Machtübernahme der Kommunisten", während die Linke die Morgenröte einer Massenradikalisierung aufgrund der Politik Goularts heranbrechen sah.

Tatsächlich entstanden zu dieser Zeit eine Reihe unterschiedlicher linker Organisationen, angefangen von den **Bauernligen** im Nordosten Brasiliens, die der Rechtsanwalt **Francisco Juliao** organisiert hatte, über die angeblich über 100000 Mann starke **„Geheimarmee" von Lionel Brizola**, die sich nach der Machtergreifung der Militärs allerdings fast im Nichts auflöste.

Lionel Brizola war ein Schwager Goularts und Gouverneur im äußersten Süden Brasiliens und strebte angeblich eine Machtergreifung nach kubanischem Muster an. (Allemann, a. a. O.:287)

Schließlich spielten eine wichtige Rolle die **PCB** und die jungen radikalisierten Linkskatholiken der „**Accao Popular**" **(AP)**, die beide um die Führung der radikalen Studenten konkurrierten.

Vor allem die Kommunisten der PCB, die 1949 nach einer dreijährigen Legalität wieder in den Untergrund abgedrängt worden waren, übten über die von ihnen beherrschte **Gewerkschaftszentrale CGT** einen gewissen Einfluß auf das Goulart-System aus.

Gerade diese Querverbindungen weckten bei der Reaktion den Eindruck, Goulart mache sich zur Schachfigur der Kommunisten.

Ganz sicher ist diese Auffassung Resultat eines fundamentalen Mißverständnisses, denn die PCB stellte innerhalb der brasilianischen Linken keineswegs einen revolutionären Faktor im Sinne des Klassenkampfes, sondern viel eher einen „bremsenden Faktor" dar – ähnlich wie ihre Schwester-Partei auf Kuba während der Batista-Diktatur.

Ursache hierfür ist zum einen die oben erörterte Orientierung der Kommunistischen Parteien Lateinamerikas auf ein Bündnis mit der nationalen Bourgeoisie, aber auch die persönlichen Erfahrungen des Generalsekretärs der PCB, dem **ehemaligen Offizier Luis Carlos Prestes**: In den dreißiger Jahren hatte Prestes und andere „linke" Offiiziere einen (gescheiterten) Putschversuch durchgeführt und anschließend in einem „langen Marsch" mit seinen kaum 1000 Männern eine Strecke von ca. 2400 km zurückgelegt, bei der die **„Coluna Prestes"** der Regierungsarmee mehr als **53 Gefechte lieferte und in deren Verlauf mehr als 600 Guerrilleros fielen.**

Die Absicht Prestes´, dadurch die Massen aufzurütteln und zum Widerstand gegen die Diktatur Artur Bernardes zu veranlassen, schlug jedoch gründlich fehl.

Prestes, der durch diesen zweifellos heldenhaften Versuch, mit Hilfe der Guerilla als notwendig erkannte Reformen einzuleiten, avancierte zum Nationalhelden, schloss sich dann der PCB an und bestimmte später als ihr Generalsekretär entscheidend ihre Politik.

Prestes politische Konzeption kann keineswegs als „revolutionär-marxistisch" eingestuft werden, sie beschränkte sich im Wesentlichen auf das Ziel der „nationaldemokratischen Revolution" , wobei er auf ein Bündnis mit der „fortschrittlichen nationalen Bourgeoisie" setzte; bewaffneten Kampf als revolutionäre Strategie lehnte er schon aufgrund seiner eigenen schlechten Erfahrungen kategorisch ab, sondern stand für einem rein pazifistischen „langen Marsch durch die Institutionen". (Detrez a.a.O.:34 Allemann a. a. O.: 287)

Als im August 1967 auf Kuba die erste OLAS-Konferenz stattfindet, beschließt die Führung der PCB, **keinen** Delegierten zu entsenden und dokumentiert damit ihre pazifistische Strategie und ihre Ablehnung der Castristisch-Guevaristischen Revolutionsstrategie.

Dies führt zum Bruch eines ihrer wichtigsten Funktionäre, von Carlos Marighela mit seiner Partei, der PCB.

Carlos Marighela, seit 1952 Mitglied des Exekutivkomitees der PCB und Landesvorsitzender in der Provinz Sao Paulo, in der offenen und konspirativen Arbeit sehr erfahren und populärer politischer Führer, war ohne Erlaubnis und Billigung seiner Partei nach Havanna gereist und hatte als Gast an der OLAS-Konferenz teilgenommen.

Wenngleich die Verweigerung der Solidarität der PCB mit der kubanischen Revolution und deren weitere politischen Ziele auf der internationalen Bühne den Bruch Marighelas mit seiner Partei, der PCB auslöste, so ist zweifellos eine schon vorher bestehende fundamentale Divergenz mit der politischen Strategie und der weitgehend reformistischen Praxis der PCB ausschlaggebend für diesen Schritt Marighelas gewesen.

Marighelas wesentlichen Divergenzen mit der PCB, der er über 30 Jahre angehört hatte, bringt er in einem Brief an das Exekutivkomitee der PCB zum Ausdruck, in dem er nicht nur sein Ausscheiden aus dem Exekutivkomitee mitteilt, sondern auch eine interessante Einschätzung der politischen Fehler seiner Partei gibt, weshalb einige wichtige Passagen hier wiedergegeben seien:

Neben ihrer **Inaktivität** und ihrer **lokalen Begrenztheit** kritisiert Marighela „**den mangelhaften Kontakt zu den Bauern**" (Marighela, a, 1971: 86)

Nachdem er die fehlende politische und ideologische Vorbereitung der Partei auf den Staatsstreich 1964 kritisiert, benennt er auch die Ursachen hierfür aus seiner Sicht: „In der Tat bedeutet es einen historischen Fatalismus, wenn man erklärt, die Bourgeoisie sei die führende Kraft der brasilianischen Revolution, und das Proletariat habe ihr seine Taktik unterzuordnen. So spricht man dem Proletariat jede Initiative ab und nimmt ihm die Möglichkeit, auf Ereignisse selbst zu reagieren." (Marighela, a. a. O.: 88)

Vor allem kritisiert Marighela die Bündnispolitik der Partei, die sich in der „**frente amplio**", einem Bündnis einschließlich rechter Militärs und Teilen der Oligarchie gegen den Präsidenten Costa e Silva.

Marighelas Kritik beruht nicht auf der Ablehnung jeder Bündnispolitik, sondern er kritisiert die Beteiligung an diesem Bündnis vor allem deshalb, weil führende Faschisten daran beteiligt sind und bezichtigt das Exekutivkomitee der PCB, Illusionen zu nähren:

„Das Exekutivkomitee schweigt sich über diese Tatsachen aus und nährt Illusionen im Namen einer angeblich „breiten Bündnispolitik" und im Namen eines notwendigen Vorgehens gegen Sektierertum und Linksradikalismus. Es (...) gibt seinen unabhängigen Klassenstandpunkt auf, um sich ins Schlepptau der Bourgeoisie zu begeben." (Marighela, a, a. a. O.: 89)

Mit dieser von Marighela kritisierten Abhängigkeit von der Bourgeoisie steht für Marighela auch eine reine Orientierung auf Wahlen im Zusammenhang, das Exekutivkomitee „möchte die Diktatur sanft umstoßen, Griechen mit Troer versöhnen! Statt eine revolutionäre Strategie und Taktik zu entwickeln, predigt das Exekutivkomitee einen unmöglichen friedlichen Weg und eine illusorische demokratische Erneuerung. (...) Man fährt fort, Pazifismus zu predigen, aus Mangel an revolutionärem Elan und revolutionärem Bewußtsein, dass nur im Kampf entstehen kann. Für Brasilien gibt es

nur einen Ausweg: Den bewaffneten Kampf."
(Marighela, a, a. a. O.: 89)

Seine Propagierung des bewaffneten Kampfes begründet Marighela also vor allem mit der für ihn sinnlosen Orientierung der PCB auf die „fortschrittliche nationale Bourgeoisie", welche in die Sackgasse führe und die Probleme, die zur Diktatur führten und führen, nicht beseitigen kann: „Es ist sinnlos, dafür zu kämpfen, dass die Macht in den Händen der Bourgeoisie bleibt, damit eine bürgerliche Regierung an die Macht kommt. Das war damals die Absicht, als man das Modell einer nationalen und demokratischen Regierung verteidigte, und das beabsichtigt man heute, wenn man die Hypothese einer „mehr oder weniger fortschrittlichen Regierung" vertritt. (...) Tatsächlich bedeutet das nichts anderes als Ablehnung der revolutionären Aktion, parlamentarischer Pazifismus, Kapitulantentum. Die faschistische, autoritäre Verfassung, die von der Diktatur eingerichtet worden ist und das Monopol des Staates annulliert, verteidigt eine reaktionäre Agrarstruktur, liefert das Land dem Belieben der USA aus, degradiert die Legislative und die Rechtsprechung zu bloßen Instrumenten der Exekutive und macht jede Bildung einer demokratischen Regierung über freie Wahlen unmöglich. Eine solche demokratische Regierung kann nur durch die Aufhebung dieser Verfassung, den Umsturz der Diktatur und den Aufbau eines neuen ökonomische Systems entstehen." (Marighela, a, a. a. O.: 90)

Es ist daher durchaus folgerichtig, wenn Marighela den bewaffneten Kampf propagiert, und auch seine Strategie der Stadtguerilla ist keineswegs einfach das Produkt eines ungeduldigen und realitätsfernen Revolutionärs, sondern ergibt sich quasi zwangsläufig

- aus seinen eigenen Erfahrungen mit der reformistischen Theorie und Praxis seiner Partei, der PCB

- aus den konkreten Bedingungen Brasiliens, dessen industriellen Ballungszentren eine reine Landguerilla illusorisch machen

- aus den repressiven Verhältnissen der Diktatur, die „jede Bildung einer demokratischen Regierung über freie Wahlen" unmöglich machen.

Während Marighelas revolutionäre Strategie sich anfangs (1967) noch an der „Focus-Theorie" a la

Guevara/Debray orientiert, so führen ihn verschiedene Umstände und Überlegungen schließlich dazu, eine Kombination von Land- und Stadtguerilla zu propagieren; dabei kommt der Stadtguerilla insofern in der Anfangsphase entscheidende Bedeutung zu, als sie mit Hilfe von Banküberfällen und anderen „Enteignungen" die möglichst weitgehende logistisch(e und finanzielle Organisation der Landguerilla vorbereiten soll. (Vergleiche hierzu auch Gabeira, 1982,: 120; Allemann, a. a. O.; Detrez, a. a. O.)

Welche Bedeutung der Plan einer brasilianischen Landguerilla gegen die Diktatur anfangs hatte, geht auch aus Gabeiras Biographie hervor, der sich retrospektiv sehr (selbst-) kritisch dazu äussert: **„In gewisser Hinsicht spiegelten diese Überlegungen unsere verquere Ideologie wieder. Basisarbeit innerhalb der Arbeiterklasse von Sao Paulo, unter den Metallarbeitern, schien uns zweitrangig, verglichen mit dem gewaltigen Ziel, eine Landguerilla aufzuziehen.** (Gabeira, a. a. O.:)

Daneben hatte diese duale Konzeption von Land- und Stadtguerilla für Marighela den Vorteil, die Streitkräfte zu zersplittern.

In den städtischen Metropolen soll ein „Klima der Rebellion" geschaffen werden, „während sich die Guerilla in den ländlichen Gebieten entwickelt." (Zitiert bei Allemann, a. a. O.: 294)

Im Oktober 1969 äußert sich Marighela allerdings skeptisch zu der Focus-Theorie von Debray. In einem Interview zum „revolutionärem Krieg" Detrez/Marighela (Oktober 1969) antwortet Marighela auf die Frage von Detrez: „Sind Sie gegen die Ideen von Debray?" „Einige seiner Ideen waren nützlich für mich. Was die Focus-Theorie angeht, bin ich wohl eher anderer Auffassung." usw. (in: Zerschlagt die Wohlstandsinseln der Dritten Welt! 1971: 90)

Entscheidend ist für Marighela, dass die Lösung dieser Aufgaben nicht durch eine neu zu erschaffende Partei erreicht werden kann, sondern es dazu vielmehr einer „geheimen, kleinen, fest gefügten, flexiblen, beweglichen Organisation der Vorhut" bedarf, denn „die großen und schwerfälligen Organisationen sind der Tod der Revolutionäre" (zitiert aus Allemann a. a. O.:294) Ähnlich wie für Debray und Guevara müssen auch für Marighela militärische und politische Führung eines sein.

Dass von Marighelas Revolutionsstrategie, nämlich einer Verbindung von ländlicher Guerilla und Stadtguerilla schließlich nur die Stadtguerilla der **ALN** (Marighela) und **der MR-8** von sich reden machte, ist dem Scheitern der brasilianischen Landguerilla geschuldet: „Weder die Focus´, die Brizola 1965 von Uruguay aus in Rio Grande do Sul zu entfachen suchte, noch ein ähnliches, in der Sierra da Copoeira von Minas Geraes – also in Zentralbrasilien – gestartetes Unternehmen hatten auch nur nennenswerte Anfangserfolge erzielt, beide waren schnell und wirksam unterdrückt worden." (Allemann, a. a. O.: 296)

Aus diesem Grunde hielt Marighela es für notwendig, die Landguerilla durch die Stadtguerilla genügend vorzubereiten, ohne sich allerdings der Illusion hinzugeben, die **Stadtguerilla alleine** könne die Diktatur stürzen. Marighela war durchaus klar, dass die **Stadtguerilla bedeutete, „den Kampf unter Bedingungen der strategischen Einkreisung zu beginnen"**.

Die Stadtguerilla ist für Marighela ein taktisches Mittel, um die Zerschlagung einer künftigen Landguerilla zu verhindern, dieser eine lange Phase des möglichst ungestörten Aufbaus zu ermöglichen. (Vergleiche hierzu auch Detrez, a. a. O.: 36; Allemann, a. a. O.: 297)

Organisatorische Probleme der Stadtguerilla

Angesichts des für lateinamerikanische Verhältnisse relativ hohen Urbanisierungsgrades in Brasilien erscheint Marighelas Versuch, Land- und Stadtguerilla organisch miteinander zu verbinden, wobei allerdings die Stadtguerilla erst die Voraussetzungen für die Bildung ländlicher Guerillafronten schaffen soll, als keineswegs von vorneherein unrealistische Konzeption.

Doch wenn Marighelas Revolutionsstrategie auf die Städte konzentriert ist, so impliziert dies keineswegs eine Favorisierung des Proletariats als **das** revolutionäre Subjekt.

Marighela, dem man als erfolgreichen sozialistischen Praktiker sicher nicht einschlägige Erfahrungen absprechen kann, teilt, wenn auch in sehr abgeschwächter Form, mit Castro und Guevara die Skepsis gegenüber einer rein proletarischen Ausrichtung, wie dies für die Ideologien der meisten Kommunistischen Parteien kennzeichnend war.

Für Marighela gehören zum „revolutionären Subjekt" nicht nur „Arbeiter, Campesinos, die die Stadt als Arbeitskräfte angezogen hat", sondern auch Studenten und Geistliche. (Marighela, b, 1969/1983: 47)

Marighelas „Handbuch des Stadtguerrillero", auch als „Minihandbuch des Stadtguerrillero" bekannt, erschien noch im Jahre seiner Ermordung 1969 bei der Edition de Seuil. Als es auf Anregung des französischen Geheimdienstes verboten wurde, gaben es 23 französische Verlage erneut heraus. Ein Einzeldruck der erstmalig Juni 1970 in „Sozialistische Politik" Nr. 6/7 erschienen deutschen Fassung wurde beschlagnahmt. April 1971 druckte der Rowohlt Verlag den Text in dem hier mehrfach zitierten rororo aktuell Bändchen 1453 unter dem Titel „Zerschlagt die Wohlstandsinseln der 3. Welt", beließ es jedoch bei dieser einen Auflage.

(Bei der hier zugrunde liegenden Ausgabe handelt es sich um die 6. Auflage von Januar 1983 im Verlag „Von der Revolution zur Revolution", Berlin.)

Wenn Marighela am Ende seines Handbuches schreibt: „Die Intellektuellen stellen die zentrale Säule des Widerstandes gegen die Willkür, gegen die gesellschaftliche Ungerechtigkeit und die unmenschliche Inkongruenz der Guerilladiktatur" dar (Marighela, a. a. O.:48), dann reflektiert dies die Tatsache, **dass die Kader der ALN wie auch der MR-8 sich zum großen Teil aus Intellektuellen zusammensetzten**, in erster Linie aus radikalisierten

Studenten, aber auch aus Ärzten, Rechtsanwälten, Professoren. Sogar mit Priestern hatte Marighela Kontakt. Mario Alves schätzt, daß die Beteiligung der Intellektuellen an der Stadtguerilla annähernd 60% betrug. (Alves, 1971: 9)

Entsprechend den Aufgaben der Stadtguerrilla, die in erster Linie darin bestanden, „die Militärdiktatur und die Kräfte der Repression abzulenken, sie aufzureiben und zu demoralisieren," außerdem darin, „die Güter und Besitztümer der Nordamerikaner, anderer ausländischer Unternehmen und die der brasilianischen Großbourgeoisie zu überfallen und sie zu zerstören oder zu plündern" (Marighela, b, a. a. O.: 6), mußte auch die Taktik diesen Zielen angepaßt werden.

In vielen Punkten ähnelt sie der der Narodniki im vorrevolutionären Russland (Vgl. hierzu Kapitel 6, S. 55 ff), und das Hauptproblem der Stadtguerilla besteht darin, daß sie unter Bedingungen der „strategischen Einkreisung" operieren muß: Die Häusermeere und Straßenschluchten sind die unzugänglichen Berge und Täler, analog zu Kuba gewissermaßen die Sierra Maestra der Stadtguerilla, wo der Guerillero Unterschlupf findet; vorausgesetzt allerdings der Stadtguerillero versteht es, „inmitten des Volkes zu leben", er muß daher bemüht sein, „nicht als Fremder zu erscheinen oder sich vom normalen Leben eines Durchschnittsbürgers zu unterscheiden." (Marighela, b, : 8)

Doch während beispielsweise die Sierra Maestra auf Kuba von der Regierung nicht zu kontrollierendes Reduit der Guerilla war, sind in der Stadt „befreite Gebiete" im klassischen Sinne undenkbar, diese können nur sehr unvollkommen durch den städtischen Untergrund ersetzt werden.

Nach Marighela soll der Guerillero wenn möglich seiner gewohnten Arbeit nachgehen, soweit der noch nicht als Guerillero bekannt ist und steckbrieflich gesucht wird.

Die Organisationsprinzipien ergeben sich aus dem notwendig konspirativen Charakter des Kampfes: Aus der Tatsache, daß „der schlimmste Feind des Stadtguerillero und die größte Gefahr, der er ausgesetzt ist, (….)die **Unterwanderung der Organisation durch Spione oder andere Personen, die der Polizei Hinweise über uns geben**" ist (Marighela, b, : 41), ergibt sich zwangsläufig das System einer straff organisierten Kaderguerilla einschließlich „einem Apparat der Gegenspionage und Gegeninformation." (Marighela, b, : 22).

Neben permanentem Mißtrauen und einer entsprechenden „Gegenspionage" propagiert Marighela die „Hinrichtung" nicht nur von Folterspezialisten der Geheimdienste, sondern auch von Denunzianten.

Diese beiden Aspekte, nämlich der streng konspirative Charakter der Organisation und der notwendige Terror gegen „Agenten aller Art" ergeben sich zwar aus den Bedingungen der strategischen Einkreisung der Stadtguerilla, **sind aber m. E. unterer anderen wesentliche Ursachen des Scheiterns der Stadtguerilla – keineswegs nur in Lateinamerika!**

In der Annahme Marighelas, die Stadtguerilla könne mit der Sympathie der Massen rechnen und diese würden daher auch Terrorakte wie „Hinrichtungen" und Bombenattentate usw. billigen, besteht m. E. ein fataler Irrtum: Erfahrungsgemäß besteht in breiten Bevölkerungskreisen nicht zu Unrecht eine gewisse Sensibilität und Ablehnung gegenüber Terrorakten, und nur die wenigsten Menschen billigen pauschal „individuellen Terror" – selbst wenn es sich dabei um mißliebige Personen des Establishments handelt.

Dies kann sich allenfalls in einer ohnehin revolutionären Situation ändern, doch diese bestand in Brasilien nicht!

Uns scheint die in dieser Hinsicht eher vorsichtige Haltung realistischer, die in Che Guevaras erstmalig 1960 publizierten Aufsatz „Der Guerillakrieg" zum Ausdruck kommt und in der Che Guevara **Terror gegen Individuen nur gegen allgemein verhaßte, besonders exponierte Gegner billigt.** (Vergeleiche Guevara: 196 ff).

Das Beispiel der **Tupamaros in Uruguay**, die lange Zeit auf Attentate völlig verzichteten und offenbar gerade deshalb große Popularität genossen, dennoch ebenso spektakuläre wie wirkungsvolle Aktionen durchführten und **bezeichnenderweise erst einen schweren Popularitätsverlust erlitten, nachdem sie den US-Agenten Dan Mitrione liquidiert hatten**, macht deutlich, daß der Sinn von individuellem Terror als politisch wirksame Maßnahme - von Ausnahmen abgesehen – zumindest angezweifelt werden muß; „Hinrichtungen" von „Agenten" drücken die ganze Problematik konspirativer Arbeitsweise aus: ohne sie wird die Konspiration zweifellos früher oder später geknackt, andererseits führen sie fast immer zu Popularitätsverlust.

Aus dem **unabdingbar konspirativen Charakter** der **Stadtguerilla erwächst also ein entscheidender Nachteil**: Die extreme Repression des Staatsapparates erschwert die, auch von Marighela durchaus als notwendig betrachtete Basisarbeit unter den Massen: Entweder die Stadtguerilla verzichtet aus Vorsicht auf alle anderen Kampfformen und beschränkt sich auf Kleinkriegstaktik, dann wird sie es nicht nur ausgesprochen schwer haben, ihre gesellschaftliche Basis wesentlich auszuweiten und es besteht darüber hinaus auch die Gefahr, daß sie ihren politischen Charakter verliert, zumal die Bevölkerung dann einseitig der staatlichen Gegenpropaganda ausgesetzt ist. Diese kann, geschickt eingesetzt, der Wirkung der Aktionen der Stadtguerilla einen entscheidenden Abbruch tun und sie tendenziell als reine kriminelle Vereinigung auch in den Augen der Bevölkerungsmehrheit erscheinen lassen – in diesem Fall wäre die politische Zerschlagung der Stadtguerilla nur noch eine Frage der Zeit.

Beginnt die Stadtguerilla andererseits jedoch, ihre streng **geheime Organisation etwas zu öffnen**, beteiligt sie sich beispielsweise an der Organisation und dem „Schutz" von Streiks oder ähnlichem, **kann die Stadtguerilla leicht infiltriert und ihre Kader gefangen werden. Was dies unter den Bedingungen einer an keine Gesetze wirklich gebundenen Militärdiktatur bedeutet, ist klar.**

DIE TAKTIK DER STADTGUERILLA

Entsprechend ihren Zielen, nämlich die brasilianische Diktatur bloßzustellen, durch Aktionen ihren repressiven und volksfeindlichen Charakter zu entlarven, die Regierung lächerlich zu machen, die Sicherheitskräfte zu zersplittern und zu demoralisieren und schließlich die städtischen Massen zum allgemeinen Widerstand zu führen, bestanden die Aktionsformen der Stadtguerilla in „Überfällen, mit dem Ziel, Mittel zu enteignen, Gefangenen zu befreien, Explosivstoffe, Maschinengewehre und andere Waffen und Munition zu erbeuten." (Marighela, b, : 26) Sowie

Banküberfällen, die „populärste Art des Überfalls, die der Finanzierung der Guerilla sowie der Guerilleros dienten".

Marighela sieht durchaus das Problem, dass hierbei die Stadtguerilla leicht als kriminelle Organisation diskreditiert werden kann, und als Gegenmaßnahme empfiehlt er

1. Der Guerillero „darf nicht unnötige Gewalt anwenden und die Güter und Sachen des Volkes nicht antasten."

2. Der Überfall muß mit Aufklärung, d. h. mit Propaganda über die politischen Ziele der Stadtguerilla verbunden werden. (Marighela, b,: 28)

3. „Invasionen", die zur Beschlagnahmung von Dokumenten führen können, die die Regierungspolitik und die korrupten Machenschaften der Politiker nachweisen.

4. Besetzungen, um „bestimmte Anlagen und Orte zur Durchführung einer Propaganda-Aktion in die Hand zu bekommen. (a. a. O.: 29) Besetzungen von Radiostationen dürften dabei den größten Effekt gehabt haben.

5. Hinterhalte, die vor allem dem Überraschungsangriff auf Polizeikräfte zur Erbeutung von Waffen dienten.

6. Straßenkämpfe, um die Massen mit in den Kampf einzubeziehen.

Schließlich nennt Marighela auch „Streiks und Arbeitsunterbrechungen" als eine der „gefürchtetsten Waffen der Ausgebeuteten und Unterdrückten." (a. a. O.: 31)

Hier gerät allerdings das Konzept Stadtguerilla in Widerspruch zu sich selbst, denn ein ernstzunehmender Massenstreik läßt sich nicht kommandieren, schon gar nicht von einer letztlich – weil konspirativ arbeitenden – relativ isolierten Guerilla-Organisation.

Anders mag die Sache bei einer tatsächlich vorliegenden vorrevolutionären oder revolutionären Situation liegen, doch in diesem Fall hätte die Guerilla lediglich sekundäre Funktion zur Ablenkung und Bindung von Sicherheitskräften...

Hinzu kommt, daß bei größeren Streitkräften das **Überraschungsmoment in der Regel wegfällt,** das heißt dass die staatlichen Repressionskräfte erfolgreicher infiltrieren und dabei relativ leicht der Guerilleros habhaft werden können; einziger relativer Schutz hiergegen, das heißt gegen ungehemmte staatliche Repression kann nur eine völlig offene politische Tätigkeit bieten, die allerdings großen Rückhalt in der Bevölkerung voraussetzt.

Im Übrigen ist die Verhaftung führender Repräsentanten ein bewußt in Kauf genommenes Risiko jeder revolutionären Massenbewegung; sie eröffnet propagandistische

Möglichkeiten und kann dazu beitragen, die Staatsorgane zusätzlich zu diskreditieren und bieten darüber hinaus Ansatzpunkte für Massenmobilisierungen. (Berühmtestes Beispiel hierfür ist die breite Amnestiekampagne während der spanischen Revolution in den dreißiger Jahren).

Ganz anders ist dies im Falle der Guerilla: Hier kann jede Verhaftung eine Katastrophe bedeuten, da hier gewaltsame Erpressung von Informationen ein Hebel der Staatsmacht zur Zerschlagung der Konspiration besteht.

Wenn Marighela als Aufgabe der Guerilla auch die Befreiung verhafteter Revolutionäre anführt, so zeigt die Erfahrung, daß dies meist – mit vertretbarem Aufwand – nur in der Anfangsphase der Guerilla gelingt. Im weiteren Verlauf fällt es dem Staat relativ leicht, sich auf diesen Aspekt der Guerilla schnell einzustellen; das Argument der möglichen Befreiung politischer Gefangener diente und dient dem Staat vielfach zur Legitimation besonderer Bedingungen der Haft für Guerilleros: Hochsicherheitstrakte, Militärlager, Einzelhaft etc.

Terrorismus, worunter Marighela ausschließlich das Legen von Bomben und Brandsetzen versteht, befürwortet er ausdrücklich.

Aber auch hier lassen die weltweiten Erfahrungen an dem politischen Sinn zumindest zweifeln, da die pauschale

Billigung von Bombenattentaten erfahrungsgemäß zum undifferenzierten Terror gegen ungeeignete Objekte verleiten und vor allem durch die nie auszuschließende Gefährdung von Unbeteiligten der Stadtguerilla – immer von Ausnahmefällen abgesehen – nur allzu oft einen Bärendienst erweist.

Wenn Marighela unter die „ursprünglichen Vorteile der Stadtguerilla" neben der Überraschung des Feindes, der besseren Kenntnis des Operationsgebietes auch eine „größere Beweglichkeit und Schnelligkeit als die Polizei und die übrigen Kräfte der Repression" sowie einen „Informationsapparat, der besser ist als der des Feindes" (Marighela, b : 18) behauptet, **müssen doch Zweifel daran angemeldet werden:** Offenbar unterschätzt Marighela wie so viele Revolutionäre vor und nach ihm die Möglichkeiten des Staates, sich auf die Guerilla einzustellen, wozu auch die Organisation oder Reorganisation eines effektiven Geheimdienstes und die mehr oder weniger geschickte Kombination von Repression, Überwachung und Bestechung gehört.

Es versteht sich von selbst, daß Marighela in seinem Handbuch für Stadtguerilleros all jene Elemente der Kleinkriegsführung nennt, denen wir bereits mehrfach bei der Behandlung des Themas begegnet sind...

Marighela hebt in seinem Handbuch auch die Bedeutung der Schießfertigkeit hervor, das Schießen quasi die „Existenzbasis der Guerilla" darstellt, wobei er den **Heckenschützen,** der auf kurze und weite Entfernung sicher zu treffen weiß, als die „letzte Stufe der perfekten Schießkunst" versteht. (Marighela, b, : 14)

Die Tupamaros in Uruguay

Der Übersichtlichkeit und der besseren Lesbarkeit halber wird in diesem kurzen Exkurs über die Tupamaros nur ein pauschaler Literaturhinweis über die verwendeten Schriften gegeben:

M. N. L. (Tupamaros): Wir, die Tupamaros Berlin 1974. Es handelt sich um die deutsche Übersetzung der französischen Ausgabe der Tupamaros-Dokumente, die unter dem Titel „Nous, les Tupamaros" bei Maspero erschienen ist. In diesem Dokument sind alle ihnen wichtig erscheinenden Aktionen der M.N.L. von ihnen selbst ausführlich dargestellt.

Allemann, Fritz R.: Macht und Ohnmacht der Guerillas München 1974 insbesondere hier S. 311-354, 421-439
Allemann war Journalist und hat einige Jahre in

Lateinamerika gelebt, sein Buch ist gut recherchiert und gibt einen guten Überblick zum Thema.

Vorwerck, E.: Tupamaros in: Wehrkunde, 20. Jg. 1971, Heft 8: 403 ff

Hahlweg, Werner: Stadtguerilla, a, 1973: 580 ff

Conley, Michael: Proteste, Subversion und Stadtguerilla in: Beiträge zur Konfliktforschung Bd. 3, 1974, 71 ff

Müller-Borchert, H.-J.: Guerilla im Industriestaat, 1973, 96 ff

Die **Tupamaros** knüpfen mit ihrem Namen an die Tradition der Indio-Aufstände gegen die Fremdherrschaft an, der Name *Tupamaros* ist eine Reverenz an **Tupac-Amaru**, den **Anführer der großen Indio-Aufstände im 18. Jahrhundert in Peru.**

Entgegen der **ALN und der MR-8** in Brasilien, die unter den Bedingungen extremer staatlicher Repression gegründet wurden, kämpften die Tupamaros anfangs gegen ein System, in dem zwar soziale und wirtschaftliche Ungleichheit herrschte, gleichwohl relativ demokratische Strukturen einen legalen politischen Kampf der Ideen durchaus ermöglicht hätten. **Uruguay galt lange Zeit als „Die Schweiz Lateinamerikas".**

Das politische Ziel der Tupamaros bestand demnach in der „Entlarvung" der allerdings teilweise korrupten Regierung als „volksfeindlich", repressiv usw., ähnlich wie dies Guevara in seiner später verfaßten Schrift „Venceremos" (wir werden siegen) fordert, und dieses Ziel haben die Tupamaros tatsächlich erreicht; ihre phantasievollen, lange Zeit völlig unblutigen, aber dennoch oder gerade deshalb populären Aktionen, die vor allem darauf abzielten, die Oligarchie und den Staat lächerlich zu machen und ihre Wehrlosigkeit gegen die „revolutionäre Avantgarde" demonstrieren sollte, um die Oligarchie und den Staat zum blindwütigen Um sich schlagen zu provozieren und so einen Radikalisierungsprozeß der Linken zu beschleunigen, **führte schließlich so weit, daß die Presse den Namen *Tupamaros* nicht mehr erwähnen durfte, sondern nur noch „von denen, deren Namen wir nicht nennen dürfen" oder von den „Namenlosen" berichtete – jeder im Land wußte, welche Organisation gemeint war…**

Die Tupamaros verstanden es wie wohl keine andere Stadtguerilla vor und nach ihnen, ihre Aktionen so zu planen und durchzuführen, daß der Sinn jedem sofort klar war und zumeist auch gebilligt werden konnte; das Wesensmerkmal war die **„Robin-Hood-Methode"**: So wurde in einem Fall die Villa eines als korrupt und kriminell verschriehenen Regierungsbeamten generalstabsmäßig überfallen, u. a. ein

Safe von über 1200 kg Gewicht abtransportiert und darin befindliche Dokumente der Presse zugeleitet. Die Veröffentlichung dieser Dokumente, die die kriminellen Verwicklungen von Regierungsbeamten bewiesen, lösten einen Regierungsskandal aus.

In einem anderen Fall wurde ein mit Lebensmitteln voll beladener Lastwagen gekidnapped und in ein Armenviertel gefahren, wo die Nahrungsmittel unter die „Marginales" kostenlos verteilt wurden, begleitet von entsprechender Propaganda gegen das Establishment.

Auch in der Entführung prominenter Persönlichkeiten waren die Tupamaros Meister, und trotz intensiver Suchaktionen der Polizeikräfte, trotz Durchkämmen ganzer Stadtviertel Haus für Haus gelang es den Sicherheitskräften lange Zeit nicht, die „Volksgefängnisse" der Tupamaros ausfindig zu machen.

Es gelang den Tupamaros nicht nur, große Sympathien in der teilweise sehr armen Bevölkerung zu erzielen, sondern auch Regierungsstellen und angeblich sogar Armee-Einheiten zu unterwandern – zum allgemeinen Aufstand wie erhofft führten ihre Aktionen allerdings nicht.

Der große (vorübergehende) Erfolg der Tupamaros dürfte vor allem drei Ursachen haben:

1. Ihre vorwiegend intellektuelle soziale Herkunft und Zusammensetzung. Die scherzhafte Behauptung, die Mitgliedschaft bei den Tupamaros setze den Doktortitel voraus, reflektiert die Tatsache, daß die Tupamaros zu einem beträchtlichen Anteil der Intelligenz angehörten, sie verfügten über Spezialisten aller Fachrichtungen wie Ärzte, Ingenieure, Physiker usw.

2. Der zweite Grund der relativ spektakulären (Anfangs-) Erfolge dürfte in einer streng konspirativ abgeschotteten Organisationsstruktur liegen.

3. Die dritte Ursache der Erfolge der Tupamaros dürfte auch auf die Tatsache zurückzuführen sein, daß ihre Gründung in einer Phase stattfand, als das politische System sich noch an demokratische Gesetze gebunden fühlte und nicht von Anfang an entsprechend wirksam repressiv reagierte – die Ausgangsbedingungen waren noch denkbar günstig.

Doch schließlich begingen die Tupamaros Fehler, die zu ihrer Zerschlagung beitrugen: Die Tupamaros stellten nach der Entführung Dan Mitriones, eines US-amerikanischen Verhör-Spezialisten derart hohe Forderungen als Bedingungen der Freilassung Mitriones, daß die Regierung sich weigerte, darauf einzugehen.

Mitrione wurde daraufhin liquidiert, und dies führte zu einem beträchtlichen Popularitätsverlust der Tupamaros.

Zudem wurden die Tupamaros schließlich doch infiltriert, weil sie wohl aufgrund zu optimistischer Einschätzung der politischen Lage zu hastig neue Kader rekrutierten; dadurch gelang es dem Staat schließlich, „Volksgefängnisse" auszuheben; binnen kurzem wurden die Tupamaros als Organisation zerschlagen.

Kapitel 18 Guerilla in Lateinamerika – Bilanz

Dass die Bourgeoisie durch die „Exploitation des Weltmarkte die Produktion und Konsumtion aller Länder kosmopolitisch gestaltet" hat, sodaß „"an die Stelle der alten lokalen und nationalen Selbstgenügsamkeit und Abgeschlossenheit (….) ein allseitiger Verkehr, eine allseitige Abhängigkeit der Nationen voneinander" tritt, dies hat Karl Marx zwar bereits vor über 150 Jahren konstatiert (Marx, Manifest: 466), gleichwohl beweist diese Feststellung heute mehr denn je ihre fast universelle Gültigkeit und Aktualität: Ihren Ausdruck findet diese Feststellung vor allem im Zeitalter des Imperialismus und in der Globalisierung, aber auch darin, daß die **„geistigen Erzeugnisse der einzelnen Nationen Gemeingut"** werden.

Zu diesen „geistigen Erzeugnissen" gehören zweifellos auch die Versuche der Revolutionäre aller Nationen, die je besonderen gesellschaftlichen Zustände einer Analyse zu unterziehen und daraus und aus gesammelten praktischen Erfahrungen politischer Kämpfe Handlungsanweisungen zur revolutionären Überwindung der als schlecht empfundenen Wirklichkeit abzuleiten: Aus dem oben zitierten „Manifest der kommunistischen Partei", aus den Schriften Lenins, Maos, aber auch aus denen Marighela´s, Guevara´s oder Mariategui´s haben auch lateinamerikanische Revolutionäre einen Teil ihrer Ideen bezogen.

Doch ebenso, wie der Imperialismus von Erdteil zu Erdteil, von Nation zu Nation sich in unterschiedlichen Formen darstellt, so ist auch die revolutionäre Theorie und Praxis Produkt dieser konkreten Bedingungen, unter denen sich die nationalen Befreiungskämpfe und die Kämpfe zwischen den Klassen vollziehen.

Die allzu enthusiastische Rezeption revolutionärer Strategien und ihre Übertragung auf mehr oder weniger anders geartete gesellschaftliche Zustände und Entwicklungen haben den revolutionären Bewegungen oftmals zwar vorwärtsweisende theoretische Impulse gegeben, sondern umgekehrt auch zu katastrophale Fehler und Fehleinschätzungen geführt. Dies gilt auch für Lateinamerika und die „Focus-Theorie".

Das Problem verschärft sich dadurch, daß auch die Analysen und die Propagierung bestimmter revolutionärer Optionen ein und desselben Revolutionärs oftmals in sich widersprüchlich sind und/oder zu folgenschweren Mißverständnissen führen.

Hierüber waren sich viele Revolutionäre durchaus im Klaren, und so schreibt beispielsweise Leo Trotzki in „Permanente Revolution": „Die entlegensten, und, wie es scheinen könnte, ganz „abstrakten" Meinungsverschiedenheiten, wenn sie bis zu Ende gedacht werden, müssen sich früher oder später in der Praxis äußern und diese läßt keinen einzigen theoretischen Fehler ungestraft." (Trotzki, 1981: 7)

Diese These Trotzkis, erster Kommandeur der Roten Armee, bewahrheitet sich auch bei der kritischen Lektüre der Schriften eines politisch und persönlich integren Revolutionärs wie Ernesto Che Guevara: Die „Meinungsverschiedenheit" zwischen der **anfänglichen** Guevaristischen These, die Guerilla könne nur erfolgreich sein, wenn sie gegen eine „illegale" Regierung gerichtet sei und der **späteren** Forderung Guevara's, die Guerilla könne und müsse überall in Lateinamerika, **ungeachtet der jeweiligen politischen Form** der Regierung initiiert werden, diese „Meinungsverschiedenheiten" in den Schriften ein und desselben Autors war fast so fundamental und hatte ähnliche katastrophale Folgen wie die

„Meinungsverschiedenheiten" zwischen Stalin und Trotzki, auf die letzterer in dem oben genannten Zitat anspielt.

Wie wir gesehen haben, hat die zu unkritische Übernahme der von Che Guevara stillschweigend revidierten These über die notwendigen gesellschaftlich-politischen Voraussetzungen der Guerilla für die lateinamerikanischen Befreiungsbewegungen oft verheerende Folgen gehabt: Die Zerschlagung der Venezuelanischen, Peruanischen und Bolivianischen Guerillafronten, die gegen zumindest halbwegs demokratisch gewählte populistische Regierungen mit Massenbasis agierten – im Gegensatz zur kubanischen und später nicaraguanischen Guerilla, die gegen einen allgemein verhaßten Diktator kämpften – **macht deutlich, wie elementar eine Analyse der konkreten gesellschaftlichen Bedingungen und Entwicklungen für die revolutionäre Aktion ist, und wie wichtig darüber hinaus eine echte soziale Verankerung im Volk ist. Ökonomische Statistiken sagen eben noch lange nichts über das Vorhandensein einer tatsächlich vorrevolutionären oder revolutionären Situation aus...!**

Auch Fernando Gebeira, führendes Mitglied der brasilianischen Stadtguerilla MR-8 – einer Parallelorganisation der **ALN von Carlos Marighela** – weist in seiner politischen Autobiographie auf die **theoretischen Defizite der Guerilla** hin: „...die Organisationen waren aber

unfähig, theoretische Ziele zu formulieren. Neben den Forderungen des Alltags gab es überhaupt keine theoretischen Aufgaben. Abgesehen davon, daß das **theoretische Niveau im Allgemeinen sehr niedrig war,** stand man der Theorie sehr mißtrauisch gegen über. Keine von uns hatte das „Kapital" gelesen, **keiner wußte über die revolutionären Erfahrungen in anderen Ländern wirklich bescheid, keiner von uns stellte bestimmte Seiten des Marxismus in Frage, arbeitete sich gar in eine neue Materie hinein. Wir hatten eine ziemlich enge Auffassung von der Bewegung, und viele meinten, Aktion sei alles."** (Gabeira, 1982: 117)

Eine zu mechanistische Übertragung ungeeigneter revolutionärer Konzeptionen in Verbindung mit einer oft nur mangelhaften analytischen, das heißt theoretischen Auseinandersetzung mit der konkreten gesellschaftlichen Totalität ist zweifellos ein bedeutsames Handicap der lateinamerikanischen revolutionären Bewegungen gewesen.

Ich habe zu zeigen versucht, daß der Kleinkrieg auch in Lateinamerika **nur dann** eine erfolgversprechende revolutionäre Methode war und wohl auch in Zukunft nur dann sein wird, **wenn er aus dem Zusammenhang politisch-ökonomischer-sozialer und nicht zuletzt kultureller Prozesse erwächst, diese aber nicht ersetzen kann** –

Kleinkrieg ohne diese Voraussetzung ist schlicht Terrorismus einer kleinen Minderheit und wird mit Recht scheitern!

Kleinkrieg als „revolutionäre Interventionsmethode" kann nur dann erfolgreich sein, wenn er „aus der Tiefe des sozialen und ökonomischen Raumes" kommt.

Das kubanische ebenso wie das nicaraguanische Beispiel zeigen, daß es **unter bestimmten historischen Bedingungen** einer kleinen bewaffneten Gruppe gelingen kann, eine gut ausgebildete und zahlenmäßig hoch überlegene reguläre Armee zu besiegen; **diese Beispiele machen aber auch deutlich, daß es sich bei diesen anfänglich sehr kleinen bewaffneten Gruppen um in der revolutionären Bewegung des Volkes verankerte und aus diesem hervorgegangene Gruppen handeln muß.**

Das Scheitern der castristisch-guevaristischen Guerilla-Konzeption im Laufe der sechziger Jahre, besonders das Scheitern der bolivianischen Guerilla unter einem so profilierten, erfahrenen und begabten Guerilla-Führer wie Ernesto Che Guevara verdeutlichen dies besonders: Guerilla als Volkskrieg, als mehr oder weniger bedeutsamer Bestandteil einer vom Volk ausgehenden Revolution ist eine scharfe Waffe gegen eine reguläre, im Volk bereits verhaßten Armee; **als substitutionalistische Methode der**

sozialen und antiimperialistischen Revolution durch die bewaffnete Avantgarde ist die Guerilla jedoch auch in Lateinamerika erfolglos gewesen und wird es m. E. auch in Zukunft sein.

Das hier gesagte gilt analog auch für das lateinamerikanische Konzept der Stadtguerilla, es gibt hier jedoch noch einen fundamentalen Unterschied: Während die Landguerilla sich vor allem in der Anfangsphase in von Regierungstruppen nicht oder nur schlecht zu kontrollierendem Reduit konstituiert und hier die Möglichkeit hat, eine politische, soziale und teilweise sogar ökonomische „Gegenmacht" aufzubauen, in der im günstigsten Falle Elemente des angestrebten neuen Gesellschaftssystems antizipiert werden können und den politischen Zielgruppen der Guerilla eine gesellschaftliche Alternative zumindest ansatzweise **vorgelebt** werden kann, ist die Stadtguerilla auf eine permanente Mobilität verwiesen, die im Gegensatz zur Landguerilla meist defensiver Natur ist und Verschleiß herbeiführt.

Der permanente Zwang zum Wechsel der Wohnung, Leben im Untergrund und ganz allgemein die konspirative Lebensweise können nur schlecht und unvollkommen das Reduit der Landguerilla ersetzen, auch ist die erforderliche Konspiration kontinuierlicher politischer Arbeit nicht eben förderlich.

Die von Carlos Marighela durchaus erkannte Tatsache, daß die Stadtguerilla unter Bedingungen der „Strategischen Einkreisung" agiert, äußerst sich konkret in ihrem konspirativen Charakter, der jedoch, wie die Erfahrung gezeigt hat, niemals konspirativ genug sein kann, um nicht doch früher oder später von Spitzeln und Agenten der Sicherheitsorgane unterwandert zu werden.

Die Tatsache, daß die Stadtguerilla von der Natur der Sache her eine konspirative „Avantgarde-Organisation" sein muß, also eine relativ sehr kleine Gruppe revolutionärer Kader, entzieht sie zwar unter den Bedingungen einer offenen Diktatur anfangs eher dem Zugriff staatlicher Repressionskräfte – insofern hat Marighela recht, wenn er sagt, die Massenparteien seien „der Tod der Revolutionäre", - doch gerade diese anfängliche Stärke macht es einem zu allem entschlossenen Staatsapparat aber auch leichter, die Stadtguerilla politisch zu isolieren, als kriminelle Bande zu diskreditieren und, ist einmal ein Riß im konspirativen Netz, sie völlig zu zerschlagen.

Ob jedoch Stadt- oder Landguerilla, **der Erfolg hängt letztlich von nicht-militärischen Faktoren ab, die nur bedingt von der Guerilla kontrolliert werden können**: Dazu gehört nicht nur das Vorhandensein entsprechenden gesellschaftlichen Sprengstoffes, sondern auch die Bereitschaft großer

Bevölkerungsteile, die Guerilla auch unter Lebensgefahr zu unterstützen.

„Zwei, drei, viele Vietnam" (Guevara) erfordern auch entsprechendes gesellschaftliches Potential, das keineswegs immer vorhanden ist...

Selbst in Brasilien, wo nicht nur die „objektiven" ökonomischen und sozialen Zustände das Vorhandensein einer revolutionären Situation nahelegten, sondern auch eine brutale, diktatorisch regierende Militärjunta die Macht an sich gerissen hatte, gelang es weder der Landguerilla noch der ALN noch der MR-8 trotz ihrer spektakulären Aktionen, die Masse der Bevölkerung zum aktiven Handeln zu motivieren.

Überschreitet die staatliche Repression ein gewisses Ausmaß, sind es erfahrungsgemäß nur wenige, die das Risiko von Folter und Tod auf sich nehmen...

Ganz anders liegen die Dinge allerdings auf dem Höhepunkt einer objektiv und subjektiv revolutionären Situation, in der die Massen sich nicht in der Defensive, sondern in der Offensive befinden und schon vor dem bewaffneten Aufstand stehen. In einer solchen Situation mag allerdings eine bewaffnete revolutionäre Avantgarde, die entschlossen den Anfang macht und eine Führungsrolle übernimmt, eine elementare Rolle spielen.

Dies führt uns zu einem weiteren, für die Land- ebenso für die Stadtguerilla sehr nachteiligen Aspekt der Entwicklung: Die Vervollkommnung der staatlichen „Counterguerilla" und der „Counterinsurgency".

Nach dem Sieg der „Bewegung des 26. Juli" auf Kuba begannen die USA, die nationalen lateinamerikanischen Armeen massiv bei der Modernisierung zu unterstützen, hinsichtlich ihrer Eignung als konterrevolutionäres Instrument umzustrukturieren und auszubilden. Hierbei hat besonders der US-amerikanische Geheimdienst CIA eine maßgebliche Rolle gespielt.

Wenngleich derartige militärische Maßnahmen nicht fetischisiert werden dürfen – der Vietnamkrieg und weitere Kämpfe haben gezeigt, wie relativ wirkungslos der Einsatz sogenannter Eliteeinheiten blieb – so darf dies andererseits auch nicht unterschätzt werden: Eine ins Rollen gekommene Volksrevolution läßt sich schwerlich durch solche Maßnahmen aufhalten – der staatliche Terror bewirkt dabei meist das Gegenteil. Anders ist dies, wie wir gesehen haben, aber bei einer zahlenmäßig kleinen, aufgrund ihrer überwiegend intellektuell zusammengesetzten und konspiratriven Struktur von den Massen mehr oder weniger entfremdeten Kaderguerilla: Die Anwendung mehr oder weniger selektiver Repression, vor allem in Verbindung mit Reformen oder Schein-Reformen hat zur Zerschlagung der meisten Guerilla-Fronten geführt, bevor diese überhaupt aus ihrem Anfangs-Stadium herausgekommen sind.

Abschließend sei noch auf die **Bedeutung des Faktors „Zeit"** hingewiesen: Je mehr Zeit verstreicht, ohne dass es der Guerilla gelingt, ihre Mitgliederstärke und vor allem ihren Aktionsradius laufend zu vergrößern, desto mehr nutzen sich anfangs spektakuläre Aktionsformen ab, desto besser gelingt es dem Staat nach und nach, sich auf die anfangs für ihn völlig ungewohnte Kampfesweise einzustellen und so zumindest den Preis für erfolgreiche Aktionen der Guerilla laufend in die Höhe zu treiben.

Die Erfahrungen gerade mit der lateinamerikanischen Stadtguerilla zeigen, daß die Staatsapparate früher oder später lernen, sich umzustellen und entgegen den meisten revolutionären Gruppen relativ skrupellos vorgehen: Vor allem die von den lateinamerikanischen Sicherheitsdiensten mit Beratung durch den CIA fast überall aufgebauten paramilitärischen rechtsradikalen Terrorgruppen, die, vom Geheimdienst und Teilen der Oligarchie gedeckt und finanziert, Jagd auf alle demokratischen und linken Kräfte machten und dabei nicht einmal vor dem öffentlichen Mord an einem allgemein verehrten Bischof während einer Messe zurückschrecken – so geschehen in El Salvador – sind eine kaum zu unterschätzender Faktor geworden.

Kapitel 19 Stadtguerilla in der Bundesrepublik Deutschland

Vorbemerkung:

Wie im Kapitel über den chinesischen Volkskrieg exemplarisch deutlich geworden ist, resultierte dieser ebenso aus den politisch-ökonomischen Bedingungen einer überwiegend agrarischen, halbfeudalen und halbkolonialen Gesellschaftsstruktur wie aus den Fähigkeiten der kommunistischen Partei Chinas, diese gesellschaftlichen Rahmenbedingungen zu reflektieren und aus diesen konkreten Verhältnissen eine revolutionäre Strategie zu entwickeln, die das vorhandene revolutionäre Potential tatsächlich zur gesellschaftstransformierenden Kraft werden ließ.

Ähnliches läßt sich sicher auch für den vietnamesischen Volkskrieg sagen, der hier nicht behandelt worden ist: In beiden Fällen handelte es sich um Volkskriege, deren Basis die arme Landbevölkerung und die Subsistenzwirtschaft war.

Die Möglichkeit, befreite Gebiete zu schaffen, wurde dabei zu Recht von Mao Tse Tung und später unter modifizierten Bedingungen auch von der vietnamesischen und der kubanischen Führung als conditio sine qua non des revolutionären Krieges begriffen.

Wenn befreite Gebiete Voraussetzung einer letztlich erfolgreichen Guerilla waren, so resultierte diese Möglichkeit der Errichtung befreiter Gebiete als Reduit der Guerilla aus den konkreten sozialökonomischen und geographisch-demographischen Bedingungen des jeweiligen Landes: Nur die von moderne Technik weitgehend unabhängige, archaisch betriebene Subsistenzwirtschaft auf dem Lande in Verbindung mit großen, verkehrsmäßig wenig erschlossenen Räumen ermöglichte die notwendige „Gegenökonomie", das heißt eine weitgehend autarke, vom übrigen nationalen Wirtschaftskreislauf mehr oder weniger losgelösten Wirtschaft.

Charakteristisch hierbei ist ein „Positionsdenken" selbst für solche Meister des Bewegungskrieges wie Mao: Wenngleich Mao stets betonte, die Rote Armee dürfe niemals ihre Fähigkeit verlieren „wegzugehen", das heißt befreite Gebiete notfalls vollständig zu räumen, so hat schon allein die Existenz von befreiten Gebieten einen Berührungspunkt zum regulären Krieg, bei dem es um Behauptung und Gewinn von Terrain geht: Auch der Guerilla sind hinsichtlich der Mobilität Grenzen gesetzt, will sie nicht zum „umherschweifenden Rebellenhaufen" verkommen, wogegen sich Mao wiederholt entschieden gewandt hat.

Es ist durchaus folgerichtig, wenn Maos strategische Konzeption den Stellungskrieg einbezieht, allerdings erst in einer Phase, wo die Guerillaarmee der des Gegners bereits überlegen ist, sich also in der „strategischen Offensive" befindet: In dieser Phase müssen sich Bewegungskrieg, das heißt offensiver Vorstoß im vom Feind kontrollierte Gebiete und Stellungskrieg, das heißt die Verteidigung befreiter Gebiete ergänzen.

Ganz anders sind die Bedingungen in einer industriell durchstrukturierten, komplexen extrem arbeitsteiligen Gesellschaftsformation: Hier kann es – einmal ganz abgesehen von den militärischen Gegebenheiten, also der Fähigkeit des Staates in den dichtbesiedelten Industrieländern, **an nahezu jedem Ort des Landes binnen kürzester Frist notfalls riesige Truppenkontingente zu konzentrieren** – schon aufgrund der komplexen Wechselbeziehungen zwischen allen Bereichen der gesellschaftlichen Produktion keine „befreiten Gebiete" geben: Ein „befreites Hamburg" oder ein „befreiter Schwarzwald" wäre schon aus rein ökonomischen Gründen eine Absurdität.

Damit allein schon verliert der von der RAF oft propagierte „Sieg im Volkskrieg" seinen Sinn. Die Übernahme des Volkskriegskonzeptes nach chinesischem, vietnamesischem oder kubanischem Vorbild in ein metropolitanes Revolutionskonzept wäre somit einfach absurd. (Vergleiche dazu auch Haffner, 1966: 27ff; Müller-Borchert, 1973: 103 ff)

Wie wir gesehen haben, hat Mao selbst seinen Volkskrieg für die Industrienationen als **untaugliches Mittel abgelehnt** und die seinerzeit sonst übliche Vorgehensweise der kommunistischen Parteien, nämlich Agitation und Propaganda, Organisation von Streiks und Demonstrationen, Arbeiterkontrolle und erst darauf aufbauend den bewaffneten Aufstand propagiert, und auch Ernesto Che Guevara hatte anfangs der Guerilla nur dort eine Chance gegeben, wo sie auf entsprechenden politisch-ökonomischen Bedingungen basiert und sich gegen ein System richtet, daß auf illegale Weise die Macht ursupiert hat.

Wenn trotz des vielfachen Scheiterns der Castristisch-Guevaristisch orientierten Guerilla in Lateinamerika – ganz zu schweigen von den Maoisten, die in Lateinamerika mit Ausnahme von „Sendero Luminoso" (Leuchtender Pfad) in Peru kaum irgendwo in Lateinamerika ein Bein auf den Boden bekommen haben – und trotz des Scheiterns der Stadtguerilla in Brasilien, Uruguay, Venezuela, Argentinien usw. das Konzept einer revolutionären Staatsschöpfung mit Hilfe der Stadtguerilla für allerdings kleine Teile der Linken auch in den Industrieländern solche Anziehungskraft besaß, so ist dies nicht zuletzt im Zusammenhang mit der Entwicklung der Linken dieser Länder zu sehen:

Ein Großteil der Linken hat, wie die RAF in diesem Fall zu Recht konstatiert, längst „auf ein anderes Pferd gesetzt" und sieht ihre Aufgabe nicht mehr im Vorantreiben der sozialen Revolution, sondern in einer reformorientierten Politik im Rahmen der Gesetze des Parlamentarismus. Die langfristigen Ziele mögen noch die Verwirklichung des Sozialismus sein, die Methoden konzentrieren sich aber jetzt auf Aktionsformen, die sowohl gesetzeskonform als auch zumindest partiell mehrheitsfähig sind.

Auch die traditionellen kommunistischen Parteien in Europa – also in der Bundesrepublik Deutschland damals vor allem die DDR-orientierte **DKP** – setzten weniger auf die revolutionäre außerparlamentarische Massenaktion und strebten auch nicht mehr die „Diktatur des Proletariats" analog der klassischen bolschewistischen Strategie an, sondern orientietren sich am Parlamentarismus und versuchen auf diese Weise – mit unterschiedlichem, aber nirgendwo durchschlagendem Erfolg – an der politischen Macht zu partizipieren. Dies gilt nicht nur für Deutschland, sondern analog auch für Britannien, Frankreich, Italien und Spanien.

Die RAF lehnte diese Orientierung als „revisionistisch" ab und leitete ihr „Konzept Stadtguerilla" u. a. aus den Leninschen Thesen der „Arbeiteraristokratie" ab (Vergleiche Lenin, Imperialismus, 1970: 763)

In der Tat ist es durchaus richtig, daß der größte Teil der „Arbeiterklasse" keineswegs jenes proletarische, revolutionäre und internationalistische Bewußtsein hatte und hat, wie es nicht nur bedeutsame Teile des russischen Proletariats zur Zeit der Oktoberrevolution um 1917 hatte, sondern auch für große Teile der frühen deutschen Sozialdemokratie kennzeichnend war: **Das moderne Proletariat identifiziert sich überwiegend mit dem bestehenden Status Quo.**

Gerade anhand der deutschen Nachkriegsentwicklung läßt sich das Marxsche Paradigma, daß echte soziale Revolutionen letztendlich aus den **Widersprüchen der materiellen Produktion resultieren,** verifizieren. **Bis heute hat die Arbeiterklasse im europäischen Maßstab letztlich an der wirtschaftlichen Entwicklung partizipiert, für die lohnabhängige Bevölkerung bestand in den Nachkriegsjahrzehnten im Allgemeinen keine materielle Not, somit fehlte die wichtigste Voraussetzung für soziale Unruhen in größerem Umfang oder gar eine vorrevolutionäre Situation.**

Wenn die RAF folgert, daß aufgrund der Totalität der kapitalistischen Verhältnisse, daß heißt der Tatsache, daß „mit der Einführung des 8 Stunden Tages (...) der 24 Stunden Tag der Herrschaft des Systems über den Arbeiter seinen Siegeszug angetreten" hat, und dass daraus folgt, daß das

„revolutionäre Subjekt jeder ist, der sich aus diesen Zwängen befreit und seine Teilnahme an den Verbrechen des Systems verweigert" (RAF, 1983: 431), so kommt hier nicht nur eine elementare Revision grundlegender marxistischer Kategorien zum Ausdruck – bemerkenswert für eine Gruppe, die so gerne mit dem Begriff „Revisionismus" polemisiert – sondern auch eine m. E. **völlige Fehleinschätzung**: Die Unterstellung der RAF, daß es möglich wäre, sich „aus diesen Zwängen des Systems zu befreien" und „seine Teilnahme an den Verbrechen des Systems zu verweigern", widerspricht völlig dem marxistischen Totalitätsbegriff: Das Charakteristikum der komplexen kapitalistischen Gesellschaft ist gerade die Tatsache, dass jeder gezwungen ist, „mitzumachen", oder, wie Theodor W. Adorno es ausdrückt: „Es gibt keine individuelle Emanzipation ohne die der Gesellschaft."

Die RAF handelt also höchst „**unmarxistisch**": Sie individualisiert kollektive Zwänge, die laut Marx nur kollektiv, also durch die organisierte Arbeiterklasse als das geschichtliche „revolutionäre Subjekt" beseitigt werden können, denen Manager ebenso wie Arbeiter unterworfen sind; **die soziale Revolution wird damit tendenziell nicht mehr als historisch notwendiges Produkt einer ökonomisch, sozial und politisch antagonistischen Entwicklung begriffen, sondern wird zu einer**

moralphilosophischen Kategorie – mit Marxismus hat dies nur wenig zu tun...

Mit dem „revolutionären Subjekt", dass „sich aus diesen Zwängen des Systems befreit und seine Teilnahme an den Verbrechen des Systems verweigert", dürfte wohl kaum jenes gesellschaftliche Potential gemeint sein, daß Marx früher als „Lumpenproletariat" bezeichnet hat und das weder entsprechend der marxistischen Theorie noch aufgrund der realen Situation als „revolutionäres Subjekt" bezeichnet werden kann: Die sozial marginalisierte Bevölkerung wird vom Staat alimentiert und ist bislang kaum irgendwo als revolutionär aufgetreten.

Hier besteht u. E. ein entscheidender Unterschied gegenüber den lateinamerikanischen Ländern: Hier bildeten die „Marginales", vor allem in die Städte gewanderte Bauern und Landarbeiter auf dem Land, die hier unter erbärmlichen Bedingungen ihr Leben fristen müssen unter mehr oder weniger autoritären politischen Verhältnissen tatsächlich ein gewisses revolutionäres Potential – diese „Marginales" waren immer ein gesellschaftliches Potential, woraus die revolutionären Bewegungen in Lateinamerika schöpfen konnten.

Unter der Rubrik „Armut in der Bundesrepublik" konkretisiert die RAF das revolutionäre Potential (RAF: 392):

Danach leben in Deutschland West ca. 14 Millionen Menschen in Armut, doch nach einer ausführlichen Aufzählung dieser besonders unterprivilegierten Gruppen konstatiert die RAF zu Recht: „Die Aktualität der Armut ist nicht identisch mit der Aktualität der Revolution. Die Armen sind nicht revolutionär, nicht unvermittelt, nicht von sich aus." (RAF: 394)

Damit aus diesen Gruppen das revolutionäre Subjekt wird, bedarf es nach Meinung der RAF der revolutionären Aktion, und für die RAF heißt revolutionäre Aktion das Konzept Stadtguerilla!

Die revolutionäre Konzeption der RAF erweist sich daher als extrem **voluntaristisch** – um nicht zu sagen idealistisch -, **weil sie die soziale Revolution von einer einzigen konkreten Aktionsform, nämlich der Stadtguerilla einer winzigen „Avantgarde" abhängig macht.**

Zumindest verbal bekennt sich die RAF auch von Betriebsarbeit u. ä., gleichwohl steht dies in der Praxis in Gegensatz zu ihrer Strategie und ihren Prioritäten.

Die vielfache Bemühung von Zitaten Mao´s macht deutlich, daß die RAF sich auch auf diesen „Klassiker des Marxismus-Leninismus" beruft, wobei sie aber ausgesprochen **selektiv** vorgeht: Mao´s Devise, daß die Partei die Gewehre kommandiert, muß in der Praxis der RAF völlig unter den

Tisch fallen, da die RAF weder eine Partei noch der bewaffnete Arm einer Partei ist, geschweige denn der bewaffnete Arm einer Partei mit Massenbasis, wie dies nicht nur für die KP China galt, sondern auch für die ETA (Herri Bartasuna im Baskenland) oder die IRA (Sinn Fein) in Irland galt.

Mao´s Feststellung, **daß man mit dem bewaffneten Kampf nicht beginnen soll, wenn die objektiven und subjektiven Bedingungen hierfür nicht vorliegen, wird von der RAF in der lapidaren Feststellung aufgelöst:**

„Wir behaupten, daß die Organisierung von bewaffneten Widerstandsgruppen zu diesem Zeitpunkt in der Bundesrepublik und in Westberlin richtig ist, möglich ist, gerechtfertigt ist. Dass es richtig, möglich und gerechtfertigt ist, hier und jetzt Stadtguerilla zu machen. Dass der bewaffnete Kampf als „die höchste Form des Marxismus-Leninismus" (Mao) jetzt begonnen werden kann und muß, daß es ohne den keinen antiimperialistischen Kampf in den Metropolen gibt." (RAF, 1983: 342).

Den konkreten Beweis für diese kühne Behauptung bleibt die RAF uns allerdings schuldig, nach einer Herleitung aus den sozialen, politischen und ökonomischen Bedingungen und Realitäten sucht man vergebens…

Der bewaffnete Kampf als „Die höchste Form des Marxismus-Leninismus", der nach klassischem marxistischem Paradigma den Kulminationspunkt und die Endphase einer revolutionären Massenbewegung darstellt, wird also von der RAF einfach an den Anfang gestellt.

Wohlgemerkt geschieht dies nicht in einer Situation extremer staatlicher Repression, wo andere Formen der politischen Auseinandersetzung nicht möglich wären, **sondern in einer Situation der Freiheit, der Freiheit auch für die öffentlicher Diskussion und Artikulation.**

Der bewaffnete Kampf ist für die RAF nicht mehr wie für Lenin oder auch Mao – auf den sich die RAF so gerne beruft – und selbst wie für den frühen Che Guevara oder Fidel Castro kurz nach der Machtergreifung der Bewegung des 26. Juli auf Kuba - **Ergebnis** eines mehr oder weniger langwierigen Politisierungs- und Radikalisierungsprozesses der Massen, sondern **Ersatz** hierfür, es ist die revolutionäre Interventionsmethode einer zahlenmäßig sehr kleinen „Avantgarde", die damit eine revolutionäre Massenbewegung zu initiieren hofft – Parallelen zur Focus-Theorie in den späteren Schriften Che Guevaras und Regis Debray's mit der Vorstellung, daß der kleine Motor einer Kader-Guerilla den großen Motor der Revolution vorantreibt, sind also keineswegs zufällig.

Ein Bewusstsein über die Tatsache, daß das **Konzept Stadtguerilla im Grunde Produkt einer eben nicht revolutionären Situation ist,** bringt die RAF selbst zum Ausdruck, wenn sie sagt: „Das Konzept Stadtguerilla stammt aus Lateinamerika. Es ist dort, was es auch hier nur sein kann: **Die revolutionäre Interventionsmethode von insgesamt schwachen revolutionären Kräften."** (RAF, 1983: 356, Hervorhebung von mir.)

Um die „Rinnsale und Tropfen der Volkserregung"(1) zu sammeln und in einen breiten Strom zu leiten, bedarf es nach der RAF „der praktischen revolutionären Intervention der Avantgarde", die mit dem bewaffneten Kampf „hier und jetzt" beginnen muß und mit dem „Sieg im Volkskrieg" endet.

Für die RAF hat Stadtguerilla die strategische Funktion, dem Imperialismus die demokratische Maske vom Gesicht zu reißen und ihn ein für alle Mal zu entlarven. Hier taucht wieder die **„Entlarvungstheorie"** auf, wie sie auch der **Konzeption der Tupamaros** zugrunde lag, auf die sich die RAF ja auch expressis verbis beruft und die wiederum mit den späteren Schriften und Auffassung Che Guevaras in Zusammenhang steht.

Da die RAF aufgrund der immanenten Widersprüche des kapitalistisch-imperialistischen Systems die Situation in den

Metropolen des Kapitalismus bereits für **potentiell revolutionär hält**, (Vgl. RAF,1983: 351 ff), und nur der ideologische Überbau, das heißt die Massenmedien, angeführt von der Springer Presse sowie der staatliche „Repressionsapparat" den revolutionären Ausbruch der Massen verhindert, ist es folgerichtig, wenn die RAF darauf orientiert, „den staatlichen Herrschaftsapparat an einzelnen Punkten zu destruieren, stellenweise außer Kraft zu setzen, den Mythos von der Allgegenwart des Systems und seiner Unverletzbarkeit zu zerstören." (RAF, 1983: 356).

Hier wird deutlich, wie **widersprüchlich und realitätsfern** die Einschätzung der sozialen und politischen Situation im Deutschland der 70er und 80er Jahre ist.

Einerseits erkennt die RAF richtigerweise, daß das politische Bewußtsein der deutschen „Arbeiterklasse" bestenfalls reformistisch ist, **andererseits unterstellt sie, daß ihre terroristischen Aktionen revolutionäres Bewusstsein erzeugen könnten: Nicht nur jede geschichtliche Erfahrung, sondern auch die vielfältigen Beispiele in dieser Arbeit zeigen jedoch, daß dies reines Wunschdenken ist – Glücklicherweise!**

Wenn wir eine **Lehre aus den geschichtlichen Erfahrungen,** angefangen von den **Narodniki** im zaristischen Russland (siehe Kapitel 6) über die Stadtguerilla in Lateinamerika, über die linken Terrorgruppen in Italien usw. ziehen können, so ist es diese: **Soziale Revolutionen haben viele Voraussetzungen, daher sind sie auch besondere geschichtliche Ereignisse. Es bedarf einer mehr oder weniger längeren Phase der Politisierung und Radikalisierung breiter Volksmassen aufgrund ihrer konkreten Alltagserfahrungen, es bedarf einer länger andauernden Unzufriedenheit nicht nur im wirtschaftlichen Verteilungskampf, sondern auch tiefe Unzufriedenheit mit den herrschenden Eliten und den Staatsorganen, bevor breite Teile der Bevölkerung das geeignete Mittel in der Revolte oder in der sozialen Revolution sehen...**

Erst wenn die wirtschaftliche Situation unerträglich erscheint, wenn die Konfrontation mit dem Staat zu großer Frustration in der Bevölkerung geführt hat und die Unzufriedenheit auch Teile der Armee und Polizei erfaßt hat, **kann** eine revolutionäre Situation enststehen.

Solange unser demokratisches System die unterschiedlichen politischen Strömungen zuläßt und ihnen Möglichkeit der Artikulation und Mitbestimmung bietet, ist der Staat nicht wirklich diskreditiert und jede Form des bewaffneten Kampfes oder „Widerstandes" wird zu Recht auf breite Ablehnung in weiten Teilen der Bevölkerung stoßen.

Es bedarf also einer längeren Phase der Konfrontation mit der staatlichen Gewalt, bis nicht nur isolierte gesellschaftliche Außenseiter wie die Angehörigen der RAF, sondern die Bevölkerung selbst das „Feuer der Revolution anzündet" (Mao), das heißt den einzigen Ausweg im bewaffneten Widerstand sieht.

Gerade die von Friedrich Engels formulierte Erkenntnis, „daß die Zeiten endgültig vorbei sind, **wo kleine Minderheiten die Revolution machen**, sondern das revolutionäre Volk selbst auf die politische Bühne tritt" (Vergleiche hierzu Kapitel 3), wird durch die Geschichte der Revolutionen insbesondere im 20. Jahrundert bestätigt. **Auch die in dieser Arbeit behandelten Beispiele belegen dies deutlich.**

Der Glaube der RAF, eine winzige Avantgarde von gesellschaftlichen Außenseitern, wenn sie nur entschlossen genug sei könne „den westdeutschen Imperialismus an einzelnen Punkten destruieren" hat m. E. ideologische Berührungspunkte mit jener herrschenden Meinung, die Revolutionen in Rußland, China, Kuba usw. seien letztlich das Produkt kleiner demagogischer und terroristischer kommunistischer Verschwörer-Zirkel, die, an die Macht gekommen, ihr wahres Gesicht zeigten.

Die Dinge sind komplexer: Richtig ist, daß die genannten Revolutionen ohne ihre Führer wahrscheinlich nicht stattgefunden hätten, auch ist richtig, daß die Führer dieser Revolutionen meist zu Despoten wurden und die Gesellschaft langfristig gesehen keineswegs so weit gebracht haben, wie dies vielleicht einmal intendiert war.

Andererseits zeigen diese Beispiele aber auch, daß die meisten Revolutionen **ohne** eine entsprechende Massenbasis, vor allem eine insgesamt krisenhafte Entwicklung aller gesellschaftlichen Bereiche mit Sicherheit nicht hätten stattfinden können.

Trotz vieler unterschiedlicher Positionen in der weltweiten kommunistischen Bewegung existieren unter den meisten Marxisten doch gemeinsame theoretische Prämissen, und dazu gehört nicht zuletzt die Erkenntnis, daß echte soziale Revolutionen niemals das Werk kleiner Minderheiten sind, sondern abstrakt/allgemein gesprochen das **Resultat äußerst antagonistischer sozialer Prozesse sind.**

Alle siegreichen sozialen Revolutionen hatten trotz ihrer situations- und zeitbedingten Unterschiede zumindest eines gemeinsam: Sie wurzelten in der revolutionären Massenbewegung des Volkes, sie waren aus diesen hervorgegangen. Genau dies sollte auch aus dieser Arbeit wieder deutlich geworden sein, die hier dargestellten geschichtlichen und sozialen Beispiele belegen das aufs Neue!

Genau diese entscheidende Bedingung des bewaffneten revolutionären Kampfes gibt es aber in der Bundesrepublik Deutschland, wie die RAF selbst betonte, *nicht!*

Für die bundesrepublikanische Stadtguerilla gilt also verstärkt das, was auch für die brasilianische Stadtguerilla und die Tupamaros in Uruguay gilt: Die Stadtguerilla operiert unter den Bedingungen der „strategischen Einkreisung", ohne dass es hier möglich wäre, im Untergrund jene Kader in nennenswerter Zahl zu rekrutieren, ohne die selbst eine reine Kaderguerilla nicht wirksame Resultate bei der „Destruierung des staatlichen Herrschaftsapparates an einzelnen Punkten" (RAF) erzielen kann.

Wie es einer auf den Untergrund verwiesener Kaderguerilla gelingen soll, die Massen für den von der RAF immer wieder propagierten „Sieg im Volkskrieg" zu gewinnen, ist zumal dann unverständlich, wenn dabei berücksichtigt wird, dass die massenhafte Disposition für revolutionäre Gewalt – wenn überhaupt – in einer revolutionären Situation gelegentlich wirksam werden kann, nicht jedoch in einer Situation, die sich durch eine ausgesprochene Schwäche der revolutionären Bewegung auszeichnet, wie die RAF selbst eingesteht, wenn sie sagt, das Konzept Stadtguerilla sei „die revolutionäre Interventionsmethode insgesamt schwacher revolutionärer Kräfte."

Terrorismus versus Volkskrieg

Wie zu zeigen versucht wurde, **besteht also ein großer Unterschied zwischen einem Volkskrieg, in dem breite Bevölkerungsteile involviert sind, weil sie keine andere Möglichkeit der sicheren Existenz mehr sehen, und Terrorgruppen, die im Namen der (sozialistischen) oder antiimperialistischen Befreiung als „Avantgarde" einen Stellvertreterkrieg gegen Einrichtungen des Establishments führen. Solche Terrorgruppen werden zu Recht von der großen Bevölkerungsmehrheit abgelehnt – sie haben weder ein demokratisch legitimiertes Mandat, noch vertreten sie sichtbar reale Interessen der Bevölkerung.**

Es darf daher niemanden wundern, daß die Identifikation fast stets mit der Staatsräson und fast nie mit den Terroristen erfolgt. Häufig handelt es sich bei den Terrorgruppen auch um Personen, die aufgrund ihrer persönlichen Biographie wenig Überschneidungspunkte mit dem Großteil der Bevölkerung haben, das heißt auch von daher als **Außenseiter** in Erscheinung treten. **Dies macht es noch leichter, sie als Gruppe zu stigmatisieren und zu isolieren – das ist der wichtigste Schritt, diese Gruppierungen unschädlich zu machen.**

Je mehr es den staatlichen Organen gelingt, die Terrorgruppe sozial weiter zu isolieren, desto leichter fällt es, sie zu infiltrieren und aufzulösen.

Die Methoden, Terrorgruppen zu zerschlagen, sind bereits während der zaristischen Ära gegen die Sozialrevolutionäre erfolgreich angewendet worden (Vergleiche Kapitel 6 S. 55 ff)), die Methoden sind auch heute noch anwendbar und werden angewendet, wenn zumeist auch subtiler und geschickter.

Solange der demokratische Staat nicht über das Ziel hinausschießt und nicht überreagiert, sondern konsequent das Sonderinteresse der Terrorgruppe hervorhebt und es dem Staat gelingt, den Rechtsstaat weitgehend zu erhalten, werden terroristische Gruppierungen ihre politischen Ziele nicht erreichen – je mehr der Staat das Vertrauen der Bevölkerung bewahren kann, desto mehr sind Terrorgruppen dazu verurteilt, Randgruppen zu bleiben, die es möglichst effektiv auszuschalten gilt...

Nachwort des Verfassers

Ich habe darauf verzichtet, diese Arbeit seit ihrer Entstehung im Jahre 1986 zu ergänzen oder wesentlich zu überarbeiten, lediglich einige grammatische und orthographische Fehler sowie die eine oder andere Stilblüte wurden korrigiert.

Die Versuchung, die Arbeit zu aktualisieren und zu ergänzen war groß, aber die Entwicklungen seit Abschluß dieser Arbeit Ende 1986 sind so umfangreich, man denke nur an den **islamistischen Extremismus und Terrorismus, daß eine inhaltliche Ergänzung, die dieses Thema einschließt, bei weitem den Rahmen gesprengt hätte....**

Diese Arbeit behandelt die Sozial- als auch die Theoriegeschichte wichtiger Kleinkriegsereignisse der Geschichte anhand der von mir ausgewählten Beispiele: Dies beinhaltet immer auch ein willkürliches Moment, denn das Thema erfordert natürlich eine **Auswahl** und **Beschränkung** der Kriegsereignisse und der Theorien der jeweiligen Protagonisten darüber. Ich habe mich von der Frage nach der **historischen Bedeutung** einerseits und dem **Vorhandensein von ausformulierten Theorien der Protagonisten und der Verfügbarkeit der Quellen** leiten lassen: Ich denke, dass dies richtig war! Auch in dieser Darstellung wird die Erkenntnis sichtbar, dass alle Theorien **subjektgebunden**, d. h. auch das **Resultat der jeweiligen persönlichen Erfahrungen der Protagonisten sind!**

Aber an einigen Stellen wird auch die Erkenntnis besonders deutlich, daß diese subjektiven Erfahrungen gelegentlich die Akteure dazu verleiten, ihre **subjektiven**, einer **historisch besonderen Situation** geschuldeten Erfahrungen zu **verallgemeinern** und auf **andere**, sozial und historisch **völlig anders gelagerte Fälle zu übertragen**.

Dass das mitunter ein **folgenschwerer Fehler ist, zeigt besonders exemplarisch der Versuch von Ernesto ´Che´ Guevara, das kubanische Revolutionsmodell auf andere Länder wie den Kongo oder Bolivien übertragen zu wollen: Hier habe ich mich besonders kritisch damit auseinandergesetzt und auch anhand der Theoriegeschichte gezeigt, wie eine Verengung der Sichtweise zu folgenschweren sozialen und politischen Fehleinschätzungen führten...**

Ich möchte jetzt abschließend die Frage nach der **Sinnhaftigkeit** der hier dargestellten Kleinkriegsereignisse kurz streifen, denn immerhin haben diese gewaltsamen Auseinandersetzungen teilweise kaum vorstellbare Opfer an Menschenleben gekostet: So sind in den Kleinkriegen der Kuomintang mit den Kommunisten nach Schätzungen von Fachleuten viele Millionen Menschen gestorben, sei es durch direkte Kriegsereignisse oder damit in Verbindung stehenden Katastrophen: Vertreibung und Hunger.

Hier muß die Frage gestellt werden, ob eine solche hohe Zahl an Opfern überhaupt durch **irgendetwas** gerechtfertigt werden kann, meine persönliche Meinung hat sich auch hier nicht geändert: Heute meine ich, daß viel mehr die Frage nach **friedlichen Lösungen** im Vordergrund stehen sollte, selbst wenn sie **mühsamer und langwieriger** sind...

Ein besonders positives Beispiel hierfür finden wir in unserer eigenen friedlichen neueren Geschichte: Eine überaus friedliche Revolution führte zum Fall der Mauer zwischen beiden deutschen Staaten, im Anschluß erfolgte eine nicht immer schmerzfreie Umgestaltung und Wiedervereinigung Deutschlands, ohne daß dazu ein Schuß fallen mußte – **dennoch waren die Revolutionäre weder feige noch opportunistisch...**

Es geht hier ja nicht nur um die Frage der Opfer an Menschenleben, sondern auch um die Frage, was fortgesetzte Gewalt mit den Menschen macht, die das ausüben und überleben...!

Hier ist nicht der Ort, diese Fragen erschöpfend zu beantworten, aber es ist klar, dass ein gewaltsamer Machtwechsel ein zukünftiges friedliches Zusammenleben nicht eben erleichtert....

So gesehen sind mir persönlich Revolutionäre wie der **philippinische Nationalheld Dr. Jose Rizal**, der indische Freiheitsheld **Mahatma Gandhi** oder der Anführer der friedlichen portugiesischen Nelkenrevolution **Otelo Saraiva de Carvalho** heute persönlich erheblich näher als Mao Tse

Tung oder Ernesto Che Guevara – das ist aber natürlich eine Frage der Sichtweise und vielleicht auch der persönlichen Reife und Entwicklung....

Sicher ist es richtig, dass es moralisch gerechtfertigt ist, Soziopathen wie Hitler auch mit Hilfe terroristischer Methoden in den Arm zu fallen und sie auszuschalten, wie dies **Oberst Claus Schenk Graf Stauffenberg**, leider erfolglos, versucht hat.

Nur „demokratische Eunuchen" – um einen in diesem Kontext von Leo Trotzki (in seinem Werk „Terrorismus und Kommunismus") verwendeten Begriff zu benutzen – werden hier den moralischen Zeigefinger erheben...andere, politisch denkende Menschen werden diese Form des Terrorismus zweifellos in ihrem **historischen Kontext** sehen und entsprechend differenziert betrachten, beurteilen und bewerten!

Aber dennoch möchte ich hier eine Frage aufgreifen, die in dieser Arbeit etwas kurz gekommen ist: Die Frage nach den erlaubten Mitteln, nach einer moralisch und politisch gerechtfertigten politischen Option, die Kleinkrieg und Terrorismus als legitimes Mittel ansieht und einsetzt...

Die Frage ist also: **Heiligt der Zweck alle Mittel?** Wohl kaum! Eine richtige Antwort findet man leider allzu oft erst **posthum, d. h. in der Rückschau** der Ereignisse und ihrer **Folgen**: Erst hier wird deutlich, ob gewaltsame

Handlungsoptionen auch in der Rückschau als legitim und sinnvoll, oder eben nicht anzusehen sind!

Aber es ist nicht einfach, hier eine ganz klare Antwort zu geben, denn man muß ja immer die **Alternativen** mitdenken: Was wäre aus Kuba geworden, wenn die Revolutionäre der Bewegung des 27. Juli die Macht **nicht** erobert hätten?

Die Antworten hierauf bleiben ebenso Spekulation wie die Frage, was passiert wäre, wenn in China die Kommunisten unter Maos Führung **nicht** die Kuomintang bekämpft hätte, **hätte es dann weniger Opfer an Menschenleben gegeben, wäre China heute dann ein Land mit Demokratie und Menschenrechten nach westlicher Prägung?**

Alles Spekulation und nicht wissenschaftlich beweisbar!

Abschließend stellt sich uns noch die Frage, **welche Erkenntnisse sich aus dieser Arbeit ergeben:** Für mich ganz klar die Tatsache, daß soziale Ereignisse wie die Kleinkriege der Geschichte **immer dann besonders erfolgreich waren, wenn dabei der Freiheitswille der Protagonisten und Akteure primärer Motor der Prozesse war,** wenn der Krieg gegen Invasoren oder ein als schlecht empfundenes politisches System **aus der Tiefe des sozialen Raumes, sprich aus dem Volk selbst geboren worden war!**

Dennoch, wie ich auch hier gezeigt habe, spielen gewisse andere Faktoren für Erfolg oder Misserfolg eine nicht zu unterschätzende Bedeutung: Die Rolle der **Anführer,** eine

„**Anlehnungsmacht**" und die Rolle der **fremden und/oder der eigenen Armee**, das heißt die Frage, wie gut gelingt es den revolutionären oder antiimperialistischen Kräften, die Moral des Gegners zu untergraben und **Teile der bewaffneten staatlichen Organe auf die eigene Seite zu ziehen** usw. usf.: All diese Fragen sind in dieser Sozial – und Theoriegeschichte der Kleinkriege und des Terrorismus von mir zumindest gestreift, dargestellt und untersucht worden, die Lektüre dieser Arbeit hat diese und weitere Fragen argumentativ beantwortet, geht es hier doch **nicht nur** um eine reine Darstellung von **Fakten und Theorien**, sondern auch um die **Bewertung**, das Ziehen von Schlußfolgerungen, **um das innere Band deutlich herauszuarbeiten, was diese historischen Prozesse über Zeit und Raum sichtbar verbindet. Ich meine, das ist bei der Lektüre deutlich geworden: Es sind die Wünsche und Strategien der Menschen für eine bessere Zukunft, es sind aber auch die Theorien über Zeit und Raum zum Thema Terror, Guerilla, Kleinkrieg und Volkskrieg, es ist der Wille zur Freiheit, mitunter aber auch schlicht der Wille zur Macht!**

Erich B. Ries, im Oktober 2024

LITERATUR

Allemann, Fritz R.: Macht und Ohnmacht der Guerillas München 1974

Alves, Mario M.: Zerschlagt die Wohlstandsinseln? In: „Zerschlagt die Wohlstandsinseln der Dritten Welt" Hamburg 1971

Arendt, Hanna: Reflexionen über die Gewalt in: Merkur, 1, : 5 ff 1970

Bartelheimer, P. /
Moneta, J. Das kann doch nicht alles gewesen sein Der Kampf für 35 Stunden Frankfurt a.M. 1984

Berner, Wolfgang: Der Evangelist des Castroismus-Guevarismus. Regis Debray und seine Guerilla-Doktrin   Bingen 1969

Boger, Jan (Pseudonym für David Theodor Schiller) : Scharfschützen und ihre Waffen In: Deutsches Waffen-Journal (DWJ) 2/1983, 166 ff

Bondarew, Juri: Heißer Schnee   Berlin Ost, 1975

Bonwetsch, B.: Sowjetische Partisanen 1941 – 1944 Legende und Wirklichkeit des „allgemeinen Volkskrieges" in: G. Schulz (Hrsg.): Partisanen und Volkskrieg   Göttingen 1985

Borcke, Astrid von: Gewalt und Terror im revolutionären Narodnicestvo: Die Partei „Narodnaja Volja" (1879 – 1883) in: Mommsen/Hirschfeld (siehe unter Mommsen/Hirschfeld)

Borges, Thomas: Interview mit der „taz" in: taz-journal Nr. 2 o. Jahr Berlin: 43 ff

McClure, Brooks: Rußlands verborgene Armee in: Der Krieg aus dem Dunkel (s. Osanka)

Calley, William: „ Ich war gern in Vietnam" – Leutnant Calley berichtet Frankfurt a. M. 1972

Cartier, Raymund: Der zweite Weltkrieg Bd. 1 (1939 –

1942), Bd. 2 (1942 – 1945)

München/Zürich 1977

Claessens/Klönne/

Tschoepe: Sozialkunde der Bundesrepublik

8. A. Düsseldorf/Köln 1978

Clausewitz, Carl von: Vom Kriege Deutsche Literatur Bd. 12

Rowohlt Klassiker 138 1963

Derselbe Politische Schriften und Briefe zitiert

Aus: „Guerilleros, Partisanen"

Siehe Schickel

Conley, Michael: Proteste, Subversion und

Stadtguerilla

In: Beiträge zur Konfliktforschung Bd. 3, 1974

Dach, Hans von: Der totale Widerstand   Biel 1966

Detrez, Conrad: Carlos Marighela in der Nachfolge Che Guevaras   in: „Zerschlagt die Wohlstandsinseln der Dritten Welt" : 26 ff

Detrez, C. / **Marighela**, C.: Interview zum „Revolutionären Krieg"   in: „Zerschlagt die Wohlstandsinseln der Dritten Welt" 94 ff

Deutscher, Isaak: Trotzki – Der bewaffnete Prophet

Stuttgart 1972

Dinegar, W. W.: Der „Lange Marsch" als erweiterter Guerillakrieg in: Der Krieg aus dem Dunkeln (s. Osanka)

Dohnany, Ernst von: Kampf gegen sowjetische Guerillas In: Der Krieg aus dem Dunkel (siehe Osanka)

Ebeling/Engelbrecht: Kämpfen und Durchkommen – Der Einzelkämpfer – Kriegsnahe Ausbildung für das Verhalten abseits der Truppe Koblenz/Bonn 1981

Engels, Friedrich (a): Preußische Franctireurs in:

Engels/Lenin: Militärpolitische Schriften (s. Wollenberg)

Derselbe (b): Grundsätze des Kommunismus in: Marx/Engels Werke (MEW) Berlin Ost 1980, 361 ff

Derselbe (c) : Herrn Eugen Dührings Umwälzung der Wissenschaft („Anti-Dühring") in: MEW 20, 171 ff

Derselbe(d) : Einleitung zu Marx „Die Klassenkämpfe in Frankreich" in: Engels/Lenin s. Wollenberg

Derselbe (e): Die Reichsverfassungskampagne in: Engels/Lenin (s. Wollenberg)

Derselbe(f): Ansprache der Zentralbehörde an den Bund in: Wollenberg a.a.O.

Fetscher, Iring/

Rohrmoser, Günther: Ideologien und Strategien. Analysen zum Terrorismus Bd. 1 Opladen 1981

Frank, Piere: Geschichte der Kommunistischen Internationale Bd. 1 und Bd. 2 Frankfurt a. M. 1981

Friedrich Wilhelm III: Verordnung über den Landsturm in: Guerilleros, Partisanen (s. Schickel): 72

Fichtner, Hans: Brasilien von 1930 – 1980 Vom

Populismus in die Diktatur in:

Gabeira, Die Guerillas sind müde (S. Gabeira)

Gabeira, Fernando: Die Guerillas sind müde (Biographie) Frankfurt a. M. 1982

Galeano, Eduardo: Die offenen Adern Lateinamerikas Wuppertal 1983

Gneisenau, N. von: Plan zur Vorbereitung eines Volksaufstandes   in: Guerilleros, Partisanen (S. Schickel)

Guevara, Ernesto: Guerilla-Krieg: Eine Methode in Derselbe: Guerilla – Theorie und Methode   Berlin 1972

Derselbe: Was ist ein Guerillero? In derselbe: Guerilla – Theorie und Methode Berlin 1972

Derselbe: Venceremos – wir werden siegen! In derselbe: Guerilla – Theorie und Methode

Derselbe: Der Guerilla-Krieg in: Guevara, Guerilla – Theorie und Methode

Guldimann, Tim: Lateinamerika. Die Entwicklung der Unterentwicklung München 1975

Haffner, Sebastian: Einleitung zu Mao Tse-Tung: Theorie des Guerilla-Krieges Reinbek 1966

Hahlweg, Werner: Guerilla – Krieg ohne Fronten

Stuttgart 1966

Derselbe: Stadtguerilla in: Allgemeine Schweizer Militärzeitschrift Jg. 139, 1973, Nr. 11 580 ff

Hanrahan, G. Z.: Die Rotchinesische Armee und der Guerillakrieg in: Der Krieg aus dem Dunkel (s. Osanka)

Heideking, J.: Amerikanische Geheimdienste und Widerstandsbewegungen im Zweiten Weltkrieg in: Partisanen und Volkskrieg (s. Schulz, G.)

Hildemeier, M.: Zur terroristischen Strategie der Sozialrevolutionären Partei Rußlands (1900 – 1918)

Hobsbawm, E. J. : Politische Gewalt und „Politischer Mord" in: Sozialprotest, Gewalt, Terror (s. Mommsen/Hirschfeld)

Hubermann/ Sweezy (Hrsg.): Focus und Freiraum Berlin 1979

Hübner, S. F.: S. A. S. - Wer wagt, gewinnt! Internationaler Waffenspiegel 1/1983: 41 ff

Jacobs, W. D.: Irreguläre Kriegführung und die Sowjets In: Der Krieg aus dem Dunkel (s. Osanka)

Kieler, R. E.: Guerilla und Revolution Bonn 1975

Knipping, Franz: Militärische Konzeptionen der Französischen Resistance im 2. Weltkrieg in: Partisanen und Volkskrieg (s. Schulz, G.)

Kutger, J. P.: Irreguläre Kriegführung im Zeitenwandel in: Der Krieg aus dem Dunkel (s. Osanka)

Lenin, W. I.: Der Fall Port Arthurs in Lenin/Engels (S. Wollenberg) 43 ff

Derselbe (b): Staat und Revolution in: Lenin, Ausgewählte Werke in 3 Bd. Band 2, Berlin Ost 1970

Derselbe (c): Der Partisanenkrieg in:

Lenin, Werke Bd. 11 Berlin Ost 1974

Derselbe (d): Das Militärprogramm der

proletarischen Revolution in:

Ausgewählte Werke Bd. 1

Berlin Ost 1970

Derselbe (e): Zwei Taktiken der Sozialdemokratie

in der demokratischen Revolution in:

Ausgewählte Werke Bd. 1 Berlin Ost

1970

Derselbe (f): Marxismus und Aufstand in:

Ausgewählte Werke Bd. 2 Berlin Ost

1970

Derselbe (g): Die Lehren des Moskauer Aufstands

in: Lenin, Ausgewählte Werke Bd. 1

Berlin Ost 1970

Derselbe (h): Ratschläge eines Außenstehenden in: Ausgewählte Werke Bd. 2 Berlin Ost 1970

Lenin, W. I.: Brief an das ZK (1917) in: Ausgewählte Werke Bd. 2 Berlin Ost 1970

Lusso, Emilio: Theorie des Aufstands (Raubdruck ohne Orts- und Jahresangabe)

Mandel, Ernest: Die Marxsche Theorie der Ursprünglichen Akkumulation und die Industrialisierung der Dritten Welt in: Folgen einer Theorie

(Autorenkollektiv) Frankfurt a. M. 1972

Mao Tse-Tung: Militärische Schriften Peking 1969

Mao Tse-Tung (a): Über die Berichtigung falscher Ansichten in der Partei (1929) in: Mao Tse-Tung: Militärische Schriften

Mao (b): Über den langwierigen Krieg in: Mao: Militärische Schriften 223 ff

Mao (c) : Strategische Probleme des Partisanenkrieges gegen die japanische Aggression (1938) In: Mao, Militärische Schriften 179 ff

Mao (d): Strategische Probleme des

	revolutionären Krieges in China in: Mao, Militärische Schriften 87 ff
Mao (e):	Probleme des Krieges und der Strategie In: Mao, a.a.O. 327 ff
Mao (f):	Das Fazit der Abwehr der zweiten Kommunistischen Kampagne in: a.a.O., 347 ff
Mao (g):	Die Revolution zuende führen (1948) Mao, a.a.O. , 453 ff
Mao (h):	Warum kann die chinesische Rote Macht bestehen? In: Mao, a.a.O. 5 ff
Mao (i):	Der Kampf im Djinggang-Gebirge in:

Mao, a.a.O. 17 ff

Mao (j): Bekanntmachung der chinesischen Volksbefreiungsarmee in: Mao, a.a.O. 479 ff

Mao (k): Strategischer Kurs für das zweite Jahr des Befreiungskrieges in: Mao, a.a.O. 393 ff

Mao (l): Aus einem Funken kann ein Steppenbrand entstehen Mao, a.a.O. 71 ff

Marek, Franz: Philosophie der Weltrevolution Wien 1966

Marighela, Carlos: Brief an Fidel Castro in: „Zerschlagt die Wohlstandsinseln der Dritten Welt"

Derselbe (a): Brief an das Exekutivkomitee der kommunistischen Partei Brasilien in: Zerschlagt die Wohlstandsinseln ....

Derselbe (b): Handbuch des Stadtguerilleros (Raubdruck) 6. Auflage 1983

Marx, Karl: Das Kapital Bd. 1 Marx Engels Werke MEW 23 Berlin Ost 1979

Derselbe Zur Kritik der Politischen Ökonomie Vorwort MEW 13 Berlin Ost 1975

Marx/Engels: Manifest der Kommunistischen Partei In: MEW 4 Berlin Ost 1980 493 ff

McAffee Brown, R.: Von der gerechten Revolution –

Revolution und Gewalt

Stuttgart 1982

Mires, Fernando: Kuba – Die Revolution ist keine Insel

Berlin 1978

M.N.L.

Tupamaros: Wir, die Tupamaros Berlin 1974

Mommsen/

Hirschfeld : Sozialprotest, Gewalt, Terror

Stuttgart 1982

Moneta, Jakob: Die Streiks der IG Metall Frankfurt 1984

Müller-Borchert,

Hans-Joachim: Guerilla im Industriestaat Hamburg 1973

Nohlen, D. (Hrsg.): Lexikon Dritte Welt Reinbek 1984

Osanka, Frank M.: Der Krieg aus dem Dunkel – 20 Jahre Kommunistische Guerilla – Kämpfe in aller Welt Köln 1963

Perrie, Maureen: Politischer und ökonomischer Terror als taktische Waffe in der russischen Sozialrevolutionären Partei vor 1914 In: Mommsen/Hirschfeld s. Mommsen

Piekalkiewiciz,

Janusz: Spione, Agenten, Soldaten Geheime Kommandos im 2. Weltkrieg Frankfurt a. M. 1972

Derselbe: S.O.E. – London schult Saboteure

a.a.O. 22ff

Derselbe: Rußlands Wald-Armee a.a.O.

Derselbe: Prag, 27. Mai 1942 a.a.O.

Radetzky von Radetz,

Johann Joseph Wenzel: Feld-Instruktion für die Infanterie, Kavallerie und Artillerie Olmütz: Neugebauer 1847

RAF – Rote Armee-Fraktion (Kollektiv) Texte Überarbeitete und aktualisierte Ausgabe 1983 (Ohne Ortsangabe, nicht im Buchhandel

Reed, John: Zehn Tage, die die Welt erschütterten

Berlin Ost 1982

Der Reibert Das Handbuch für den Soldaten

Herford

Ausgabe Heer 1981

Rosenberg, Alfred: Geschichte des Bolschewismus

Frankfurt a. M. 1966

Rossi, Carlo: Der Stalinismus in Lateinamerika

In: Rote Hefte Nr. 6 (Hrsg. GIM)

Frankfurt a. M. o. J.

Sanguinetti,
Gianfranco: Über den Terrorismus und den Staat

Hamburg 1981

Schulz, Gerhard: Die Irregulären in: Schulz, G. (Hrsg.) Partisanen und Volkskrieg Göttingen 1985

Derselbe: Partisanen und Volkskrieg Göttingen 1985

Schulz, H. – J.: Die geheime Internationale – zur Geschichte und Funktion der Geheimdienste Frankfurt a. M. 1982

Der Spiegel Münchner V-Mann – Nur ein verwirrter Einzeltäter? 14.7.1986: 75 ff

Sun-Tse: Die 13 Gebote der Kriegskunst

(Reihe Passagen) München 1972

Tophoven, R. /
Becker, H.: Terrorismus und Guerilla

Düsseldorf 1979

Torres, S./
Aronde, J.: Debray und die kubanische

Erfahrung in: Focus und Freiraum

Berlin 1979

Trotzki, Leo: Ihre Moral und unsere in: Trotzki,

Denkzettel 386 ff

Trotzki, Leo: Terrorismus und Kommunismus –

Anti-Kautsky Dortmund 1978

Derselbe: Denkzettel Politische Erfahrungen im Zeitalter der permanenten Revolution (Aufsätze) Frankfurt a. M. 1981

Derselbe: Geschichte der russischen Revolution Bd. 1, Bd. 2.1 und Bd. 2.2 Frankfurt a. M. 1982

Trotzki, Leo: Die permanente Revolution Frankfurt a. m. 1982

Derselbe: Der junge Lenin Frankfurt a. M. 1982

Vorwerck, E.: Tupamaros in: Wehrkunde 20. Jg., Heft 8, 1971, 403 ff

Wallach, Jehuda: Kriegstheorien Frankfurt a. M. 1972

Wilkins, Frederick: Guerillakriegführung in: Osanaka a.a.O.

Wollenberg, E.: Engels/Lenin: Militärpolitische Schriften

Offenbach Frankfurt 1952

Zentner, Christian: ...den Dolch im Gewande. Politische

Morde durch zwei Jahrtausende

München 1968

Hrsg.: Duve, Fr. : „Zerschlagt die Wohlstandsinseln der

Dritten Welt!" Hamburg 1971

Gutachten und Inhaltsangabe zur vorliegenden Arbeit von Prof. Dr. Fernando Mires (damals noch Privatdozent).

Prof. Dr. Fernando Mires, damals Fachbereich 3, Institut für Soziologie der CvO Universität Oldenburg, ist ein ausgewiesener Experte zum Thema, speziell Lateinamerika und vor allem Kuba.

„Die Arbeit die hier begutachtet wird ist keine Diplomarbeit im üblichen Sinne.

Wegen ihrem Umfang, der Spannweite des Themas, sowie des Themas selbst, ist sie vielmehr für eine Dissertation geeignet. Erich Bernhard Ries hat dadurch bewiesen, daß er in der Lage ist, globale Analysen zu unternehmen, verschiedene historische Situationen zu vergleichen und trotzdem den Faden der logischen Kontinuität nicht zu verlieren.

Die Arbeit läßt sich als eine vergleichende historische Analyse betrachten. Gegenstand sind nicht die Fragen der Gewalt und des Terrors im allgemeinen, sondern die spezifische Theorie und Praxis des sogenannten Kleinkrieges. Zwar distanziert sich der Autor radikal von jeder Hochstilisierung der Gewalt als politische Methode, er übersieht aber nicht, daß sie ein permanentes historisches Faktum ist, und somit einen Platz in der sozialwissenschaftlich-politischen Theorie von Neidhardt von Gneisenau über Clausewitz bis Che Guevara hinaus, besitzt.

E. B. Ries bestätigt sehr sorgfältig, daß in fast allen Kleinkriegstheorien des 19. Jahrhunderts das Primat der Politik über den Krieg zu verzeichnen ist. Trotz verständlicher Unterschiede zwischen einem Clausewitz und einem Engels findet man bei der Thematisierung der beiden eine untrennbare Verquickung zwischen politischen und militärischen Theorien. Eine besondere Berücksichtigung widmet der Autor dem Thema der russischen revolutionären Bewegung des 19. Jahrhunderts (Kap. 6)

Aufgrund solcher Analysen wird sehr deutlich gezeigt, daß die Vorstellung des Kleinkrieges nicht von dem Vorhaben, „die Welt verändern zu wollen", also nicht von den Grundsätzen der Ideologien der Aufklärungszeit zu trennen ist. Kleinkrieg als historisches Mandat?

Die Praxis des Kleinkrieges während des 20. Jahrhunderts ist allerdings differenzierter als die des 19. Jahrhunderts. Der Verfasser stellt uns eine ganze Reihe Erfahrungen vor. Hervorzuheben sind militärische Unterstützung sozialer Prozesse (Rußland, China) und defensiver Kleinkrieg (sowjetrussischer Partisanenkrieg gegen die deutsche

Wehrmacht, antifaschistische Befreiung in Europa, chinesisch-japanischer Krieg.)

Eine besondere Akzentuierung verdient für Erich B. Ries die Theorie und Praxis der lateinamerikanischen Guerilla (Kapitel 12, 13, 14, 15, 16). Die Gründe liegen auf der Hand. Lateinamerika wurde der 60er und 70er Jahre als Kontinent der Guerillabewegungen hochstilisiert. Nach der Analyse von E. B. Ries ergibt sich aber, daß auch die lateinamerikanischen Guerillas auf einem falschen Selbstvertändnis basierten, nämlich darauf, daß die kubanische Revolution die Reife der „kontinentalen Revolution" bewiesen hätte. Das bedient, wie der Verfasser aufzeigt, eine falsche und überidiologisierte Interpretation der kubanischen Revolution.

Trotz einiger weniger Passagen, die durch einen positivistischen Stil geprägt sind, halte ich diese Diplomarbeit für eine der interessantesten und informationsreichsten Beiträge, die in der letzten Zeit zu Fragen der Gewalt geschrieben worden sind.

Infolge des o. g. Urteils schlage ich für diese Diplomarbeit die Note eins (1) vor."

Dr. Fernando Mires

Gutachten und Inhaltsangaben zur vorliegenden Arbeit von Prof. Dr. Shapour Ravasani.

Prof. Dr. Shapour Ravasani war Experte für Sozialökonomie und Internationale Politik im Fachbereich 3, Institut für Soziologie

„Das von Herrn Ries zunächst sehr weit und abstrakt gefaßte Thema „Kleinkrieg – Volkskrieg" wird von ihm anhand einer Anzahl verschiedener Beispiele konkretisiert.

Zunächst setzt er sich mit verschiedenen Begriffen wie Terrorismus, Volkskrieg, Kleinkrieg, Guerillakrieg usw. auseinander und entwickelt Definitionen.

Krieg und Kleinkrieg wird von Clausewitz – trotz allgemeiner bekannter unterschiedlicher Positionen – bis hin zu Engels, Trotzki, Che Guevara und Mao Zedong als „Fortsetzung der Politik mit anderen Mitteln" bezeichnet. Die Politik erhält das Primat über das Mittel des Krieges, der Gewalt. Der Inhalt dieser „Politik mit anderen Mitteln" aber ist davon abhängig, welche Klasse die Führung innerhalb des (Klein-)Krieges übernimmt und zu welchem Zweck er geführt wird.

Das „Mittel", bzw. dessen Strategie und Taktik ist wiederum von der Zielsetzung abhängig.

Herr Ries stellt fest, daß sich „...derartige politische Optionen, die allesamt aus antagonistischen politischen Interessen resultieren,...sich...lnur im Zusammenhang mit eben jenen politischen Zwecken diskutieren...lassen, denen sie ihre Entstehung verdanken." Und als Aufgabe stellt er sich, Volkskriege darzustellen als: „Optionen, deren Moral oder Unmoral, Sinn oder Unsinn nur in ihrem gesellschaftlichen Kontext deutlich werden können"

Herr Ries analysiert das Thema dementsprechend ausführlich auf historischer und theoretischer Ebene, unter besonderer Berücksichtigung der Probleme von Strategie und Taktik des Kleinkrieges.

Innerhalb der gesamten Arbeit gelingt es ihm, eine enge Verknüpfung von historischer und theoretischer Analyse durchzuhalten. So wird es dem Leser ermöglicht, sich ein eigenes Urteil über Ursachen und Entwicklungsbedingungen von Kleinkriegen zu bilden.

Im historischen Teil der Arbeit stellt Herr Ries unter Beweis, daß er in diesem Bereich über breite und fundierte Kenntnisse verfügt; er bewertet das historische Material sehr differenziert und präzise.

Er untersucht hier die Entstehungs- und Entwicklungsbedingungen von Kleinkriegen im 18., 19. Und 20. Jahrhundert innerhalb verschiedener Kontinente und

Länder. Der Bogen spannt sich dabei von punktuell herausgegriffenen Beispielen des 18. Jahrhunderts, über den spanischen Volkskrieg über die napoleonische Invasionsarmee (1807 – 1814), den deutsch-französichen Krieg (1870/71), die russischen Kleinkriegstaktiken im 19. Jahrhundert, die russischen Revolutionen 1905 und 1917, den sowjetischen Partisanenkrieg gegen die Deutsche Wehrmacht (1941) bis zum chinesischen Befreiungskrieg, den Guerilla-Bewegungen in Lateinamerika nach dem 2. Weltkrieg (Kuba, Brasilien, Uruguay) und Perspektiven von Guerilla-Taktiken in Industrienationen.

Die überdurchschnittliche Fähigkeit von Herrn Ries, Ursachen, Folgen und Zusammenhänge darzustellen und zu bewerten, wird in diesem Abschnitt überzeugend demonstriert. So gelingt es ihm einerseits, die gemeinsamen Grundbedingungen und Zusammenhänge der Entstehung von Kleinkriegen herausuarbeiten, andererseits berücksichtigt er stets auch die konkreten nationalen oder Epochen-gebundenen Voraussetzungen und Bedingungen bei der Analyse des konkreten Falles.

Die Frage von Strategie und Taktik, Erfolg oder Mißerfolg in Kleinkriegen ist unmittelbar abhängig von der konkreten Analyse, die die spezifischen Gegebenheiten einer Gesellschaft in jeder Hinsicht berücksichtigt.

In diesem Zusammenhang macht Herr Ries deutlich, daß die Bedeutung und Wirkung des exogenen Faktors, Kolonialismus und Imperialismus, innerhalb der unterentwickelt gehaltenen Länder eine ständig größer werdende Rolle spielt. Ein antikolonialer bzw. antiimperialistischer Kleinkrieg innerhalb unterentwickelt gehaltener Länder ist gleichzeitig Klassenkampf gegen die mit dem Ausland kooperierende und verflochtene eigene Herrschenden Klasse. Und umgekehrt ist ein Kampf gegen Unterdrückung und Ausbeutung durch diese Klasse im Grunde genommen antikolonialer bzw. antiimperialistischer Kampf.

Um diese Zusammenhänge zu erkennen und zu bewerten ist eine überdurchschnittliche Kenntnis der Geschichte sowie der Theorie notwendig. Herr Ries stellt mit seiner Arbeit unter Beweis, daß er über diese Kenntnisse verfügt.

Bei der Analyse der Gesellschaftstheorien und der Theorie des Kleinkrieges arbeitet er so sorgfältig wie kritisch und benutzt überwiegend Primärliteratur. Kritik bedeutet in diesem Zusammenhang nicht strikte Ablehnung, sondern bezeichnet vielmehr eine schöpferische und konstruktive Auseinandersetzung. Der Vorzug dieser Arbeit liegt unter anderem darin, daß sie immer bei konkreten Analysen bleibt und nicht in abstrakte, von der Praxis losgelöste Betrachtungen abgleitet.

Auch in Bezug auf die Kernfrage der Gewalt bezieht Herr Ries eine klare und sichere Position. Das schließt die These „Gewalt hat in der Mehrzahl der geschichtlichen Ereignisse eine ausgesprochen reaktionäre Rolle gespielt..." ebenso ein wie die zuvor getroffene Feststellung: „Volkskriege sind also, insoweit sie auf das Ziel der Herstellung der Volkssouveränität gerichtet sind, Bestandteil demokratischer Bewegungen..."

Zwar bin ich mit Herrn Ries bezüglich einiger politischer Einschätzungen nicht gleicher Meinung; jedoch ist es ihm aufgrund seiner überdurchschnittlichen historischen und theoretischen Kenntnisse überzeugend gelungen, zu einem komplexen Thema eine stringente, fundierte Analyse vorzulegen. Daher bewerte ich die Arbeit mit der Note

Sehr gut (- 1 -)

Prof. Dr. Shapour Ravasani

Mein besonderer Dank gilt meiner Lebensgefährtin Sigrid Richter, die so viel Geduld mit mir aufgebracht hat!

Außerdem danke ich meinen Freunden vom Verband der Reservisten der Deutschen Bundeswehr für interessante Gespräche über ihre persönlichen Erfahrungen in den Krisenregionen, wo sie friedenssichernd tätig waren!

Erich B. Ries